本书受厦门大学法学院资助出版

商法学案例教程

阳建勋 主编

厦门大学出版社 国家一级出版社
XIAMEN UNIVERSITY PRESS 全国百佳图书出版单位

图书在版编目(CIP)数据

商法学案例教程/阳建勋主编.—厦门:厦门大学出版社,2021.5
ISBN 978-7-5615-8241-1

Ⅰ.①商… Ⅱ.①阳… Ⅲ.①商法—案例—中国—高等学校—教材 Ⅳ.①D923.995

中国版本图书馆 CIP 数据核字(2021)第 101787 号

出 版 人 郑文礼
责任编辑 甘世恒

出版发行 厦门大学出版社
社　　址 厦门市软件园二期望海路 39 号
邮政编码 361008
总　　机 0592-2181111　0592-2181406(传真)
营销中心 0592-2184458　0592-2181365
网　　址 http://www.xmupress.com
邮　　箱 xmup@xmupress.com
印　　刷 厦门市明亮彩印有限公司

开本 787 mm×1 092 mm　1/16
印张 15.5
字数 326 千字
版次 2021 年 5 月第 1 版
印次 2021 年 5 月第 1 次印刷
定价 55.00 元

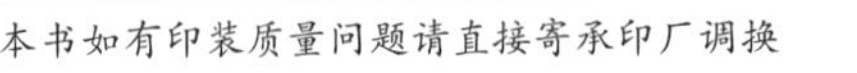

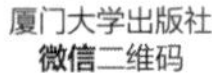

厦门大学出版社
微博二维码

目　录

第一章
商法总论

案例 1.1:企业名称权的区域性限制

一、案情简介

1994 年初,某市一家有限公司开业,公司登记名称为"××市红都时装有限责任公司"(以下简称甲公司)。同年 11 月,与该公司地理位置仅隔 100 米远的另外一条马路上,又有一家有限责任公司登记注册,名称为"××市红都制衣有限责任公司"(以下简称乙公司)。这两家虽然相隔很近,但行政区划上却不属于同一个区,因此,均分别向各自所在的区工商行政管理机关办理了公司名称注册登记。为此,甲公司与乙公司打起了企业名称权官司。

二、观点分歧

第一种意见认为,乙公司侵犯了甲公司的企业名称权。因为甲公司自工商局批准开业以来,就一直以"红都时装公司"名称营业至今,乙公司在其之后使用与其名称相似的"红都制衣公司"名称并兼营时装,而且两公司相距不远,事实上在社会上造成了一定的影响。

第二种意见认为,乙公司没有侵犯甲公司的企业名称权。我国《企业名称登记管理规定》规定,商主体原则上只允许使用一个商号,在同一工商行政管理机关辖区内,新登记的商号不得与已登记注册的同行业的商号相同或近似。在本案中,甲、乙公司分别在不同辖区的工商行政管理机关注册登记,其登记机关不同,行业也不同,故不构成侵权。

三、提示与参考

企业名称权也叫商号权,是指商主体依法享有的对其商号的专有使用权,是一种兼具人身权和财产权于一体的混合权利。它具有区域限制性、公开性及可转让性。所谓区域限制性是指其效力受一定区域范围内使用之限制,即商主体只能在其所登记的某

一地区如省、市、县等区域范围内享有专用使用权；所谓公开性是指商号必须通过登记而予以公开，才能享有专有使用权；所谓可转让性是指商号权作为一种财产权可以转让给他人使用，并获得经济收益。[①]

案例 1.2：企业名称的简称是否受法律保护

一、案情简介

某市柴油机厂成立于 1967 年，其制造的柴油发动机在同领域和消费者中间享有较高的声誉，该厂在对外宣传以及广告中均称“×柴机器”或“×柴动力”，消费者以及同行一般简称该厂为“×柴”。2000 年，该市甲公司向国家工商局申请注册了“×柴”商标，核准使用范围为机动车发动机。柴油机厂以“×柴”系企业名称的简称，甲公司将该简称注册为商标并使用侵犯了其企业名称权，构成不正当竞争为理由，起诉到法院要求该公司停止侵权。[②]

二、观点分歧

第一种观点认为不构成侵权。因为“×柴”不是该柴油机厂的完整企业名称，也不是企业的核心字号。

第二种观点认为构成侵权和不正当竞争。因为对企业名称权的保护在一定条件下应当扩展到对企业名称简称的保护，而且甲公司的行为主观上具有明显的故意。

三、提示与参考

“企业名称简称是删除企业名称中表示企业所属地域、所属行业，以及所属性质的文字之后，用来指代企业的文字。比如中国长城资产管理公司，可以简称为长城公司，中国黄金集团公司，可以简称为中国黄金，日本索尼株式会社，可以简称为索尼。”[③]除了以上案件，我国关于企业名称简称的还有以下典型案例。

1.山东起重机厂有限公司与山东山起重工有限公司侵犯企业名称权纠纷案。原告诉称：原告是 1968 年成立的以起重机械制造加工为主的老企业，经过几代人的不懈努力被社会公众所认同，原告在广告宣传、职工服装、对外交往等方面把“山起”作为自己的简称。“山起”已经成了一块响当当的金字招牌。2004 年 1 月 13 日被告用“山起”字

---

① 范健主编：《商法》，高等教育出版社、北京大学出版社 2002 年版，第 77～78 页。

② 欧阳明程：《将他人企业简称注册为商标是否构成侵权——由本案看企业名称权的保护》，http://www.110.com/ziliao/article-138399.html，下载日期：2014 年 3 月 7 日。

③ 李扬：《企业名称简称的法律保护及其界限》，载《中国知识产权》，http://www.chinaipmagazine.com/news-show.asp? id=19769，下载日期：2016 年 8 月 16 日。

号在山东省工商局预先核准名称，于2月23日被青州市工商局核准成立。原告得知这一情况后立即向有关部门反映，认为被告侵犯了原告的名称权，山东省工商局也认为原告的意见成立，要求青州市工商局督促被告到省工商局变更名称。但是被告至今未能变更。被告注册成立以后，许多客户误认为被告就是原告的关联企业，二者是一体的，被告的产品就是原告的产品，并直接与其发生业务。有时被告声称原告被其并购，被告是其下属企业，导致许多本来想购买原告产品的客户与被告签了订单。被告的行为已经侵犯了原告的名称权，请求判令被告立即停止对"山起"字号的使用，赔偿损失50万元，并承担诉讼费用。被告辩称："一、原告没有预留'山起'字号，其诉讼请求没有法律依据和事实根据。二、被告名称与原告名称之间不存在任何联系，被告不存在侵害原告名称权的行为。三、原告并非知名企业，'山起'也不是其简称。四、原、被告之间名称、字号、产品商标等方面存在巨大差异，社会公众不会对两者产生误解，更不存在不正当竞争的行为。五、被告已经与山海关起重机厂签定了商标转让合同，合法取得了'山起'商标。六、原告要求赔偿50万元的损失毫无根据。"①

该案经过了一审、二审及最高人民法院的再审。该案涉及的关键问题有二：一是"山起"是否是"山东起重机厂"为公众所认可的特定简称。就此问题而言，最高人民法院认为：简称源于语言交流的方便。简称的形成与两个过程有关：一是企业使用简称代替其正式名称；二是社会公众对于简称与正式名称所指代对象之间的关系认同。这两个过程相互交织。由于简称省去了正式名称中某些具有限定作用的要素，可能不适当地扩大了正式名称所指代的对象范围。因此，一个企业的简称是否能够特指该企业，取决于该简称是否为相关公众所认可，并在相关公众中建立起与该企业的稳定联系。本案中，山东起重机厂最初成立于1968年，自1991年开始使用该企业名称，而且获得了大量荣誉称号，其产品产量、质量均居同行业前列，是起重机行业中的知名企业。山起重工公司在再审申请书和本院听证过程中对此未提出异议。山东起重机厂在企业宣传片、厂房、职工服装、合同等对外宣传活动和经营活动中，多次主动地使用"山起"简称。经过山东起重机厂的使用，至少在青州这一特定地域内的相关公众中，"山起"这一称呼已经与山东起重机厂建立起了稳定的联系。山东起重机厂提供的证据表明，起重设备的相关用户经常使用"山起"作为山东起重机厂的代称。②

二是山起重工公司使用"山起"字号是否构成不正当竞争的问题，对此，最高人民法院认为：对于具有一定市场知名度、为相关公众所熟知并已实际具有商号作用的企业或者企业名称的简称，可以视为企业名称。如果经过使用和公众认同，企业的特定简称已经为特定地域内的相关公众所认可，具有相应的市场知名度，与该企业建立起了稳定的

① 山东省潍坊市中级人民法院民事判决书〔2006〕潍民三初字第30号，http://www.lawxp.com/case/c279051.html，下载日期：2016年8月15日。

② 最高人民法院公报案例：《山东起重机厂有限公司与山东山起重工有限公司侵犯企业名称权纠纷案》，http://openlaw.cn/guidance/1a20e2e0f6cb4397b24134d8bb89fb73，下载日期：2016年8月16日。

联系，已产生识别经营主体的商业标识意义，他人在后擅自使用该知名企业简称，足以使特定地域内的相关公众对在后使用者和在先企业之间发生市场主体上的混淆，进而将在后使用者提供的商品或服务误认为是在先企业提供的商品或服务，造成市场混淆，在后使用者就会不恰当地利用在先企业的商誉，侵害在先企业的合法权益。此时，《反不正当竞争法》第5条第3项对企业名称保护的规定可以适用于保护该企业的特定简称。①

2.中国国际金融股份有限公司诉深圳前海中金集团有限公司、深圳市前海中金财富管理有限公司、深圳市中金信诺股权投资基金管理有限公司、深圳市前海中金互联网金融服务有限公司、深圳市前海中金股权投资基金管理有限公司、深圳前海中金商务服务有限公司、深圳市贵金属有限公司等七被告不正当竞争纠纷案。原告主张"中金公司"是其简称，七被告在企业名称中使用"中金"二字构成不正当竞争行为。前海中金认为，"中金"是自古有之的通用词汇，且被广泛用于全国各地企业名称中，任何企业均有合法使用权；被告在答辩时所举的证据可证明名称中使用"中金"二字的全国各类企业不计其数，其中不乏"中金在线"、"中金黄金"及"中金岭南"等知名度较高的公司。基于"中金"是一个通用词汇，以及已广泛用于企业名称，因此，每个企业均有合法使用权，即经过工商行政管理机关依法登记，即可合法使用。"中金"作为自汉代就有的通用词汇，中国国际金融股份有限公司无权独自占有，其使用通用词汇作为简称是非正当的，而在此情形下要求按《中华人民共和国反不正当竞争法》予以保护是没有法律依据的。如果仅仅因为中国国际金融股份有限公司使用"中金"作为其简称，而剥夺其他企业使用"中金"的权利，那么就违反了公平原则。②

3.广州林叶机电科技有限公司与国家工商行政管理总局商标评审委员会第三人广汽本田汽车有限公司第3719956号"广本 GUANGBEN"商标异议复审行政纠纷案。被异议商标由"广本"及其相应的拼音字母构成。广汽本田公司认为，"广本"易被相关公众理解为"广州本田"，与具有较高知名度的"本田"商标已构成近似，并提交了相应的证据。此外，广汽本田公司依该规定主张被异议商标的注册损害了其在先企业名称简称权，不应核准注册，但是商标评审委员会认为，在先权利包含企业名称权，但不包括企业名称简称权。最后商标评审委员会依据《商标法》第28条、第33条、第34条等相关规定裁定被异议商标不予核准注册。对此裁定，原告不服并向北京市第一中级人民法院起诉，诉称：被异议商标有着自身特定的设计理念，即"创造广东本地品牌"；"广本"寓意"广州本地的产品"；原告投入了大量的人力、物力对该商标进行宣传，同时还投入了巨额资金开发"广本"系列商标的摩托车产品，"广本"牌摩托车产品具有合法生产资格，原

---

① 最高人民法院公报案例：《山东起重机厂有限公司与山东山起重工有限公司侵犯企业名称权纠纷案》，http://openlaw.cn/guidance/1a20e2e0f6cb4397b24134d8bb89fb73，下载日期：2016年8月16日。

② 王华兵、林健、李杰：《"中金"名誉之争二审开庭　前海中金：通用词汇不能独有》，http://www.nffzxw.com/dzb/zhengfa_0805/22996.shtml，下载日期：2016年8月16日。

告的“广本”牌摩托车车身印有明显的“广州林叶机电科技有限公司”字样，消费者在购买时，绝对不会将其误认为是第三人生产的产品；随着“广本”牌摩托车行销各地，“广本”商标已被广大消费者所熟悉和信赖，成了摩托车行业的知名品牌。一审法院的裁判认为：第三人广汽本田公司在商标评审阶段提交的证据能够表明其前称“广州本田汽车有限公司”与“广本”之间在相关公众中已建立了一定程度的对应关系，而被异议商标由汉字“广本”及其对应拼音“GUANGBEN”构成，相关公众看到使用在相同或类似商品上的被异议商标时，容易联想到与“广州本田汽车有限公司”有关的引证商标“本田”，加之引证商标在汽车产品上有一定的知名度，故相关公众容易将使用了被异议商标的商品误认为由第三人提供。因此，被异议商标与引证商标已构成近似商标。认定被异议商标申请注册违反了《商标法》第 28 条的规定。①

最高人民法院〔2013〕行提字第 22 号行政判决认为，根据该院查明的事实，“广本”已经与广汽本田公司建立了固定的对应联系，已经成为为相关公众所熟知并已实际具有商号作用的广汽本田公司企业名称的简称，属于《商标法》第 31 条规定的在先权利。林叶公司作为广州相关机电领域企业，应当知晓“广本”系广汽本田公司企业名称的简称，仍然将其申请注册在与广汽本田公司主要产品汽车相近似的产品上，损害了广汽本田公司的合法利益。因此，被异议商标的注册侵犯了广汽本田公司关于“广本”企业名称简称的在先权利，应当不予核准注册。姚小娟律师认为，最高人民法院在本案中突破了权利法定的原则，认定企业名称的简称构成了《商标法》第 31 条规定的在先权利。②

以上案件的裁判表明，对企业名称简称的保护不仅涉及企业名称权性质这一商法基本问题，还与《反不正当竞争法》中的不正当竞争行为之认定及《商标法》中的商标权保护等具有密切的联系。关于企业名称权的法律性质，有人认为：“企业对其名称是享有名称权还是名称专用权，我国现行法律规定有所不一，《民法通则》规定企业享有名称权，《企业名称登记管理规定》，规定企业享有名称专用权。理论界对这一问题也有不同的认识。从理论上和实际操作的可能性上分析，企业应享有名称权，而不是名称专用权。因为市场经济条件下，企业的经营活动已经打破了地域的限制，同时，经营范围问题也在被逐渐淡化，这样，现行企业名称制度中决定其专用权范围的因素所剩无几，甚至荡然无存。对于企业名称权的保护也应采取国际通行的做法，通过防止混淆原则、保护在先权利原则等保护企业名称权。”③关于企业名称权与商标权之冲突的处理问题，有人认为：“解决问题的关键在于准确为名称权进行定位，名称权在性质上应从属于知识产权，其设定是为了消极保护商事利益。可以将民法所调整的生活事实进行层级化分类，把名称作为一种利益进行保护；也可以在权利体系内部，通过效力的强弱次序将其

① 北京市第一中级人民法院行政判决书〔2010〕一中知行初字第 3140 号，http://www.cnipr.net/article_show.asp? article_id=19897，下载日期：2016 年 8 月 17 日。

② 《具有一定知名度的企业名称简称该不该受保护》，载《中国知识产权报》2014 年 4 月 11 日第6 版。

③ 王妍：《企业名称权的性质及法律保护》，载《河北法学》2005 年第 5 期。

与一般民事权利予以区分。"[①]有人从《反不正当竞争法》视角研究了企业名称及其简称的保护问题，梳理了自我国《反不正当竞争法》实施以来最高人民法院公布的 11 个指导性案例，认为："《反不正当竞争法》第 5 条第 3 项关于擅自使用他人企业名称构成不正当竞争的规定，在司法实践中逐渐扩大解释为企业字号……民法、商法对企业名称的保护各有其构成要件与限制，对于简称的保护就需要引入反不正当竞争法，这是由竞争法的宗旨和利益的保护方式所决定的。"[②]

2017 年 11 月 4 日十二届全国人大常委会第十次会议对《反不正当竞争法》作出修订。修订之后的《反不正当竞争法》第 6 条规定，经营者不得实施下列行为，引人误认为是他人商品或者与他人商品存在特定联系：(1)擅自使用与他人有一定影响的商品名称、包装、装潢等相同或者近似的标识；(2)擅自使用他人有一定影响的企业名称(包括简称、字号等)、社会组织名称(包括简称等)、姓名(包括笔名、艺名、译名等)；(3)擅自使用他人有一定影响的域名主体部分、网站名称、网页等；(4)其他足以引人误认为是他人商品或者与他人存在特定联系的混淆行为。可见，我国立法部门充分注意到了以往企业名称及其简称的法律保护不足问题，并将司法实践中的个案审判经验通过立法程序转化为普遍性的法律规范。毋庸置疑，这有助于加强和完善对我国企业名称及简称的法律保护。

此外，企业名称的法律保护问题涉及反不正当竞争法与知识产权法之间的关系。关于反不正当竞争法与知识产权法之间的关系，著名知识产权学者吴汉东教授将学术界的理论研究总结为两种代表性观点：独立说和补充说。独立说认为，二者之间存在紧密联系，但是彼此并没有融为一体，如有人将反不正当竞争法归类为与专利法、商标法相平行的"第三工业产权法"[③]。补充说以为，二者是相辅相成的互动关系。"在某种意义上，反不正当竞争即是知识产权法律体系的有机制度构成，换言之，知识产权也是反不正当竞争法的重要规制内容。"[④]

---

① 王占明：《企业名称权的法律再定位——兼论企业名称权与商标权的冲突解决》，载《法学》2003 年第 2 期。

② 李友根：《论企业名称的竞争法保护——最高人民法院第 29 号指导案例研究》，载《中国法学》2015 年第 4 期。

③ 李明德：《试论反不正当竞争法的客体和法律属性》，载《知识产权研究》第 8 卷，中国方正出版社 1999 年版。

④ 吴汉东：《知识产权多维度学理解读》，中国人民大学出版社 2015 年版，第 428 页。

第二章
个人独资企业与合伙企业法

第一节　个人独资企业法

案例 2.1:个人独资企业的设立及其责任承担

一、案情简介

刘某是某高校的在职研究生,经济上独立于其家庭,于 2000 年 8 月注册成立了一家主营信息咨询的个人独资企业,取名为“远大信息咨询有限公司”,注册资本为人民币 1 元。营业形势看好,收益甚丰。于是,黄某与刘某协议参加该企业的投资经营,并注入投资 5 万元人民币。经营过程中先后共聘用工作人员 10 名。后来该企业经营不善导致负债 10 万元。刘某决定于 2001 年 10 月自行解散企业,但因为企业财产不足清偿债务而被债权人、企业职工诉诸人民法院。①

二、观点分歧

关于该企业所负债务应当由谁承担存在以下四种不同的观点。

第一种观点认为,该企业名义上是公司,实际上是一个个人独资企业,黄某与刘某之间的投资协议实际上是一个自然人之间的借款合同,故依据我国《个人独资企业法》的相关规定,应当由投资人刘某对企业所负债务承担无限连带责任。

第二种观点认为,依据商法的外观主义原则,该企业应当为一人公司,企业所负债务应当由该公司独立偿还,刘某作为股东只以出资为限承担有限责任。

① 《个人独资企业投资人变更后债务谁承担》,http://china.findlaw.cn/jingjifa/gerenduzi/anli/20130118/1047218.html,下载日期:2014 年 3 月 7 日。

第三种观点认为，该企业在黄某加入之前，名为公司而实际上是个人独资企业；黄某投资 5 万元参与经营之后，该企业变成事实上的合伙企业，故依据《合伙企业法》的相关规定，应当由合伙人刘某与黄某对企业所负债务承担无限连带责任。

第四种观点认为，刘某为在校学生，尽管经济上独立于其家庭，但是实际上刘某与其家庭之间不可能没有经济联系，刘某经营该企业获得的收益完全有可能为其家庭成员所共享。现在该企业破产，刘某的家庭成员应当对该企业的债务承担连带清偿责任。

三、提示与参考

1999 年 8 月 30 日，我国《个人独资企业法》由九届全国人大常委会第十一次会议通过，于 2000 年 1 月 1 日实施。该法第 2 条规定："本法所称个人独资企业，是指依照本法在中国境内设立，由一个自然人投资，财产为投资人个人所有，投资人以其个人财产对企业债务承担无限责任的经营实体。"依据该法第 8 条的规定，设立个人独资企业应当具备下列条件：(1)投资人为一个自然人；(2)有合法的企业名称；(3)有投资人申报的出资；(4)有固定的生产经营场所和必要的生产经营条件；(5)有必要的从业人员。就本案而言，刘某是在 2000 年设立了该企业，依据当时的《公司法》规定，设立有限责任公司的注册资本最低为 10 万元，且为实缴资本，不可能出资 1 元设立公司。显然，刘某设立的名为"公司"，实际上是依据《个人独资企业法》设立的个人独资企业。《个人独资企业法》仅要求投资人申报出资额和出资方式，但并不要求缴纳最低注册资本金。因此刘某单独以 1 元人民币经法定工商登记程序投资设立个人独资企业的做法，符合法律规定。但是根据该法第 11 条的规定，"个人独资企业的名称应与其责任形式相符合"，而个人独资企业为投资人个人负无限责任，因此刘某将其取名为"远大信息咨询有限公司"违反法律规定，应予以纠正。

刘某的家庭是否需要对该企业的债务负连带清偿责任呢？《个人独资企业法》第 18 条规定："个人独资企业投资人在申请企业设立登记时明确以其家庭共有财产作为个人出资的，应当依法以家庭共有财产对企业债务承担无限责任。"刘某在设立该个人独资企业时没有登记以家庭共有财产作为个人出资，且经济上独立于其家庭，因此，刘某的家庭无须为该企业的债务承担连带清偿责任。如果该个人独资企业依法变更为合伙企业，依据《合伙企业法》的规定，合伙人刘某、黄某应当为合伙企业的债务承担无限连带责任。但是，该企业并未变更组织形式，因此不宜认定为合伙企业，黄某无须为企业债务承担清偿责任。

案例 2.2:个人独资企业投资人变更后债务由谁承担

一、案情简介

原告:沛县东光铸造有限责任公司(简称东光公司);被告:徐州宏达水泵厂,李某。被告徐州宏达水泵厂为个人独资企业,多次向原告购买配件,被告投资人李某以被告徐州水泵厂的名义和原告于 2002 年 8 月约定水泵厂所欠货款 2 万元于 2003 年 5 月前偿还。2002 年 11 月 8 日,李某(甲方)与王某(乙方)达成徐州水泵厂转让协议,约定:至转让之后所发生的债权债务由乙方承担;乙方自签字之日有自由经营权;协议自签字之日起生效。签字当日,水泵厂即办理了投资人变更登记。后来,原告要求被告徐州水泵厂偿还到期债务,但被告以投资人变更为由拒绝偿还。原告诉至沛县人民法院,要求徐州水泵厂承担到期债务的清偿责任。在审理期间,法院依原告申请追加李某为被告。①

二、观点分歧

原、被告双方对应当由谁承担责任产生了激烈的争论,产生了三种不同的意见:

第一种意见认为,应当由原来的投资人李某承担还款责任。因为"个人独资企业的设立原本就是原投资人的个人行为,转让应视为原企业的消灭,产生的则是新企业。个人独资企业在转让前以企业名义经营,所形成的债权、债务应归属于原业主个人,受让人给付对价取得该企业,他无权对原来的债权主张权利,也没有义务偿还原来的债务"②。

第二种意见认为,应当先由水泵厂以企业财产偿还,当该企业财产不足以清偿时,原告可以向企业现在的投资人王某请求偿还,而不能向原来的投资人李某请求偿还,王某在偿还之后可以依据转让协议向李某追偿。因为《个人独资企业法》第 31 条规定:"个人独资企业财产不足以清偿债务的,投资人应当以其个人的其他财产予以清偿。"

第三种意见认为,应当先由水泵厂的财产偿还,但是不足以偿还的部分应当由现有的投资人王某与原来的投资人李某承担连带责任。

法院采纳了第二种意见,判决被告徐州宏达水泵厂在判决生效后 10 日内向原告支付所欠货款 2 万元,并驳回了原告对被告李某的诉讼请求。

---

① 《个人独资企业投资人变更后债务谁承担》,http://china.findlaw.cn/jingjifa/gerenduzi/anli/20110419/93065.html,下载日期:2014 年 3 月 7 日。

② 《个人独资企业投资人变更后债务谁承担》,http://china.findlaw.cn/jingjifa/gerenduzi/anli/20110419/93065.html,下载日期:2014 年 3 月 7 日。

三、提示与参考

该案争议在理论上涉及个人独资企业的法律地位问题。个人独资企业作为一种民事主体，关于其法律地位有三种学说：法人说、自然人主体资格延伸说及非法人团体说。法人说明显不符合我国《个人独资企业法》的规定。自然人主体资格延伸说视个人独资企业为投资者个人人格的延伸，故其责任应当由投资者承担。非法人团体说则认为，个人独资企业享有相对独立的法律人格，具有自己特定的民事权利能力。比如，个人独资企业有自己的企业名称和住所，能够以自己的名义参加民事活动，能够以自己的名义参加诉讼；其财产具有相对独立性，国家依法保护个人独资企业的财产和其他合法权益；责任的承担具有相对独立性。《个人独资企业法》第 31 条将“个人独资企业财产”与投资人的“个人的其他财产”做了相对区分，并首先由个人独资企业财产清偿企业债务，就是其责任承担独立性的体现。

第二节　合伙企业法

案例 2.3：合伙企业的债务承担

一、案情简介

李某、王某、赵某三人合伙经营一水果库，三人出资均等，取得了个人合伙营业执照。经营期间，于 1999 年 10 月以合伙组织水果库名义向银行借款 15 万元。借款于 2000 年 4 月到期。由于经营亏损，2001 年 8 月三人将水果库所欠银行借款分到个人名下，书面约定三人各自偿还 5 万元借款及利息，银行认可协议并盖章。后来三人均未还款，银行向法院起诉三人。现合伙组织仍未注销。法院判决三人各自偿还 5 万元借款及利息，并互负连带清偿责任。[①]

二、观点分歧

本案争议的焦点是：在债权人认可了合伙人的债务分担协议而合伙企业仍然存续的情况下，债权人能否直接要求合伙人承担债务清偿责任以及合伙人是否应当对未清偿的债务承担连带责任？

---

① 《合伙企业法案例分析合伙债务转化》，http://china.findlaw.cn/gongsifalv/hhqyf/anli/12786.html，下载日期：2014 年 3 月 8 日。

第一种观点认为，作为债权人的银行应当起诉合伙企业水果库，因为该借款合同的主体是水果库，该合伙企业仍然存在，能够以自己的名义参加民事诉讼。只有当合伙企业的财产不足以清偿银行债务时，合伙人才对该债务承担无限连带责任。

第二种观点认为，银行应当起诉三个合伙人而不是该合伙企业水果库，而且三个合伙人无须对 15 万元债务承担连带责任，只需偿还各自承担的 5 万元债务及利息。银行与三个合伙人之间的协议属于债务承担。《民法通则》第 91 条规定：“合同一方将合同的权利、义务全部或者部分转让给第三人的，应当取得合同另一方的同意，并不得牟利。依照法律规定应当由国家批准的合同，需经原批准机关批准。但是，法律另有规定或者原合同另有约定的除外。”《合同法》第 84 条规定：“债务人将合同的义务全部或者部分转移给第三人的，应当经债权人同意。”本案中银行作为债权人已经在债务承担协议上签字，该协议对银行具有约束力，不能再要求合伙企业偿还债务，也不能要求三个合伙人承担连带责任。

三、提示与参考

该案涉及的法律问题是合伙企业的法律地位问题。2021 年 1 月 1 日实施的《民法典》第 102 条规定：“非法人组织是不具有法人资格，但是能够以自己的名义从事民事活动的组织。非法人组织包括个人独资企业、合伙企业、不具有法人资格的专业服务机构等。”依据该规定，合伙企业是非法人组织。非法人组织是我国《民法典》采用的新概念，是对 1999 年《合同法》确立的“自然人、法人、其他组织”三元结构的民事主体的继承与发展。非法人组织，是指虽然不具有法人资格但是可以以自己的名义从事活动的组织。它虽然不是法人，但是具有组织体的特征，应当具备以下条件：(1)有特定的经营范围或其他日的，如从事慈善、体育、宗教、文化等事业；(2)有自己的名称，这是其对外进行民事活动的现实需要；(3)有自己相对独立的财产或经费，但是不要求这些财产归非法人组织独立享有；(4)有组织管理机构及其管理人等。

由于非法人组织不具有法人资格，不是完全独立的民事主体，非法人组织对其所从事的民事活动如何承担责任？《民法典》第 104 条规定：“非法人组织的财产不足以清偿债务的，其出资人或者设立人承担无限责任。法律另有规定的，依照其规定。”例如，依据《个人独资企业法》，个人独资企业的债权人在个人独资企业解散后 5 年内未向债务人提出偿债请求的，该责任消灭。又如作为非法人组织的合伙企业，其财产不足以单独承担民事责任时，其出资人或设立人应当承担无限责任。但是依据《合伙企业法》第 57 条的规定，对于特殊普通合伙企业，“一个合伙人或数个合伙人在执业活动中因故意或者重大过失造成合伙企业债务的，应当承担无限责任或无限连带责任，其他合伙人以其在合伙企业中的财产份额为限承担责任。合伙人在执业活动中非因故意或者重大过失造成的合伙企业债务以及合伙企业的其他债务，由全体合伙人承担无限连带责任”。对

于有限合伙人,原则上是承担有限责任,毕竟有限合伙人不享有执行合伙事务的权利,其承担有限责任符合权责一致的原则。但是,当第三人有理由相信有限合伙人为普通合伙人并与之进行交易时,该有限合伙人对该交易应当承担无限连带责任。

此外,在《民法典》时代,我国关于合伙的法律规定较之前发生了重大变化,《民法典》增加了"合伙合同"这一典型合同,又在第102条将合伙企业纳入了非法人组织。《民法典》有关合伙的规定与《合伙企业法》的规定是何种关系?在案件裁判中,法官如何适用这些规定?这些是值得关注和探讨的问题。例如,《民法典》第973条规定:"合伙人对合伙债务承担连带责任。清偿合伙债务超过自己应当承担份额的合伙人,有权向其他合伙人追偿。"有学者认为,依据该条规定,合伙人承担的不是补充连带责任,而是连带责任,"更为清晰地体现出以未形成组织的合伙为其预设对象。同时,《合伙企业法》第39条规定普通合伙人承担'无限'连带责任,这同样体现了其预设对象是形成组织的合伙,有限责任和无限责任的区分在形成组织且出资财产归属于组织时才有意义"①。

案例2.4:合伙企业事务的执行

一、案情简介

2012年5月,甲、乙、丙和丁四人共同出资成立一家普通合伙企业,主要从事针织品加工、销售,四人共同委托甲为合伙企业的对外事务执行人。2012年7月,乙未经其他合伙人同意擅自以合伙企业名义与一个体工商户李某签订了一份针织品购销合同,约定一个月内向对方提供预先选定的针织品若干。后来情势发生变化,无法履行合同。李某要求乙和该合伙企业赔偿损失。②

二、观点分歧

第一种观点认为,李某的损失应当由乙个人承担。因为乙不是合伙企业的对外事务执行人,与李某签订的合同也没有经过其他合伙人同意。该合同是无权代理合同,其效力状态是效力未定,由于合伙企业未予以追认,故该合同对合伙企业不发生法律效力。

第二种观点认为,李某的损失应当先由合伙企业赔偿,合伙企业赔偿后可以向乙追偿。因为《合伙企业法》第26条规定:"合伙人对执行合伙事务享有同等的权利。"《合伙

---

① 朱虎:《〈民法典〉合伙合同规范的体系基点》,载《法学》2020年第8期。

② 叶燕雁:《一起合伙企业事务执行案例引发的思考》,http://www.ntgsj.gov.cn/baweb/show/shiju/bawebFile/346179.html,下载日期:2014年3月8日。

企业法》第 37 条规定："合伙企业对合伙人执行合伙事务以及对外代表合伙企业权利的限制，不得对抗善意第三人。"就本案而言，乙是合伙人，李某有理由相信乙具有执行合伙事务的权利，尽管《合伙企业法》第 27 条规定，依法委托一个或者数个合伙人执行合伙事务的，其他合伙人不再执行合伙事务，但是委托甲执行合伙事务的决定并不能够对抗善意第三人。

三、提示与参考

依据《合伙企业法》第 26 条、第 27 条的规定，执行事务的合伙人代表合伙企业对外执行合伙事务，是一种代表关系。不过，其代表权的表征不是授权书，而是相应的商事登记。"执行事务合伙人依据《合伙企业登记管理办法》第 6 条和第 18 条，在设立和更换时均需进行登记。然而登记制下的代表人制度却极易受到登记不当的影响，如把非代表人登记为代表人或者代表人变更后未及时变更登记，由此导致第三人误信而与之进行交易。"[①]此时，作为登记义务人的企业应当承担责任，同时要求第三人是善意的。此外，非代表人（例如本案中的合伙人乙）伪称自己是代表人，如何判断第三人是不是善意的呢？这要依据非代表人伪称自己是代表人的具体形式来判断。有的非代表人采用口头明确表示；有的采用企业商业企划书、内部文件等书面材料间接证明使第三人相信其有代表权；有的是盗用或伪造企业公章等。显然，第一种形式的可信赖程度最低，第三种形式的可信赖程度最高。对于信赖程度较低的情形，"第三人首先提出伪称代表者提供了'能够证明其代表身份的书面证明或言词'的证据，并且要证明其与代表身份具有关联性，如某一商业模式的全部内容，只有企业的法定代表人才全部知晓或者企业商业企划书在历次交易中均只有有代表权的人才能持有等。只有在完成这一证明后，证明责任才转移到企业方，进入推定模式"[②]。对于企业公章的真伪，"第三人并没有专业的判断能力，因而仅进行形式审查即可，之后就进入直接的推定模式"[③]。

案例 2.5：合伙企业财产份额的转让

一、案情简介

2007 年 2 月 8 日，某金矿（以下简称金矿）系个人合伙企业，企业注册资金 50 万元，由潘某出资 30 万元，高某出资 20 万元。金矿负责人潘某出具授权委托书，全权委托赵某代理金矿对外联营、转让有关事宜。同年 8 月 6 日，吴某与赵某签订《矿山股份转让

① 石一峰：《商事表见代表责任的类型与适用》，载《法律科学》2017 年第 6 期。
② 石一峰：《商事表见代表责任的类型与适用》，载《法律科学》2017 年第 6 期。
③ 石一峰：《商事表见代表责任的类型与适用》，载《法律科学》2017 年第 6 期。

协议》，约定以人民币 300 万元的价格将金矿全部股份转让给吴某，吴某负责请律师办理证照手续。金矿以赵某超越代理权为由拒绝履行转让协议。吴某诉至法院，请求：判令金矿继续履行《矿山股份转让协议》，并按《矿山股份转让协议》约定办理法定工商登记变更手续。[①]

二、观点分歧

对于该份转让协议的法律效力，存在以下不同意见：

第一种意见认为该转让协议无效。因为赵某不是合伙人，也无权处分合伙人高某的财产份额。赵某的行为超越了代理权限，事后未获得追认，其行为无效。吴某因此造成的损失可以向赵某要求赔偿。

第二种意见认为该转让协议有效。因为赵某有金矿负责人出具的授权委托书，而且该授权委托书明确授权赵某全权代理金矿转让事宜。吴某出于对授权委托书的信赖而与赵某签订的转让协议对合伙企业具有约束力。

三、提示与参考

合伙企业的财产份额转让纠纷在日常生活中较为常见，也是《合伙企业法》规范的重点。《合伙企业法》第 22 条规定："除合伙协议另有约定外，合伙人向合伙人以外的人转让其在合伙企业中的全部或者部分财产份额时，须经其他合伙人一致同意。"《合伙企业法》第 31 条规定："除合伙协议另有约定外，合伙企业的下列事项应当经全体合伙人一致同意：(一)改变合伙企业的名称；(二)改变合伙企业的经营范围、主要经营场所的地点；(三)处分合伙企业的不动产；(四)转让或者处分合伙企业的知识产权和其他财产权利；(五)以合伙企业名义为他人提供担保；(六)聘任合伙人以外的人担任合伙企业的经营管理人员。"就本案而言，金矿转让协议是整体上将合伙企业予以转让，必然会涉及全体合伙人在该企业的财产份额转让问题。因此，金矿负责人潘某所签署的授权委托书是否已经取得了另外的合伙人高某的同意是判断协议是否有效的关键所在。

案例 2.6：合伙人的个人债务清偿与合伙企业之间的关系

一、案情简介

某合伙企业合伙人甲因个人购房，向非合伙人乙借款 2 万元，而乙曾与该合伙企业

① 《合伙企业财产份额转让纠纷案例》，http://china.findlaw.cn/gongsifalv/hhqyf/hhxy/qyjf/12766.html，下载日期：2014 年 3 月 8 日。网上案例的案情更为复杂，此处根据教学需要作了改编。

签订一个买卖合同，还欠该合伙企业货款 3 万元，当该合伙企业向乙催要货款时，乙提出因甲欠其 2 万元，所以他只需付给合伙企业 1 万元即可。

二、观点分歧

第一种意见认为，乙可以抵销其对合伙企业所负的债务 2 万元。因为合伙企业的合伙人甲对乙负债 2 万元，而甲作为合伙企业的合伙人在该企业拥有财产份额。

第二种意见认为，乙的主张不能成立。因为乙与该合伙企业之间没有互负债务，合伙人与合伙企业在法律人格上具有相对独立性。《合伙企业法》第 41 条规定："合伙人发生与合伙企业无关的债务，相关债权人不得以其债权抵销其对合伙企业的债务；也不得代位行使合伙人在合伙企业中的权利。"但是，当甲不能够以自有财产足额清偿对乙所负的债务时，乙作为债权人可以请求法院强制执行甲在合伙企业中的财产份额进行清偿。"单个合伙人的债权人对合伙财产整体的份额进行强制执行，实质上也仅是对合伙人地位中的利润分配请求权和强制性退伙时的财产分配请求权的强制执行。"①

三、提示与参考

依据《合伙企业法》第 20 条规定，合伙企业是独立的民事主体，享有相对独立的合伙财产，因此合伙财产是合伙企业的财产。《民法典》第 104 条规定："非法人组织的财产不足以清偿债务的，其出资人或者设立人承担无限责任。法律另有规定的，依照其规定。""非法人组织的财产"的表述表明，非法人组织享有相对独立的合伙财产。

案例 2.7：特殊普通合伙企业的债务承担

一、案情简介

某会计师事务所登记设立为特殊的普通合伙企业，其合伙人之一的董某在一次执业过程中因重大过失给客户造成损失。该损失应当由谁承担呢？

二、观点分歧

第一种意见认为，该损失由董某一人独立承担，会计师事务所及其他合伙人不承担。

第二种意见认为，先由会计师事务所对此承担责任，董某应按照合伙协议的约定对给会计师事务所造成的损失再承担赔偿责任。

① 朱虎：《〈民法典〉合伙合同规范的体系基点》，载《法学》2020 年第 8 期。

第三种意见认为，由会计师事务所承担，其他合伙人对因此形成的会计师事务所的债务，以其在合伙企业中的财产份额为限承担责任。

第四种意见认为，由会计师事务所承担，会计师事务所不足以清偿因此所负的债务的，董某与其他合伙人承担无限连带责任。

三、提示与参考

我国《合伙企业法》在 2006 年修订时在第二章"普通合伙企业"的第六节规定了"特殊普通合伙企业"。相对于一般的普通合伙企业，特殊普通合伙企业的特殊性表现在如下几个方面：

一是适用范围的特殊性。《合伙企业法》第 55 条第 1 款规定："以专业知识和专门技能为客户提供有偿服务的专业服务机构，可以设立为特殊的普通合伙企业。"为什么《合伙企业法》只允许在专业服务机构设立特殊普通合伙企业？因为这些专门知识和技能通常只为少数的、受过专门知识教育与培训的人才所掌握，而在向客户提供专业服务时，个人的知识、技能、职业道德、经验等往往起着决定性的作用，与合伙企业本身的财产状况、声誉、经营管理方式等都没有直接的和必然的联系，合伙人个人的独立性极强，合伙企业及其管理层难以对合伙人的行为进行有效的风险控制。让合伙人对彼此的行为承担无限连带责任，风险过大，也不利于发挥专业服务机构合伙人的专门知识和技能。

二是合伙人责任承担的特殊性。一般的普通合伙企业的合伙人，对合伙企业的债务承担无限连带责任，特殊普通合伙企业的合伙人对合伙企业的债务并非全部承担无限连带责任，而是区分为两种情况：一个合伙人或者数个合伙人在执业活动中因故意或者重大过失造成合伙企业债务的，应当承担无限责任或者无限连带责任，其他合伙人以其在合伙企业中的财产份额为限承担责任；合伙人在执业活动中非因故意或者重大过失造成的合伙企业债务以及合伙企业的其他债务，由全体合伙人承担无限连带责任。质言之，特殊普通合伙企业的合伙人，对其他合伙人的故意或重大过失造成的合伙企业债务，只承担有限责任，责任以合伙人在合伙企业中的财产份额为限。反之，对于合伙人的非故意或非重大过失造成的合伙企业债务，全体合伙人承担无限连带责任。这样有利于提高专业服务机构合伙人发挥专门知识和技术特长服务社会的积极性，分散执业风险；又能够督促其在执业中履行注意与勤勉义务。

三是责任保险的特殊性。《合伙企业法》关于特殊普通合伙企业中合伙人的特殊责任规定，实际上是在很大程度上减轻了合伙人的责任负担，但是对于与特殊普通合伙企业交易的第三方而言，意味着其损害赔偿请求权在很大程度上减少了保障。因特殊普通合伙企业合伙人的故意或重大过失行为遭受损失的第三人，无权向其他的合伙人主张这些合伙人在合伙企业的财产份额之外的赔偿。显然，这不利于受害人权益的实现。

为了保证受害人权益的实现，我国《合伙企业法》第 59 条规定："特殊的普通合伙企业应当建立执业风险基金、办理职业保险。执业风险基金用于偿付合伙人执业活动造成的债务。执业风险基金应当单独立户管理。具体管理办法由国务院规定。"如在我国律师行业，律师执业纠纷多，律师事务所已经普遍为律师提供律师执业责任保险。1997 年《律师法》第 49 条第 1 款规定："律师违法执业或者因过错给当事人造成损失的，由其所在的律师事务所承担赔偿责任。律师事务所赔偿后，可以向有故意或者重大过失行为的律师追偿。"该规定为律师执业责任保险的开展提供了法律依据。律师执业责任保险，是以律师或律师机构执业时因过失行为给委托人或第三人造成的实际损失为保险标的的责任保险。律师执业责任保险的实施，对于解决律师执业纠纷，防范和化解律师执业风险，保护律师执业客户的合法权益等具有非常重要的现实意义。

案例 2.8：合伙企业的退伙

一、案情简介

2009 年 9 月王某、李某和张某三人签订合伙协议，注册一家私营企业，合伙协议约定了合伙人的权利和义务，但是就退伙事宜约定不明。经营过程中由于资金融通不畅，对另一公司欠款 100 万元。2010 年初，由于王某、李某在经营过程中有侵害本企业的行为，张某提出退伙，王某、李某不同意，张某擅自搬走了该企业的部分机器设备，并向法院提起诉讼，在未提出清算的情况下，声称放弃自己在本企业中的利润收入，要求王某、李某支付其投资款 80 万元。[①]

二、观点分歧

对于张某能否请求退伙，存在以下不同意见：

第一种意见认为，张某可以请求退伙，但对合伙企业在其退伙前发生的债务应当承担无限连带责任。依据《合伙企业法》第 45 条的规定，其他合伙人发生严重违反合伙协议约定的义务的，合伙人可以退伙。本案中其他合伙人侵害企业利益属于违反合伙协议约定的义务，张某可以据此要求退伙，但需要提出进行清算。

第二种意见认为，张某不能退伙。退伙会对其他合伙人与债权人造成不公平的影响。

三、提示与参考

退伙是指在合伙企业存续期间，合伙人基于法定或约定的事项退出合伙企业的行

① 江西省九江县人民法院陶子润：《未提出清算的合伙企业合伙人能要求退伙吗?》，http://www.110.com/ziliao/article-213609.html，下载日期：2014 年 3 月 8 日。

为。由于退伙行为对合伙企业、其他合伙人及合伙企业的债权人等具有重要的影响，我国《合伙企业法》第45条至第54条共10个条文都是关于退伙的规定。退伙可以分为约定退伙或法定退伙。约定退伙是指合伙人基于约定的事项退出合伙企业的行为。我国《合伙企业法》的第45条规定有下列情形之一的，合伙人可以退伙：(1)合伙协议约定的退伙事项出现的；(2)经全体合伙人一致同意的；(3)发生合伙人难以参加合伙的事由的；(4)其他合伙人严重违反合伙协议约定的义务的。约定退伙对于合伙人而言是一种权利，合伙人在行使退伙这一权利时必须履行相应的义务：一是应当遵守合伙期限约定的义务；二是不给合伙企业事务执行造成不利影响；三是提前30日通知其他合伙人。合伙人违反上述规定退伙，给合伙企业造成损失的，应当赔偿损失。

法定退伙是指合伙人基于法定事项的发生而自动退出合伙企业或者失去合伙人资格的情形，前者为当然退伙，后者为除名退伙。我国《合伙企业法》第48条规定，发生下列情形之一的，合伙人当然退伙：(1)作为合伙人的自然人死亡或者被依法宣告死亡；(2)个人丧失偿债能力；(3)作为合伙人的法人或者其他组织依法被吊销营业执照、责令关闭、撤销，或者被宣告破产；(4)法律规定或者合伙协议约定合伙人必须具有相关资格而丧失该资格；(5)合伙人在合伙企业中的全部财产份额被人民法院强制执行；(6)合伙人被依法认定为无民事行为能力人或者限制民事行为能力人的，经其他合伙人一致同意，可以依法转为有限合伙人，普通合伙企业依法转为有限合伙企业，其他合伙人未能一致同意的，该无民事行为能力或者限制民事行为能力的合伙人退伙。依据我国《合伙企业法》第49条的规定，经过全体合伙人一致同意，可以决议将具有下列情形之一的合伙人除名：(1)未履行出资义务；(2)因故意或重大过失给合伙企业造成损失；(3)执行合伙事务时有不当行为；(4)发生合伙协议约定的事由。显然，除名退伙具有惩罚性质，对被除名的合伙人利益影响至巨。因此，我国《合伙企业法》规定，应当将除名决议书面通知被除名的合伙人，被除名人接到除名通知之日，除名生效，被除名人退伙；被除名人对除名决议有异议的，可以自接到除名通知之日起30日内，向人民法院起诉。

合伙人退伙并非一退了之。首先，退伙人对基于其退伙前的原因发生的合伙企业债务，承担无限连带责任。其次，退伙人有权要求退还其在合伙企业的财产份额，退还财产的形式可以是货币，也可以是实物，具体退还办法由合伙协议约定或全体合伙人决定；退伙时合伙企业财产少于合伙企业债务的，退伙人应当按照以下规定分担亏损：合伙协议有约定的，按照合伙协议的约定办理；合伙协议未约定或者约定不明确的，由合伙人协商决定；协商不成的，由合伙人按照实缴出资比例分担；无法确定出资比例的，由合伙人平均分担。

第三章
公司法

第一节　公司概述

案例 3.1:萨洛蒙诉萨洛蒙股份有限公司案

一、案情简介

皮革商萨洛蒙拥有一处鞋店,专门从事皮鞋制造和销售。1892 年他依照英国公司法的规定设立了萨洛蒙股份有限公司。该公司有 7 名股东,即萨洛蒙、萨洛蒙的妻子以及他们的 5 个孩子。公司发行 20007 股股份。其中,萨洛蒙认购 20001 股,另外 6 人每人认购 1 股。

公司成立后,萨洛蒙将其鞋店卖给了公司,售价 38782 镑。其中 20000 英镑作为萨洛蒙认缴给公司的股金,计 20000 股;10000 英镑作为公司欠萨洛蒙的债务,并以公司财产作担保;其余的 8782 英镑,以现金形式由公司支付给萨洛蒙。该交易获得了公司董事会的批准。公司在以后的经营中又对外借了部分债务,但未设置抵押。

1893 年,萨洛蒙股份有限公司无力支付到期债务被依法清算。清算时公司的全部资产只有 6000 多英镑,而欠萨洛蒙以外的债权人的债权达 7000 多英镑。萨洛蒙要求公司优先清偿其有担保的债权 10000 英镑。此即萨洛蒙诉萨洛蒙股份有限公司案。

二、观点分歧

对于萨洛蒙股份有限公司是否应当向萨洛蒙优先清偿,有如下不同意见:

第一种意见认为,萨洛蒙没有优先受偿权。萨洛蒙优先受偿会使得公司其他无担保的债权人无法获得任何清偿。公司的清算人代表无担保的公司债权人起诉萨洛蒙,声称萨洛蒙有限公司只是萨洛蒙个人的化身和代理人,二者实乃同一人,萨洛蒙实际上

未支付给公司任何股金，萨洛蒙所谓有担保的债权是无效的，主张萨洛蒙个人应对公司的普通债权人承担赔偿责任，其本人的债权不应向公司求偿。一审法院和巡回法院均支持清算人代表公司普通债权人的上述主张，认为萨洛蒙股份有限公司是萨洛蒙的代理人、化身和虚壳，公司的钱即萨洛蒙的钱，萨洛蒙无理由自己还钱给自己，萨洛蒙应代该公司承担债务责任。

第二种意见认为，萨洛蒙具有优先受偿权。如英国衡平法院的法官认为：萨洛蒙组建公司的目的和动机是正常合法的，设立公司的手续也符合公司法的要求。因为法律仅要求有 7 个成员且每人至少持有 1 股作为公司成立的条件，至于这些股东是否独立、是否参与管理等，法律不作明文规定。公司一经合法成立，在法律上就是一个独立的法人组织，它有权行使公司的权利，包括对外借债。Halsbury 勋爵坦言："该公司要么是一个独立的法律实体，要么不是。如果它是，经营业务就属于公司而不属于萨洛蒙；如果它不是，那就没有何人、何事可作为代理。在同一时刻不可能说该公司既存在又不存在。"虽然萨洛蒙是公司绝大部分股份的持有者，但是公司的债权人并非萨洛蒙个人的债权人，萨洛蒙作为公司有担保的债权人，有权优先于普通债权人得到清偿。因此，萨洛蒙得到了公司所能付出的 6000 多英镑，而其他债权人则分文未得。该案在英国公司法上确认了公司的"面纱"即公司的独立人格和股东的有限责任原则。

三、提示与参考

本案是英美公司法上的经典案例，非常经典地体现了公司、公司股东及公司债权人等相关利益主体在公司法上的地位，经常被广泛用来说明公司人格独立于公司股东的人格。质言之，尽管公司是由股东出资设立的，公司甚至也是在股东实际经营管理或控制下，但是在法律上，公司与公司股东是两个具有独立人格的法律主体，公司以其全部财产对公司债务承担责任，股东以出资为限对公司承担有限责任。此即为公司独立人格与股东有限责任的基本原理。股东有限责任原则具有减少股东投资风险，鼓励股东积极投资设立企业从事各种经营活动，促进社会经济发展等功能。有经济学家将股东有限责任作为对股东设立公司行为的一种经济奖励。

案例 3.2：股东何时对公司债务承担连带责任

一、案情简介

2005 年 3 月 11 日，中海公司（甲方，被告）与原告商贸中心、胡昌、刘敬祥（乙方）签订协议书，约定双方共同完成中海公司与京首建公司所签沙子、石子 16 万立方米供货合同的供应工作，风险共担，利润各得 50%。甲方负责沙子、石子的供应，负责每月 20

日前结回上月货款；乙方责任：第一个月垫付 50 万元、组织车辆爆炸运输任务的完成并负责车辆运输费等。合同自签订之日生效，如有违约罚款 10 万元。中海公司法定代表人郭小强（被告）签字并加盖了公司印章，胡昌、刘敬祥及刘金福签字，并加盖了商贸中心的印章。

2005 年 3 月至 7 月中旬，双方合作向京首建公司供应大量的沙石料。3 月 25 日至 4 月 26 日，郭小强收取了原告方投资款 31.5 万元，并以个人名义出具收条，只将其中的 23 万元转交给了中海公司。7 月，郭小强私自将收料单的供货方更改为北京思瑞曼铁矿石加工中心（以下简称思瑞曼中心）。后来，原告提出解除合同，郭小强同意。郭小强已经通过北京创森商贸有限公司从京首建公司结算货款 30 余万元，未予以分配，而且京首建公司与中海公司没有任何经济往来关系，创森公司与京首建公司没有合同关系，只是依据与郭小强的协议以创森公司名义为郭小强的中海公司从京首建公司结算货款。原告要求被告中海公司与郭小强返还投资款本金 32 万元及支付违约金 10 万元，且二被告负连带责任。①

二、观点分歧

对于被告郭小强作为中海公司的股东及法定代表人，是否应对原告承担连带赔偿责任，有不同的意见。

第一种观点认为，被告郭小强是中海公司的股东及法定代表人，合同是郭小强代表中海公司与原告方签订的，而且其收到的投资款 23 万元已经交给了中海公司。可见，郭小强签订协议是履行职务的行为，而非个人行为。依据公司法规定，郭小强作为股东仅以出资额为限对公司承担责任，并无义务对与公司交易的第三人承担责任。中海公司与思瑞曼中心是两个独立的民事主体，中海公司与京首建公司之间的供货合同，与思瑞曼中心向北京首钢建设集团有限公司下属单位之间的送货行为，没有任何联系。因此，郭小强与原告方不存在民事法律关系，自然不应对原告承担赔偿责任。

第二种观点认为，公司具有独立的法人地位，股东以其出资为限对公司承担责任，公司以其全部资产对公司债务承担责任。不过，这只是公司法的基本原理。当公司股东滥用公司法人独立地位和股东有限责任，逃避债务，严重损害公司债权人利益时，应当否认公司的法律人格，让该股东对公司债务承担连带责任。就本案而言，合作双方及郭小强实际履行了向京首建公司搅拌站运送沙石料的义务，并约定双方共享收益。但法院查明，中海公司与京首建公司并不存在合同关系，结果使得在原告与被告所签订的协议之履行过程中，中海公司的行为与股东郭小强的行为无法区分，表现在以下几个方

① 张金星：《股东滥用公司法人独立地位应对公司债务承担连带责任——胡昌等与北京中海腾达贸易有限公司、郭小强经营合同纠纷案》，载朱江、刘兰芳主编：《新公司法疑难案例判解》，法律出版社 2009 年版，第 396～400 页。

面:(1)郭小强作为中海公司的法定代表人兼公司股东,虚构了中海公司与京首建公司供货合同关系且以公司名义与原告方签订协议并实际履行,使得中海公司的经营行为与股东郭小强的个人经营行为混同;(2)郭小强收取原告投资款31.5万元并以个人名义出具收条,却只将其中的23万元转交给公司,使得股东郭小强的个人财产与中海公司财产混同。因此股东郭小强的上述行为使得中海公司的经营与股东经营、公司财产与股东财产无法区分,而且郭小强利用其特定身份控制中海公司获取实际收益,又以中海公司的独立法人地位规避债务,其行为属于股东滥用公司法人独立地位和股东有限责任,逃避债务,严重损害了公司债权人利益,故应当否认中海公司的法律人格,让股东郭小强对中海公司的上述债务承担连带责任。

三、提示与参考

本案涉及公司制度设计中一个永恒的难题——如何克服有限责任所带来的机会主义行为。"实现这一目标的法律技术多种多样。最为明显的是,法律可以在特定情况下废除这一法理的保护,以使股东对公司债权人承担个人责任。"[①]这就是"揭开公司的面纱"或者"否认公司独立人格"。"在普通法上对独立人格和有限责任法理的挑战,往往会带来更为重大的问题,因为这些挑战以不适用独立人格和有限责任的一般理由为基础,例如欺诈。公司是'外壳'或者'赝品',公司是股东的代理人,公司是'单个经济单位'的一部分,或者甚至是'司法公正的利益'要求否认公司独立人格和有限责任。"[②]

案例3.3:公司法人格否认法理在母子公司中的运用

一、案情简介

在Bernardin Inc. v. Midland Oil Corp.案中,原告和被上诉人Bernardin是一家制造玻璃瓶金属盖的公司,被告Zestee Foods是一家加工食品原料的公司,被告和上诉人Midland Oil Corp.是特拉华州的一家公司,主要从事石油和天然气业务,Zestee Foods是Midland Oil Corp.投资创办的全资子公司。1969年5月Bernardin与Zestee Foods签订了一份关于长期存货的协议,约定由Bernardin制造并在货栈保存一份特殊数量的金属盖。1969年底,Zestee Foods以经济原因为由,提出终止供货合同,但同意尽力使用Bernardin已经制造出来的存货。到1979年6月,Zestee Foods只使用了75000个金属盖,而Bernardin制造和已经完成的金属盖就有600000个。1970年7月4日,Zestee

① [英]保罗·戴维斯、[英]莎拉·沃辛顿:《现代公司法原理》,罗培新等译,法律出版社2016年版,第213页。

② [英]保罗·戴维斯、[英]莎拉·沃辛顿:《现代公司法原理》,罗培新等译,法律出版社2016年版,第218页。

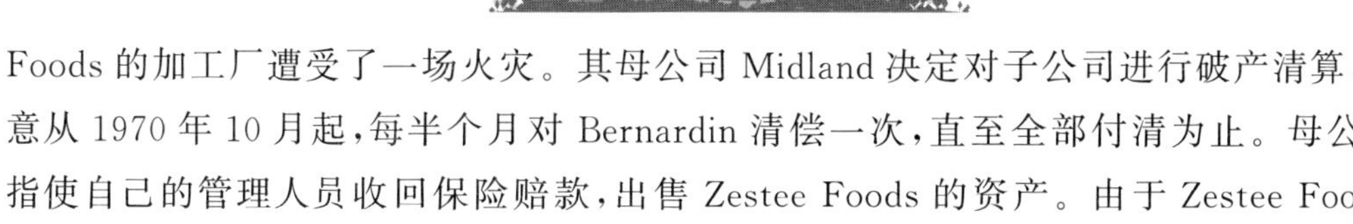

Foods 的加工厂遭受了一场火灾。其母公司 Midland 决定对子公司进行破产清算，并同意从 1970 年 10 月起，每半个月对 Bernardin 清偿一次，直至全部付清为止。母公司还指使自己的管理人员收回保险赔款，出售 Zestee Foods 的资产。由于 Zestee Foods 不能清偿对 Bernardin 的债务，Bernardin 起诉其母公司 Midland Oil Corp.，要求其对子公司的债务承担连带清偿责任。[①]

二、观点分歧

对于母公司 Midland Oil Corp.是否应对其子公司 Zestee Foods 的债务承担清偿责任，存在不同的观点。

第一种观点认为，依据公司法原理，母公司 Midland Oil Corp. 与子公司 Zestee Foods 都具有独立的法律人格，应当独立承担法律责任。母公司 Midland Oil Corp.作为子公司 Zestee Foods 唯一的股东，只以其出资为限对子公司承担责任，对子公司对 Bernardin 所负的债务没有清偿责任。子公司 Zestee Foods 以本公司的全部资产对公司所负债务承担清偿责任，若不能清偿全部债务时，公司债权人应当通过破产程序对债权人进行公平清偿，而不能要求公司的股东清偿债务。尽管母公司对子公司存在控制，但是控制并不必然导致揭开子公司的"面纱"或者否定子公司的法律人格。只有当这种控制达到令子公司完全丧失或基本丧失自主权时，才能导致母公司对子公司的直接责任。就本案而言，母公司 Midland Oil Corp.对子公司 Zestee Foods 并不存在过度控制，因此无须对其子公司 Zestee Foods 的债务承担清偿责任。

第二种观点认为，"事实已经证明，Zestee 已不再是一个有活力的公司，Midland 作为其唯一股东，指使自己的管理人员收回保险赔款，出售的资产，收回的资产变现款用于支付其他债权人。如果允许 Midland 为逃避 Zestee 的债权人的责任而保留 Zestee 的空壳，将导致不公平。所以，要揭开 Zestee 的公司面纱，将其和母公司视为一体，由母公司对 Bernardin 公司直接承担责任"[②]。

三、提示与参考

依据公司法原理，公司集团中的母公司、子公司等是独立的法律主体，依法独立行使权利履行义务，独立承担民事责任。不过，如果子公司没有在业务经营和事务管理上保持相当程度的独立性和自主性，就有可能被否认公司独立人格。有学者总结到，导致母公司承担责任的情形主要表现在如下几个方面：(1)将子公司作为母公司的一个"部门"或者"分支机构"；(2)将母子公司业务或者母公司将不同的子公司的业务进行混同

---

① 朱慈蕴：《公司法人格否认法理研究》，法律出版社 1998 年版，第 278 页。

② 520 F.2d 771(5th Cir.1975).转引自朱慈蕴：《公司法人格否认法理研究》，法律出版社 1998 年版，第 279 页。

管理;(3)母子公司之间或者不同的子公司之间具有共同的管理人员,且职责不清;(4)将母子公司资产或者不同的子公司的资产予以混同,例如母公司让子公司为其债务违规担保,不同的子公司使用共同的银行账户等。[①]

案例3.4:潍坊钢管总厂与潍坊迈特钢管有限公司是否法人格混同?

一、案情简介

2003年,潍坊市钢管总厂先后从工商银行潍坊市分行营业部借款共计5760万元,工商银行后来将上述贷款转让给了中国长城资产管理公司济南办事处。潍坊市钢管总厂的全资子公司——潍坊利多钢管公司为上述借款提供了连带保证。借款人及保证人对借款与保证事实没有异议,但是两家企业几乎没有财产可供执行。长城资产管理公司济南办事处委托的律师调查发现:钢管总厂是一家集体企业,截至1997年3月31日企业总资本为3092万元,其中潍坊市国有资产管理局代表持有的国有资产占68.09%;由潍坊市二轻企业联社持有的资产占0.71%;钢管总厂职工持股占31.2%(由钢管总厂代表)。1997年5月23日,由钢管总厂代表集体股,潍坊市二轻企业联社代表联社股,潍坊市国有资产管理局代表国家股签订了《潍坊迈特钢管有限公司章程》,将钢管总厂3092万元总资本,按照原比例重新在潍坊工商行政管理局设立注册了潍坊迈特钢管有限公司(以下简称迈特公司)。但是,潍坊市钢管总厂仍然存续,潍坊市钢管总厂与潍坊迈特钢管有限公司经营并没有完全分离,两个企业的牌子有时交互使用。前者实际上没有财产可以偿债,后者具有偿还能力。律师代理长城资产管理公司济南办事处起诉,请求后者对前者的债务承担连带责任。

二、观点分歧

第一种观点认为,钢管总厂与潍坊迈特钢管有限公司是独立设立、独立经营的两个法人实体,钢管总厂只是迈特公司的股东之一,钢管总厂的债务应当自行承担,潍坊迈特钢管有限公司没有还款义务。

第二种观点认为,迈特公司作为被告潍坊市钢管总厂的整体公司化改制企业,属于企业法人的组织形态变化,虽然迈特公司当时作了设立工商登记,但迈特公司实际为潍坊市钢管总厂变更而来,应当对原钢管总厂的对外债务负有清偿责任。

第三种观点认为,无论从迈特公司的设立还是运营看,两企业存在注册资本混同、财务混同、经营混同、经营场所混同、组织结构混同。从两企业的注册资本来源及构成看,潍坊市钢管总厂和迈特公司两个企业的财产是混同的,总注册资本为同一宗资产,

① 施天涛:《公司法论》,法律出版社2018年版,第40页。

均为 3092 万元。迈特公司成立后与原钢管总厂的资产、经营仍然没有分离,两个企业的牌子交互使用,形成两个企业的法人人格混同。因此,迈特公司是由钢管总厂整体改制而来,其与钢管总厂的财务、资产是混同的,实为两块牌子、同一法人实体。迈特公司与潍坊市钢管总厂应当共同对潍坊市钢管总厂的债务承担还款责任。[①]

三、提示与参考

本案是在我国国有企业实行股份制改制实践中产生的典型案例,其成功之处在于在我国公司法(当时)尚未规定法人人格混同制度的情况下,法院通过借鉴国外企业法人格混同理论及相关判例,认定本案实质上属于人格混同。本案比较特殊的情况在于,国有企业实行股份制改制之后,原来的企业并未被注销登记,事实上形成了原来的企业与改制后设立的企业的资产混同、业务混同。从法理上看,第二种观点难以成立,迈特公司是新设立的公司,改制之前的潍坊市钢管总厂仍然存续和经营,并且在改制多年之后在银行借款 5760 万元。迈特公司并不是由潍坊市钢管总厂变更登记而来,而是通过新设公司登记取得经营资格。因此,本案采用公司法人格否认法理,让迈特公司对潍坊市钢管总厂的债务承担责任,不失为保护银行债权的有效救济方式。当然,本案的发生有着较为复杂的社会背景,也说明在我国国有企业改制实践中,加强和规范国有企业之公司治理具有非常重要的现实意义。

案例 3.5:一人有限责任公司股东的连带责任

一、案情简介

周某在 2009 年单独投资 30 万元成立一家一人有限责任公司,主要从事电子产品的相关交易。后该公司与 A 电子产品公司达成协议:由 A 公司向周某公司提供一批电子产品,价格是人民币 5 万元。双方同时约定,周某公司收到产品后,于一星期之内付款。达成协议后,A 公司按时供货,而周某公司收到产品后却没有进行付款。后来,A 公司才得知周某公司因经营不善已无力支付货款,得知周某名下仍有部分财产,A 公司向周某要求偿还债务,但周某以公司债务为由不肯偿还。无奈之下,A 公司将周某与其公司一起诉至法院,要求偿还货款及利息。在法庭审理过程中,周某对公司欠付货款的事实没有异议,但指出,其个人财产与公司的财产是严格区分的,A 公司不能要求其以自身财产为公司清偿债务,周某同时出具了公司前一年的会计报表等材料以证明自身

---

① 陈万金:《最高法院审结的法人格混同案例》,http://wanjin.findlaw.cn/lawyer/jdal/d12916.html,下载日期:2014 年 3 月 8 日。

财产与公司财产相互独立。[①]

二、观点分歧

第一种意见认为,周某公司是具有独立法律人格的企业法人,公司应当以公司自身财产对公司债务独立承担清偿责任,周某作为公司股东以其出资为限承担有限责任,除非公司债权人A公司能够举证证明周某与周某公司法人格混同而否认周某公司的法人人格。

第二种意见认为,周某作为一人有限责任公司的股东,负有举证证明其个人财产独立于公司财产的义务,否则应当对公司债务承担连带责任。

三、提示与参考

一人有限责任公司是指只有一个自然人股东或一个法人股东的有限责任公司。其主要特征是:(1)股东仅为一人,如果是自然人设立一人有限责任公司的,应该具有完全民事行为能力;(2)具有法人资格;(3)股东控制着公司经营。

在2005年修订《公司法》的过程中,关于是否认可一人公司特别是自然人设立的一人公司,成为意见分歧较大的问题之一。反对意见的主要理由是:(1)公司是社团法人,而一人公司欠缺社团性;(2)认可一人公司,无法设置股东会,极易造成法律适用上的障碍;(3)认可一人公司,极易导致一人公司的滥设,使一人公司成为债务人借以规避债务的一种合法形式。

赞成者的主要理由是:(1)股份有限公司的股份和有限责任公司的出资额具有可转让性,这就使得股权集中于一人之手成为可能;(2)只要公司资本充实,股东人数并不影响公司的信用;(3)允许创办一人公司有利于分散投资风险;(4)法律禁止创办一人公司,但是大量实质意义上的一人公司在现实中客观存在;(5)认可一人公司已成为国外公司立法的普遍趋势。

为了平衡一人公司及其股东与债权人之间的利益,防止一人公司股东滥用公司的独立法律人格侵害公司债权人利益,我国《公司法》对于一人公司的治理规定了一些特殊制度:(1)转投资的限制,一个自然人只能投资设立一个一人有限责任公司。该一人有限责任公司不能投资设立新的一人有限责任公司。(2)公司营业执照的特别记载,一人有限责任公司应当在公司登记中注明自然人独资或者法人独资,并在公司营业执照中载明。(3)公司治理的特殊性,一人有限责任公司章程由股东制定,一人有限责任公司不设股东会,股东作出决定时,应当采用书面形式,并由股东签名后置备于公司。(4)财务会计报告的审计义务,一人有限责任公司应当在每一会计年度终了时编制财务会

---

① 施雯:《一人有限责任公司惹争议:未能偿还债务,能否要求股东承担连带责任》,载《杭州日报》2011年8月28日第4版。

计报告,并经会计师事务所审计。(5)一人公司的法人格否认推定,一人有限责任公司的股东不能证明公司财产独立于股东自己的财产的,应当对公司债务承担连带责任。

案例 3.6:“道奇诉福特汽车公司”案与公司的社会责任

一、案情简介

在美国“道奇诉福特汽车公司”案中,福特汽车公司的董事们为降低汽车成本、提高汽车质量和增加社会就业机会,缩减对公司股东的红利和股息的派发。公司小股东不同意,认为上述做法侵犯股东权益,违背公司为股东利益服务的目标,遂向法院起诉福特汽车公司,要求法院责令公司停止上述行为。

二、观点分歧

关于福特汽车公司的上述做法是否合法存在以下不同观点:

第一种观点认为,公司作为一个营利性的企业法人,是股东获取利益的工具,公司只能为追求股东利益最大化服务。因此,公司董事在进行经营决策时应当以维护股东利益作为主要目标,董事只有选择不同手段实现股东营利性目的的自主权,不能改变为股东利益服务这一目标本身。如果公司董事要追求社会目标,就只能用自己的钱,不能用股东的钱,不能以损害股东利益为代价去追求社会目标。因此,福特汽车公司的上述做法不合法。

第二种观点认为,不能将公司的责任仅仅归结为只为股东利益服务,公司在实现股东利益的同时,对社会其他群体也负有一定的责任。此即公司的社会责任。这种社会责任虽然不会给公司及其股东带来直接的收益,但是从长远来看,对公司的发展是非常有利的。福特汽车公司减少对股东的红利和股息的派发,以筹集资金扩大生产规模,从而降低汽车成本、提高汽车质量,同时增加就业机会无疑有利于社会,但从长远看也提高了福特汽车的社会地位和市场竞争力,符合股东利益最大化的公司经营目标。

三、提示与参考

随着公司在社会经济生活中的作用越来越大,要求公司承担社会责任的呼声越来越高。我国《公司法》第 5 条第 1 款规定:“公司从事经营活动,必须遵守法律、行政法规,遵守社会公德、商业道德,诚实守信,接受政府和社会公众的监督,承担社会责任。”然而,究竟何为公司的社会责任?公司的社会责任包括哪些内容?理论界和实务界仍缺乏统一的认识。美国的多德教授曾经在 20 世纪 30 年代指出,公司具有追求利润和社会服务两个方面的功能,公司应当承担对雇员、客户、消费者、社区居民乃至一般公众

的社会责任。日本学者金泽良雄指出:“今天的企业,本已摆脱了单纯朴素的私有领域,而作为社会制度有力的一环,其经营不仅受到资本提供者的委托,而且也受到包括提供者在内的全社会的委托。”①

反对公司社会责任的学者也不少,比较著名的是自由经济学派的代表人物弗里德曼和哈耶克。弗里德曼认为公司的唯一社会责任就是依法进行公平竞争,充分利用资源实现利润的增加。哈耶克担心公司经营决策如果要考虑社会责任,会改变管理层只作为股东受托人的法律地位,容易导致公司权利滥用。反对者担心,“一旦规定公司除对股东利益最大化的实现负有义务外,还要对股东以外的利害关系群体负责,一方面会使股东不能再以公司的唯一获益者的身份去有效地实施监督,另一方面公司经营者同时服务于两个目标、两个主人,就有可能对谁都不负责任”②。

第二节　公司设立

案例 3.7:股东虚假出资伪造验资报告所设立的公司是否成立?

一、案情简介

甲、乙、丙三人伪造了验资报告经工商核准注册成立了某建筑公司,三人均没有实际出资,该公司在经营过程中欠丁 50 万元,丁起诉至法院,要求建筑公司和甲、乙、丙三人共同承担还款责任。③

二、观点分歧

第一种意见认为:建筑公司业经工商核准登记,具有法人资格,甲、乙、丙三人作为公司股东,滥用公司的独立人格,以求规避债务,为了保护公司债权人,应当否认公司的独立人格及股东的有限责任,适用《公司法》第 20 条关于公司法人人格否定理论,判决甲、乙、丙三人对丁的债务承担连带偿还责任。

第二种意见认为:甲、乙、丙三人在设立公司的过程中存在重大瑕疵,违反《公司法》第 23 条关于有限责任公司成立要件的规定,虽工商部门进行了登记,但建筑公司并不具有法人资格,在此情况下,应当将甲、乙、丙的投资行为视为合伙,“建筑公司”视为合

---

① [日]金泽良雄:《经济法概论》,满达人译,甘肃人民出版社 1985 年版,第 149 页。
② 朱慈蕴:《公司法人格否认法理研究》,法律出版社 1998 年版,第 298 页。
③ 2013 年修正后的公司法已经取消了关于公司设立强制验资的规定。

伙组织，判决“建筑公司”承担还款责任，甲、乙、丙承担连带责任。

三、提示与参考

该案涉及有关公司设立瑕疵的问题。所谓公司瑕疵设立，是指经公司登记机关核准登记并获营业执照而宣告成立的公司，在设立过程中，存在不符合公司法规定的条件和程序的情形。它使公司成立后在法律上处于一种有别于正常公司的地位与状态。不同国家公司法上的公司瑕疵设立制度对于该设立行为的效力存在不同的规定：

1.瑕疵设立有效

以英国、美国为代表。承认瑕疵设立行为的效力是基于公司登记的公示公信力和商事效率与商事维持原则的。通过对瑕疵设立的承认，来减少企业设立成本和交易成本，因为一个“活着的”公司的价值远远大于一个“死掉的”公司。

2.瑕疵设立无效制度

即便公司已经获得设立登记，但如果公司在设立过程中存在违反公司法关于设立条件与程序的规定，经股东或其他利害关系人提起无效诉讼，公司将被宣告无效，且公司自设立开始时起即不具备法律效力。大陆法系国家如德国、日本等采取此种立法。根据最高人民法院 1994 年 3 月 30 日颁发的法复[1994]4 号《关于企业开办的其他企业被撤销或者歇业后民事责任承担问题的批复》第 1 条第 3 项以及第 2 条的规定，对于那些虽然领取了企业法人营业执照，但实际上没有投入自有资金，或者投入的自有资金达不到有关法规规定的最低数额要求或者实际上不具备其他法人条件的，人民法院有权认定其不具备法人资格，并依此要求企业开办单位为不具备法人资格的企业承担责任。“这一解释的实质法律意义，一方面在于赋予人民法院否认瑕疵公司法人人格的权力，另一方面在于依此法人人格否认权力，在无须解散公司并进行清算的情形下，直接追究企业开办者（引申适用为公司及其股东）对企业债务的无限连带责任。此双层意义的结合，实质表明人民法院对瑕疵公司拥有与工商行政部门同等的自始否认其人格的权力。”①

3.瑕疵设立登记之行政撤销制度

即在公司设立登记过程中，由于设立申请人违反公司设立的强行性规定，经原公司登记机关审查予以撤销而使业已完成的公司设立登记归于无效的一项公司设立登记瑕疵救济制度。我国 2005 年修订的《公司法》第 199 条规定：“违反本法规定，虚报注册资本、提交虚假材料或者采取其他欺诈手段隐瞒重要事实取得公司登记的，由公司登记机关责令改正，对虚报注册资本的公司，处以虚报注册资本金额百分之五以上百分之十五以下的罚款；对提交虚假材料或者采取其他欺诈手段隐瞒重要事实的公司，处以五万元以上五十万元以下的罚款；情节严重的，撤销公司登记或者吊销营业执照。”现行《公司

① 虞政平：《“瑕疵公司”的权利能力》，载《法律适用》2003 年第 6 期。

法》第198条规定："违反本法规定，虚报注册资本、提交虚假材料或者采取其他欺诈手段隐瞒重要事实取得公司登记的，由公司登记机关责令改正，对虚报注册资本的公司，处以虚报注册资本金额百分之五以上百分之十五以下的罚款；对提交虚假材料或者采取其他欺诈手段隐瞒重要事实的公司，处以五万元以上五十万元以下的罚款；情节严重的，撤销公司登记或者吊销营业执照。"这两条均规定了针对瑕疵设立公司的行政撤销制度。该制度源于20世纪80年代的工商企业登记撤销制度，1993年《公司法》第206条引入了具有普遍意义的"撤销公司登记"制度，1994年6月国务院发布的《公司登记管理条例》进一步对"撤销公司登记"的适用情形进行了细化，但与《公司法》规定不同的是，《公司登记管理条例》对同样情形除规定了"撤销公司登记"外，还增加了"吊销营业执照"这一行政处罚措施。

我国有学者认为，撤销公司设立登记的立法主旨在于维护公司登记机关的权威性和公信力，在于保护因欺骗、欺诈而利益受损的当事人。但是在实践中应慎用公司设立登记撤销，因为撤销公司登记具有溯及既往并否定公司有效成立的法律效力，会诱发连锁性的债务清偿危机，容易造成不必要的交易损害和社会动荡；至于吊销公司营业执照更不宜适用，因为2005年修订的《公司法》第199条及现行《公司法》第198条所列举的违法行为，系由公司原始出资人或发起人、申请人所为，而非公司所为。[①]

案例3.8：是公司设立纠纷还是公司发起人责任纠纷？

一、案情简介

吉玛公司与施某签订合作协议，约定双方共同出资设立有限责任公司，注册资本100万元，双方各占50%；吉玛公司以经营用房租赁使用权及内部设施等作价出资，施某以货币出资；施某负责编制新公司章程、办理验资及注册申请等相关手续。

吉玛公司将房屋及设施均移交给施某，但因双方对新公司注册地址等注册事宜未进一步达成一致，故没有签署章程，新公司最终未能成功设立。吉玛公司以施某不履行设立登记手续为由，起诉请求解除合作协议，施某返还投资款50万元并赔偿利息损失。[②]

---

① 肖海军：《论公司设立登记撤销制度——以〈公司法〉第199条的适用展开》，载《中国法学》2011年第2期。

② 赫少华：《公司发起人责任纠纷的范围和法律依据》，http://blog.sina.com.cn/s/blog_4ac0fb810102e8xd.html，下载日期：2014年5月9日。本案终审判决书：〔2012〕沪二中民四（商）终字第508号。

二、观点分歧

一种观点认为，吉玛公司提起的是发起人责任纠纷之诉，吉玛公司投入的非货币资产未经评估、验资，仅以施某不履行公司设立手续为由请求其返还投资款，依据不足。

另一种观点认为，双方仅签订合作协议，并未签署公司章程，故不能构成公司法意义上的发起人，本案不属于发起人责任纠纷，而是公司设立纠纷，因公司无法设立，施某基于设立公司目的取得吉玛公司作为出资交付的财产，应当作价返还。①

三、提示与参考

(一)公司发起人的概念

《公司法》只是在有关股份有限公司设立的有关规定中使用了发起人的概念，但是并未规定其含义。《最高人民法院关于适用〈中华人民共和国公司法〉若干问题的规定(三)》(以下简称《公司法司法解释三》)第1条规定："为设立公司而签署公司章程、向公司认购出资或者股份并履行公司设立职责的人，应当认定为公司的发起人，包括有限责任公司设立时的股东。"该规定统一了公司发起人概念并明确了认定要件：其一，为设立公司而签署公司章程，仅签订了公司设立协议而未签署公司章程的人不是公司发起人；其二，向公司认购出资或者股份；其三，履行公司设立职责，即参与或者授权其他发起人代表自己办理公司设立筹办事务，并为此承担责任。

(二)发起人的法律义务与法律责任

1.发起人设立公司中的义务与责任

(1)公司不能成立时，对设立行为所产生的债务和费用负连带责任。依据《公司法司法解释三》第4条之规定：

公司因故未成立，债权人请求全体或者部分发起人对设立公司行为所产生的费用和债务承担连带清偿责任的，人民法院应予支持；

部分发起人依照前款规定承担责任后，请求其他发起人分担的，人民法院应当判令其他发起人按照约定的责任承担比例分担责任；没有约定责任承担比例的，按照约定的出资比例分担责任；没有约定出资比例的，按照均等份额分担责任；

因部分发起人的过错导致公司未成立，其他发起人主张其承担设立行为所产生的费用和债务的，人民法院应当根据过错情况，确定过错一方的责任范围。

---

① 赫少华：《公司发起人责任纠纷的范围和法律依据》，http://blog.sina.com.cn/s/blog_4ac0fb810102e8xd.html，下载日期：2014年5月9日。

(2)公司不能成立时,对认股人已缴纳的股款,负返还股款并加算银行同期存款利息的连带责任。

(3)在公司设立过程中,由于发起人的过失致使公司利益受到损害的,应当对公司承担赔偿责任。

2.发起人的出资义务与责任

(1)违约责任。按期足额缴纳认购的出资或股份,否则应当按照发起人协议承担违约责任。《公司法司法解释三》第2条规定:"发起人为设立公司以自己名义对外签订合同,合同相对人请求该发起人承担合同责任的,人民法院应予支持。公司成立后对前款规定的合同予以确认,或者已经实际享有合同权利或者履行合同义务,合同相对人请求公司承担合同责任的,人民法院应予支持。"

(2)资本充实责任或差额填补责任。股份有限公司成立后,发起人未按照公司章程的规定缴足出资的,应当补缴;其他发起人承担连带责任。股份有限公司成立后,发现作为设立公司出资的非货币财产的实际价额显著低于公司章程所定价额的,应当由交付该出资的发起人补足其差额;其他发起人承担连带责任。

3.发起人的其他义务

发起人、认股人缴纳股款或者交付抵作股款的出资后,除未按期募足股份、发起人未按期召开创立大会或者创立大会决议不设立公司的情形外,不得抽回其股本。

《公司法》第141条规定,发起人持有的本公司股份,自公司成立之日起1年内不得转让。公司公开发行股份前已经发行的股份,自公司股票在证券交易所上市交易之日起1年内不得转让。

案例3.9:从某股东会决议效力纠纷案看公司章程的契约性

一、案情简介

2000年9月,某车辆公司改制为有限责任公司,注册资本2000万元。王某出资20万元,占注册资本的1%,系公司原始股东。2006年1月,王某以20万元的价格受让股东于某持有的车辆公司1%的股权,合计持有车辆公司2%的股权。车辆公司于2006年4月修改公司章程,规定:"公司注册资本中的权益可以而且只能转让给公司现有股东。除现有股东外,任何人不得受让公司股权。无论因何种原因,无论股东自愿出让还是被强制地出让其股权的,受让人均只能是现有股东。股东要求转让股权但无任何现有股东愿意受让股权的,由公司回购,回购价格按回购日上一年度经审计机构审计确定的公司净资产计算。"2009年初,车辆公司年度股东大会以97%的比例通过《股东会决议》(以下简称《决议》),并据此公司章程修正案,规定:"如果一方希望将其在公司的全部或者部分股权转让，但根据章程规定的程序实施后无任何其他股东愿意单独受让的，则由其他股东按各自在公司的股权比例分别受让，受让价格按公司上一年度审计报告确定的净资产80%计算。”股东王某参加了两次股东会会议，但拒绝在《决议》及章程修改案上签字。2009年4月，王某向法院提起诉讼，认为《决议》侵犯股东的合法财产权、公平退出股份的权利等，要求确认其无效。①

二、观点分歧

本案争议的焦点是公司章程能否规定股权转让的价格按公司净资产的80%计算。

第一种意见认为，依据《公司法》的规定，有限责任公司的股权可以依法自由转让，既可以内部转让也可以外部转让，而章程将该公司的股权转让限制为内部转让；然而公司法作为特别法，并未对股权转让价格作出明确的规定，只是规定了其他股东在同等条件下的优先购买权，因此在股权转让价格上应当遵循民事活动意思自治的基本原则，股东王某对于变更公司章程的股东会决议持有异议，可以行使异议股东回购请求权。股东有权期望公司保持稳定，其中包括章程的不变状况。倘若公司多数股东依据资本多数决而欲变更公司的章程，就使公司成立时的基础发生动摇，从而对股东的利益造成重大影响。因此，对章程变更持有异议的股东，理应有权要求公司回购其股份而退出公司。为了平衡多数股东和少数股东在章程变更问题上的利益冲突，法律应当赋予异议股东以股份回购请求权，异议股东可以要求公司支付其所持股份的合理价值，并在此基础上允许多数股东变更公司章程。

第二种意见认为，依据《公司法》，“公司章程对股权转让另有规定的，从其规定”，即公司章程可以对股权转让作出特别约定。本案中，车辆公司的股东会决议经过了代表2/3以上表决权股东通过，符合法律规定和公司章程的约定。基于公司的人合性，即使股东王某不在章程上签字，也不影响公司章程的法律效力。

法院采纳了第二种意见，驳回了股东王某的诉讼请求。

三、提示与参考

公司章程，是指公司必备的规定公司组织及活动的基本规则的书面文件，是公司设立必须具备的条件，也是全体股东的共同意思表示。对于公司章程的法律性质，存在几种不同的认识。有人认为，公司章程是全体股东或发起人意思表示一致的结果，是他们之间订立的契约或合同；有人认为，公司章程是社团法人的自治规则，因为公司章程一旦订立，其效力不限于制定章程的发起人。公司章程的主要作用是全面指导公司的活

---

① 黄亮：《从某股东会决议效力纠纷案看公司章程的契约性》，http://www.66law.cn/goodcase/7672.aspx，下载日期：2014年5月10日。

动，向公司成员及第三人表明公司的信用，也是公司向政府作出的书面保证。[①] 公司及股东的全部活动，都要受到公司章程的约束，公司应当在公司章程规定的范围内从事经营活动，但是超越公司章程范围的活动并非一定无效，公司不能以公司章程对经营范围的限制对抗善意的第三人。

案例 3.10：建筑公司超出其经营范围订立的瓷砖购销合同是否有效？

一、案情简介

甲县建材厂与乙市建筑公司订立了供应瓷砖 4000 件的购销合同，货款总额 9 万余元。双方约定，瓷砖须在第三季度末前交货，建筑公司于收货后 15 日内付清货款。8 月底，建材厂就备好供货。9 月初，建筑公司分 5 次拉完了全部瓷砖，每次提货都打了欠条。半个月后，建筑公司付给建材厂货款 4 万元，尚欠 5 万余元。后查明，建筑公司购买了这么多瓷砖，并非用于建筑施工，而是看到市场上瓷砖紧俏，想转手倒卖，从中渔利。没想到瓷砖刚抛出一半，行情就发生了巨变，瓷砖过剩。建材厂要求建筑公司依合同支付其余 5 万余元货款。建筑公司以其《企业法人营业执照》规定的经营范围是建筑施工不能经销瓷砖为理由，认为这一瓷砖购销合同是无效合同，要求退还剩余瓷砖，并不再支付剩余货款。

二、观点分歧

该案争议的焦点是建筑公司的权利能力与行为能力问题。

第一种意见认为，合同无效。《民法通则》第 42 条规定："企业法人应当在核准登记的经营范围内从事经营。"《公司法》第 12 条规定："公司的经营范围由公司章程规定，并依法登记。公司可以修改公司章程，改变经营范围，但是应当办理变更登记。公司的经营范围中属于法律、行政法规规定须经批准的项目，应当依法经过批准。"建筑公司的经营范围不包括经销瓷砖，又没有变更公司章程，故该合同超出了建筑公司的权利能力与行为能力，无效。

第二种意见认为，我国《合同法》第 50 条规定："法人或其他组织的法定代表人、负责人超越权限订立的合同，除相对人知道或者应当知道其超越权限以外，该代表行为有效。"可见，在法人超越经营范围订立合同的情况下，如果合同相对方为善意，即不知该法人的行为超越其经营活动范围，那么该合同仍然具有法律效力。但是，如果法人所超越的经营活动范围属于法律禁止经营的行为，或法律规定只能由特定的组织专营的行

---

① 范健主编：《商法》，高等教育出版社、北京大学出版社 2002 年版，第 117～119 页。

为(如金融业务只能由国家批准的金融机构从事),或按照法律规定只能由具备一定资质条件的组织经营的行为(如从事建筑施工的企业必须具备相应的资质条件),则这种超越经营范围的行为一律无效。经销瓷砖并非法律、行政法规规定必须批准的经营项目,也无须具备资质条件,且建材厂是善意的第三人,故该合同有效。

三、提示与参考

公司的权利能力是指公司享有权利和承担义务的资格,公司的行为能力是指公司独立进行民事活动的资格。公司权利能力的范围是指公司有资格享有的权利范围和承担的义务范围,公司行为能力的范围与权利能力的范围完全一致。由于公司法人与自然人在性质上的差异,以及公司法对于公司的特殊要求,公司的权利能力在性质上、法律上和目的上受到限制。如专属于自然人基于其性别、年龄、生命、身体等而产生的权利义务,公司不能承受;公司不得成为其他营利性组织的无限责任股东;我国《公司法》曾经规定公司对其他组织的投资总额不得超过公司资本的一定比例,公司对外投资的比例限制已于 2005 年修订《公司法》时取消。设立中的公司不享有法人的权利能力,解散后的公司只能在清算范围内享有权利和承担义务;公司的权利能力还因为其目的而受到限制,英美法上曾经有过公司越权无效原则。[①]

案例 3.11:公司以公司资产为公司股东提供的担保是否一概无效?

一、案情简介

2001 年 12 月 25 日,进出口银行与四通集团签订《出口卖方信贷借款合同》,约定:进出口银行向四通集团提供出口卖方信贷额度 1.8 亿元,由光彩集团提供还款保证。光彩集团向进出口银行提交了于 2001 年 10 月 23 日作出的为四通集团提供担保的董事会决议,有 6 人在决议上签字,其中 5 名董事,1 名股东单位代表。四通集团董事长段永基作为光彩集团的董事在该决议上签字。

2003 年 12 月 26 日,进出口银行与四通集团、光彩集团签订《贷款重组协议》,作为对上述《出口卖方信贷借款合同》和《保证合同》的修改和补充。协议约定:贷款重组金额为 1.6 亿元,初始利率为 4.23%;光彩集团对四通集团在重组协议项下的全部债务提供连带责任保证,保证期间为重组协议项下全部债务到期之日起两年;若四通集团未按约定偿还债务并支付利息,或未能在 2004 年 6 月 30 日前办理房地产抵押手续,则进出口银行有权宣布全部债务到期并要求四通集团立即清偿全部债务,要求光彩集团清偿债务。四通集团董事长段永基代表四通集团在该《贷款重组协议》上签字。光彩集团向

① 范健主编:《商法》,高等教育出版社、北京大学出版社 2002 年版,第 122~125 页。

进出口银行提交了2003年11月3日作出的为四通集团提供担保的董事会决议，有2名董事在决议上签字。2003年12月29日，进出口银行依据上述《贷款重组协议》重新为四通集团办理了1.6亿元的贷款手续。截至2005年9月1日，四通集团依《贷款重组协议》偿还了到期贷款的利息和2400万元贷款本金，其余本金未按约定的期限偿还。进出口银行遂依《贷款重组协议》的规定，宣布全部债务到期，并提起诉讼，请求四通集团和光彩集团清偿全部债务本金1.36亿元及利息。

光彩集团董事会由11名董事组成，董事由各股东单位委派。光彩集团董事会第一次作出的为四通集团提供担保的董事会决议上，签字的5名董事(包括董事长卢志强)和1名股东单位代表所代表的股东单位共持有光彩集团93.6%的股权；第二次作出的为四通集团提供担保的董事会决议上，签字的2名董事(包括董事长卢志强)所代表的股东单位共持有光彩集团91.2%的股权。[①]

本案争议的焦点是光彩集团为四通集团提供的保证是否有效。

二、观点分歧

第一种意见认为，根据修订前的1994年颁布的《公司法》(以下简称1994年公司法)第60条第3款关于"董事、经理不得以公司资产为本公司股东或者其他个人债务提供担保"的强制性规定，公司为本公司股东提供担保须经股东会同意或章程有特别规定。董事在以公司资产为股东提供担保事项上无决定权，董事会作为公司董事集体行使权利的法人机关，在法律对董事会对外提供担保上无授权性规定，公司章程或对董事会无授权时，亦因法律对各个董事的禁止性规定而无权作出以公司资产对股东提供担保的决定。1994年《公司法》第60条第3款的禁止性规定既针对公司董事，也针对公司董事会。因此，光彩集团通过形成董事会决议的形式为股东四通集团提供连带责任保证的行为，因违反1994年《公司法》的强制性规定而无效，所签订的《保证合同》和《贷款重组协议》中的保证条款亦无效。

第二种意见认为，本案光彩集团为四通集团的债务进行担保的行为发生在1994年《公司法》修订前，故本案适用1994年《公司法》及《担保法》、最高人民法院《关于适用〈中华人民共和国担保法〉若干问题的解释》。1994年《公司法》第60条第3款规定"董事、经理不得以公司资产为本公司的股东或者其他个人债务提供担保"。该条规定是对公司董事、高管人员未经公司批准，擅自为公司股东及其他个人债务提供担保的禁止性规定。但该规定并非一概禁止公司为股东担保，对有限责任公司而言，符合公司章程，经过公司股东会、董事会批准，以公司名义进行关联担保，1994年《公司法》并未明确加以禁止。上述条款的立法目的是限制大股东、控股股东操纵公司与自己进行关联交易，

① 最高人民法院公报判例：《董事经理以公司资产为他人提供的担保是否有效》，http://www.5law.cn/a/gongsifa/gongsiqita/gongsifaanli/2012/0320/735528.html，下载日期：2014年5月10日。

损害中小股东的利益，以维护资本确定原则和保护中小股东权益。对经公司股东会、董事会同意以公司资产为小股东进行担保当不属禁止和限制之列。从价值取向的角度考量，在衡平公司债权人与公司股东利益冲突时，应优先保护公司债权人的利益。根据本案查明的事实，光彩集团公司作为有限责任公司，公司注册资本5亿元，其中山东泛海集团公司出资3.56亿元，出资比例为71.2%；潍坊宝顺建设有限公司出资1亿元，出资比例为20%；四通集团出资100万元，出资比例为0.2%。其公司章程未规定公司不得为股东进行担保。该章程规定，董事会是该公司法人机关，董事会成员由股东单位委派，董事会的表决程序采用资本多数决的形式。公司11家股东中10家股东单位委派其法定代表人担任该公司董事，一家为股东单位代表。光彩集团提供的证据表明，在该公司同意为四通集团进行担保的2001年12月25日、2003年12月26日的两次董事会上，分别持有该公司93.6%和91.2%股权的董事同意为四通集团担保，符合公司章程的规定。董事会决议加盖了董事会公章，在《保证合同》及《贷款重组协议》上加盖了光彩集团公章，光彩集团对上述公章的真实性均不持异议。应当认定光彩集团签署上述《保证合同》及《贷款重组协议》是其真实意思表示，不违背占资本绝大多数股东的意志，该保证行为亦不违反法律和行政法规的禁止性规定，应为有效。

三、提示与参考

本案为最高人民法院公报案例，其指导性意义在于1994年《公司法》第60条第3款"董事、经理不得以公司资产为本公司的股东或者其他个人债务提供担保"的表述容易引起实务中对于该条是否是法律强制性条款的争议。本案旨在澄清1994年《公司法》第60条第3款过于绝对表述的误导，明确该规定并非一概禁止公司为股东担保，对有限责任公司而言，符合公司章程，经过公司股东会、董事会批准，以公司名义进行关联担保系有效民事法律行为。

在2005年修订《公司法》时，此条文已被删除，替换为2005年《公司法》第16条第3款。

案例3.12：违反《公司法》第16条规定对外提供的担保并不当然无效[①]

一、案情简介

原告中建材公司诉称：2005年，中建材公司接受被告恒通公司委托，为恒通公司代理进口工业计算机系统和其他物品，并代垫有关费用，恒通公司向中建材公司支付进口工业计算机系统货款及各项费用(包括进口代理费)。中建材公司按照双方约定履行完

---

① 《中华人民共和国最高人民法院公报》2011年第2期，第40～48页。

进口代理义务后，恒通公司未能及时履行合同义务，一直拖欠部分货款及各项费用。

2006年10月10日，原告中建材公司、被告恒通公司和被告天元公司签订一份备忘录，确认截至2006年9月30日，恒通公司仍欠中建材公司人民币共计18907936.92元，恒通公司需于2006年12月31日之前分期还清全部欠款。备忘录中同时约定，天元公司为恒通公司提供连带责任保证。此外，2006年10月19日、2008年6月4日以及2008年6月6日，被告银大公司、天元公司、天宝公司与俄欧公司分别向中建材公司出具承诺书，承诺为恒通公司对中建材公司全部应偿还债务（包括但不限于本金及违约金、利息、追索债权费用）提供连带责任保证。

被告银大公司辩称：银大公司不应承担连带保证责任。原银大公司法定代表人何寿山无权代表银大公司对外签署担保合同，未经董事会同意，擅自对外提供的担保无效。原告中建材公司在签署承诺书过程中存在过失，没有审查涉案担保是否经银大公司董事会同意。承诺书的签署时间是2006年10月19日，而在2005年5月，银大公司已变更公司名称，承诺书的主文是银大公司，但落款未加盖银大公司的印鉴，加盖的公章是银大公司的原名称江苏广兴达银大科技有限公司，形式上存在重大瑕疵，事实上，承诺书上的公章是何寿山通过其他来源取得的。因此，中建材公司与银大公司之间的担保合同无效，银大公司不应承担保证责任。

本案争议的焦点是被告银大公司是否应当承担保证责任。

二、观点分歧

第一种意见认为，2005年修订的、2006年1月1日正式实施的《公司法》（以下简称2005年《公司法》）第16条规定："公司向其他企业投资或者为他人提供担保，依照公司章程的规定，由董事会或者股东会、股东大会决议；公司章程对投资或者担保的总额及单项投资或者担保的数额有限额规定的，不得超过规定的限额。公司为公司股东或者实际控制人提供担保的，必须经股东会或者股东大会决议。前款规定的股东或者受前款规定的实际控制人支配的股东，不得参加前款规定事项的表决。该项表决由出席会议的其他股东所持表决权的过半数通过。"一方面，该规定明确使用了"不得"这样的措辞，是典型的禁止性规定。该规定事实上是法律对公司民事权利能力的限制。公司民事权利能力来自法律的规定，因此，当法律对公司的民事权利能力如投资、担保方面有明确限制时，公司及其组成人员必须遵守，这些关于民事权利能力的内容是法定的，公司股东无权以自己的意思表示予以改变，公司股东违反2005年修订的《公司法》第16条规定的行为首先是无效的。另一方面，虽然公司的章程并不能约束公司以外的第三人，但是公司法对于民事行为是否合法的规定，涉及股东、公司、第三人的权利义务关系，对公司以外的第三人应当产生法律效力，公司以外的第三人与公司签订相应合同时，也应当受公司法的约束。此外，2005年修订的《公司法》第 16 条是新修订的法律条文，该条对公司的投资和担保行为进行限制是为了保障股东的合法权益，依法确认违法担保合同无效能够更好地规范公司行为，规避商业风险。从事实上看，在本案中，2006 年银大公司的公司章程明确载明，鉴于 2005 年修订的《公司法》于 2006 年 1 月 1 日正式实施，特修订银大公司章程。该章程第 34 条规定："董事、高级管理人员不得有下列行为……违反公司章程的约定，未经股东会、股东大会或者董事会同意，将公司资金借贷给他人或者以公司资产为他人提供担保。"银大公司法定代表人何寿山对外提供担保，并没有经过股东会、股东大会或者董事会同意，故何寿山擅自对外担保因违反 2005 年修订的《公司法》第 16 条的强制性法律规定，应为无效担保。

第二种意见认为，2005 年修订的《公司法》第 16 条规定："公司向其他企业投资或者为他人提供担保，按照公司章程的规定由董事会或者股东会、股东大会决议；公司章程对投资或者担保的总额及单项投资或者担保的数额有限额规定的，不得超过规定的限额。公司为公司股东或者实际控制人提供担保的，必须经股东会或者股东大会决议。"第一，该条款并未明确规定公司违反上述规定对外提供担保导致担保合同无效；第二，公司内部决议程序，不得约束第三人；第三，该条款并非效力性强制性的规定；第四，依据该条款认定担保合同无效，不利于维护合同的稳定和交易的安全。此外，关于公司违反这一规定对外提供担保的合同效力问题，根据最高人民法院《关于适用〈中华人民共和国合同法〉若干问题的解释（一）》第 4 条关于"合同法实施以后，人民法院确认合同无效，应当以全国人大及其常委会制定的法律和国务院制定的行政法规为依据，不得以地方性法规、行政规章为依据"以及最高人民法院《关于适用〈中华人民共和国合同法〉若干问题的解释（二）》第 14 条关于"合同法第五十一条第（五）项规定的'强制性规定'，是指效力性强制性规定"的规定，在合同法的基础上进一步明确缩小了合同因违反法律、行政法规的强制性规定而无效的情形。因此，2005 年修订的《公司法》第 16 条的规定并非效力性强制性的规定。在 2005 年修订的《公司法》没有明确规定公司违反 2005 年修订的《公司法》第 16 条对外提供担保无效的情形下，对公司对外担保的效力应予确认。此外，根据《合同法》第 50 条关于"法人或者其他组织的法定代表人、负责人超越权限订立的合同，除相对人知道或者应当知道其超越权限的以外，该代表行为有效"以及最高人民法院《关于适用〈中华人民共和国担保法〉若干问题的解释》第 11 条关于"法人或者其他组织的法定代表人、负责人超越权限订立的担保合同，除相对人知道或者应当知道其超越权限的以外，该代表行为有效"的规定，公司的法定代表人违反公司章程的规定对外提供担保应认定为有效。可见，对于公司法定代表人越权对外提供担保的情形，公司对外仍应对善意第三人承担民事责任，故本案银大公司的担保责任不能免除。

三、提示与参考

为保护公司、债权人和中小股东的利益，2005 年《公司法》第 16 条、第 104 条和第 121 条对公司提供担保的决定程序、决定主体和决定权限作出了规定。从整个公司立法的担保法律制度体系来看，《公司法》第 16 条是规制公司对外担保的核心条款。但是，关于该规范的理解与适用，无论在理论界还是实务界都存在着不同甚至截然相反的观点。

有人认为，该规范属于效力性的强制性规范而非管理性的强制性规范。因为管理性规范是指法律和行政法规未明确规定违反此类规范的法律效力，并且其立法的宗旨在于管理和处罚违规行为，而不是从根本上否认该违规行为效力的法律规范。从《公司法》第 16 条及其相关条款的具体性质、立法背景和宗旨来看，由于 1994 年《公司法》缺乏此类规定，导致在实践中公司控制股东和公司高管滥用公司资产对外提供许多违法担保，使得公司、中小股东和债权人利益受到了严重的损害与威胁。针对这种惨痛教训，立法机关最终在 2005 年有针对性地制定了《公司法》第 16 条及其他相关条款，旨在保障公司对外提供担保时遵循严格的决定程序，而且也在警示债权人严格审查担保合同的签约程序，以防范担保无效的法律风险。有关公司担保的规范内容不仅拘束公司及其法定代表人、控制股东、董事和高级管理人员，而且也拘束担保债权人，从而遏制公司的无序、恶意担保行为的发生。可见《公司法》第 16 条的效力在性质上属于效力性法律规范，对担保法律关系的所有当事人都具有约束力。①

有人认为，理论和实务中围绕违反第 16 条提供的公司担保或投资的效力展开讨论，虽然观点不尽相同，但是大多围绕第 16 条是否为强制性规定来论证各自的观点。这种解释有悖于第 16 条的立法目的。事实上，第 16 条并非旨在规范公司对外担保或投资的行为，而是规范公司内部关于担保或投资事项的意思决定程序。基于第 16 条的立法背景及其在公司法规范体系中的意义，违反第 16 条的直接后果是组织法上的相应责任，影响公司关于对外担保或投资事项的董事会或者股东(大)会决议的效力。即使公司对外担保或投资行为未经董事会或者股东(大)会决议，或者董事会或股东(大)会决议被撤销或者确认无效，在第三人善意的情况下，亦不影响公司对外担保或投资行为的效力。②

本案的第二种意见中涉及合同法解释和担保法解释，在《民法典》生效后，最高人民法院后续会对上述司法解释进行更新，需要密切关注。

---

① 华德波：《论〈公司法〉第 16 条的理解与适用：以公司担保债权人的审查义务为中心》，载《法律适用》2011 年第 3 期。

② 钱玉林：《公司法第 16 条的规范意义》，载《法学研究》2011 年第 6 期。

第三节　公司融资

案例3.13:缴纳出资与股东资格取得之关系

一、案情简介

钱某、雷某与王某作为股东共同组建了一个软件公司,公司注册资本50万元。章程载明三人分别出资25万元、15万元和10万元。但是,三方均未缴纳出资,而是通过不正当手段骗取了验资证明,办理了企业法人登记手续,公司向三人签发了出资证明书。公司经营一年后,三方因分红发生纠纷。钱某向法院提起诉讼。在法院审理该案过程中,对于钱某是否具有股东资格产生了不同意见。

二、观点分歧

第一种意见认为,钱某由于未缴纳出资,不具有股东资格,无权请求分取红利,应当判决驳回其诉讼请求。

第二种意见认为,钱某尽管未实际缴纳出资,但是公司章程已经记载了钱某的出资额,公司也向其签发了出资证明书,基于公司章程的公示公信效力,应当认定钱某具有股东资格,但是钱某应当承担虚假出资的法律责任,向公司补足未缴纳的出资。

第三种意见认为,公司是采取不正当手段骗取了验证证明而设立的,具有严重的设立瑕疵,应当由工商行政管理部门撤销公司登记,公司自始就不具有法律人格,钱某也不可能具有股东资格。

三、提示与参考

原始股东资格的取得一般是以出资作为条件的,出资人按认购的数额缴纳出资,按出资额享有权利和承担义务。因此,甚至有人认为股东因其出资而取得股东身份,从而形成与公司之间的权利义务关系。这种观点曾在我国的理论和实务中占主导地位,但这一观点并非确切,对于缴纳出资与公司股东资格取得之关系,一般而言,采法定资本制的国家对此有较为严格的规定,强调出资方能取得股东资格,而采用授权资本制和折中资本制的国家对此要求较为宽松,认为出资并不是股东资格取得的必备要素,并且不在股东出资和股东资格之间建立一一对应的关系。这是当今多数国家的立法通例。

我国《公司法》对此也并未作明确的规定。但是,《最高人民法院关于适用〈中华人民共和国公司法〉若干问题的规定(三)》(以下简称《〈公司法〉司法解释三》)第13条规定:“股东未履行或者未全面履行出资义务,公司或者其他股东请求其向公司依法全面履行出资义务的,人民法院应予支持。”《〈公司法〉司法解释三》第17条规定:“有限责任公司的股东未履行出资义务或者抽逃全部出资,经公司催告缴纳或者返还,其在合理期间内仍未缴纳或者返还出资,公司以股东会决议解除该股东的股东资格,该股东请求确认该解除行为无效的,人民法院不予支持。”可见,《〈公司法〉司法解释三》并不否认未履行出资义务股东的股东资格。根据《公司登记管理条例》的规定,虚报注册资本、虚假出资、抽逃出资者将被处以罚款、虚报注册资本情节严重的撤销登记、吊销营业执照,股东资格并不因为出资人的瑕疵出资行为而被否定,但是要承担补缴出资的义务。

案例3.14:隐名股东的资格认定与公司资本维持案例

一、案情简介

2004年3月,原告吴某一与被告吴某二、吴某三、张某及陆某、徐某6人协商约定共同设立三协公司;2004年3月7日、8月10日、8月18日,原告分三次共计出资人民币17万元;2004年8月10日,6名出资人签字确认了各自认缴的出资额;2004年8月23日,由吴某二召集其余5名股东召开首次股东会议,该次会议确认了各股东的投资额,制定了公司章程,明确了各股东的职责分工等,同时约定,以吴某一、吴某二、张某3名股东名义进行公司登记;2004年10月10日,三协公司经核准领取企业法人营业执照,该公司章程及工商登记载明股东为吴某二、吴某三、张某,法定代表人为吴某二;自2004年8月23日起至2006年5月21日止,三协公司共召开9次股东会议,原告亦多次参加股东会议并参与公司议事。原告诉称,其投入了股款但却未被登记为公司股东,未享有股东权利,故诉至法院,请求法院判令4名被告连带退还原告17万元入股款。4名被告共同辩称,原告具有股东资格,不同意返还其出资款17万元。①

二、观点分歧

第一种意见认为,三协公司虽然登记股东为3人,但其实质是由包括原告在内的6名股东出资成立的,6名出资人的出资份额具体明确,公司章程及工商登记虽然没有记载原告的股东身份,但是在公司成立前后,原告均以股东身份多次参加股东会议,行使

① 《隐名股东资格的认定与公司资本维持案例》,http://china.findlaw.cn/gongsifalv/gudongquanyi/yinminggudong/109175.html,下载日期:2014年5月11日。

股东权利，故原告为三协公司的隐名股东。根据公司资本维持原则，股东在公司登记后，不得抽回出资，同时原告亦未提供证据证实其他股东和公司侵犯其股东权利，故原告要求四被告连带退还其 17 万元出资的诉讼请求不能成立。

第二种意见认为，三协公司章程、登记档案只有三名股东，既未告诉原告，也未有任何约定原告的股份与谁捆绑成隐名股东。原告一直以为自己是股东，也参加股东会议。在一次股东会议中因意见不合而争论，吴某二把原告哄出会场并明确告诉原告："你不是股东"，后原告去工商行政管理局查询，才得知自己真不是股东，所以该 17 万元投资不是其出资，亦未投入公司账户，是现在登记明确的三股东中有人未经原告同意，套取、占用了原告的投资款以其名义投入公司作为其出资，取得股份。①

三、提示与参考

本案是由隐名股东违反公司资本维持原则要求撤回出资引起的争议。隐名股东是指在设立公司过程中，为了规避法律或者出于其他原因，借用他人名义设立公司或者以他人名义出资的出资人。与之相对应的是显名股东，即记载于工商登记资料上的股东。由于我国公司法对隐名股东的认定等缺乏明确的界定，如何解决隐名股东相关问题便成了司法实践中处理公司案例的一个难点问题。

是否应该确认隐名股东的股东资格身份？司法实践中有几种不同的意见：

第一种观点认为，应在司法实践中确认隐名股东的股东地位，法律依据是我国公司法并未明确禁止隐名股东；法理依据是隐名股东制度的确立是合同自由和意思自治的体现，完全符合契约自由、私法自治的意旨。因为商法行为在本质上是以表意为特征的民事行为，隐名股东也是契约的一方，在契约中承诺将自己的某一财产或资产交由其他一个或者多个股东支配，由这些股东进行实际支配经营，交付者获得一定的收益。这种特殊契约与一般的合同并无本质的区别，只要双方达成合意，且不存在恶意情形，就不应该否定这种契约的法律效力；另外，公权力不应过多干预私权。商法就其性质而言属于私法，而公司登记行为则系行政法律行为，体现国家意志，具有明显的国家强制性规定，属公法范畴，公法以私法为根基，公法与私法间的架构应以私法为主，不能因为隐名股东形式特征的不规范就轻易否定隐名股东的股东资格。

第二种观点认为，隐名股东并非法律意义上的股东，不应确认其股东资格。因为：隐名股东不具备股东的法定形式特征，法律规定的股东的形式特征应是工商部门登记、公司章程、股东名册的记载，而实质特征是签署公司章程、实际出资、取得出资证明与实际享有股东权利。形式特征中以工商登记公示性最强，其效力应优先于其他形式特征；

① 该案及其观点形成于 2007 年，当时法律尚未对隐名股东作规定。而 2010 年《〈公司法〉解释三》第 24 条至第 26 条已对隐名股东作规定，2019 年《全国民商事审判会议纪要》第二部分第（八）节第 28 条也对隐名股东作了规定。

另外，隐名股东的存在有悖于交易秩序与安全。保护交易安全已成为现代民商法的整体发展趋势，隐名股东制度违背了民法中基本的物权公示公信原则，背离了现代民法的基本价值取向，不但不应被赋予法律上的股东资格，而应属于隐瞒、改变法定登记事项的违法行为，应给予相应的行政处罚。

第三种观点认为，对隐名股东资格的认定不能一概而论，既不能简单地否定，也不能完全肯定，而应针对不同的案情，区别对待。在司法实践中，常见的与隐名股东有关的纠纷大致可以分为两类：

一类是涉及公司内部关系的纠纷，主要有公司利润分配纠纷、隐名股东行使股东权利纠纷、对内承担责任纠纷、出资纠纷等。对于该类纠纷，应遵循契约自由、意思自治的原则，只要这种契约属于双方真实意思表示且属善意，就应该确认该契约的法律效力，从而确认隐名股东的股东资格。

另一类是涉及公司外部关系的纠纷，主要有对外被视为公司的股东主体问题、隐名股东或显名股东向外转让股权纠纷等等。对于该类纠纷，则应遵循公示主义原则和外观主义原则，维护交易秩序和安全，保护善意第三人利益。对隐名股东的资格认定应以形式为准，凡是已经工商登记的事项，除有确凿的证据证明属于虚假陈述外，均推定为真实事项并具有法律上的公信力，隐名股东对确信登记真实而进行交易的第三人不得以具备股东实质特征对抗，以此维护交易安全与效率。

案例3.15：郑国凤诉淮安第一钢结构公司名为欠款实为盈余分配纠纷案

一、案情简介

郑国凤为淮安第一钢结构有限公司股东，出资额为10万元，出资比例为16.67%。该公司章程规定，公司弥补亏损和提取公积金、法定公益金后所余利润，按照股东的出资比例分配。2003年1月4日，该公司股东会决议：2002年度实际利润应按100万元报告；按100万元利润和各股东出资份额比例分配；利润分配额暂作为公司的借款，并按同期银行利率计算利息。同年2月21日，该公司出具给郑国凤的借据载明，其欠郑国凤2002年度分红款166700元。同年5月16日，该公司股东会决议：因公司业务扩展、流动资金规模不断上升，导致公司资金十分紧张，运转不灵，决定2002年度按60万元分配利润。该公司在工商部门的年检报告书反映，2002年其暂时性亏损，2002年度终了时，该公司没有按照公司法规定由会计师事务所对该年度财务会计报告进行审计。郑国凤以该公司出具2002年度分红款借据后，利润分红款性质已转变为借款，双方之间已由盈余分配关系转化为债权债务关系为由诉至法院，请求判令被告支付分红款 166700 元及利息 73918 元。[①]

二、观点分歧

第一种意见认为，原告郑国风的诉讼请求应予以支持。因为原告与被告之间债权债务关系系利润分红款转化而来，而该利润分红款经过了该公司股东会决议的批准，股东对于公司亏损的情况并不知情，公司年检报告的亏损记载以及后来的公司股东会决议对于公司利润的调整均不能否定最初公司利益分配决议的合法性。

第二种意见认为，应当驳回原告郑国风的诉讼请求。因为原告与被告之间债权债务关系系利润分红款转化而来，而该公司的利润分红决议不符合公司法规定。公司分配股利必须符合公司法规定的条件：公司必须有可分配的利润和公司的利润分配方案经过股东会批准。公司是否有可分配的利润应当以依法经会计师事务所审计的财务会计报告为依据，而该公司 2002 年度财务会计报告未经会计师事务所审计。该公司的利润分配决议违反了公司法有关利润分配的强行性规范，应当无效。故原告的请求没有法律依据，不予支持。

三、提示与参考

公司在进行利润分配时，必须遵守资本维持原则，即公司分配的利润应当是在弥补了上年度亏损、缴纳了税款及提取了法定公积金之后的余额。[②] 其目的是防止公司股东滥用股东权，防止股东在公司无利润可分配时分配公司资产，变相向股东返还出资或抽逃出资，以保护公司债权人利益。现行《公司法》第 166 条第 5 款规定："股东会、股东大会或者董事会违反前款规定，在公司弥补亏损和提取法定公积金之前向股东分配利润的，股东必须将违反规定分配的利润退还公司。"依据该规定，在违法分配情形下，股东承担返还所分配利润的义务，但没有规定董事因此承担责任。这与美国、法国及德国等国家的公司法规定存在较大的差异。如法国《商事公司法》第 347 条、德国《有限责任公司法》第 32 条和《股份公司法》第 62 条(1)及美国《示范公司法》第 8.33 条(b)2y 准许善意取得股利分配的股东不予返还。我国有学者指出，不分股东善意与否一律要求其向公司返还利润的立法的实施成本将异常高昂。[③]

① 马作彪：《违反资本维持原则的利润分配借据化行为无效——江苏淮安中院判决郑国风诉淮安第一钢结构公司公司盈余分配案》，http://www.legalinfo.gov.cn/pfkt/content/2011-07/05/content_2782053.htm?node=7905，下载日期：2014 年 8 月 18 日。

② 公司从税后利润中提取法定公积金后，经股东会或者股东大会决议，还可以从税后利润中提取任意公积金。

③ 朱羿锟：《商法学——原理·图解·实例》，北京大学出版社 2012 年第 3 版，第 194 页。

案例 3.16:有限责任公司股东的查账权

一、案情简介

洛江诉称,1998 年,自己与阮博华、朱正辉共同设立的国华公司,注册资本为 5000 万元,其中原告出资 985 万元,占注册资本的 19.7%。自 2004 年 7 月,国华公司开发的国际花园项目启动以来,一切财务处理均由阮博华决定。他听人反映,阮博华在处理账户时,未经董事会讨论,有擅自将公司资金拆借给他人、擅自私设个人账户公款私存等违规违法行为。因此,洛江于 2008 年 3 月 12 日向国华公司去函要求查阅公司历年财务会计报告和会计账簿。2008 年 3 月 26 日,国华公司向洛江及另一名股东发出通知,安排 2008 年 4 月 5 日后股东对公司财务情况进行查阅。此后洛江通知国华公司 4 月 12 日去公司查阅会计账簿。但是当日洛江派员去公司查询时,却遭到国华公司的拒绝。遂请求新浦法院依法判令国华公司向其提供自国华公司成立以来的会计凭证、会计账簿供原告及原告委派的专业人员查阅。并由被告承担该案全部诉讼费用。[①]

二、观点分歧

第一种意见认为,依据《公司法》的规定,有限责任公司的股东可以要求查阅公司会计账簿,但应当向公司提出书面请求,说明目的;公司有合理根据认为股东查阅公司会计账簿有不正当目的,可能损害公司合法利益的,可以拒绝提供查阅,并应当自股东提出书面请求之日起 15 日内书面答复股东并说明理由。股东查账权是股东知情权的延伸,并非专属于股东人身性质的权利,股东可以委托代理人行使查账权,以发挥委托代理人的专业优势,弥补自身专业会计知识的不足。

第二种意见认为,公司法没有对股东是否有权委托他人代为行使查阅公司会计账簿和会计凭证的权利作出明确的规定,但是,最高人民法院在 2007 年 5 月 30 日召开的全国民商事审判工作会议中已经就该争议问题作出了明确的统一意见,以答记者问的形式向社会发布,认为公司股东该权利的实现的前提是应当征得公司的同意。故国华公司可以拒绝原告洛江的查账请求。

三、提示与参考

股东查账权滥觞于美国。在 19 世纪至 20 世纪中期,该权利的成文法得到了长足

① 王晓红:《出资千万竟被剥夺公司知情权——愤怒的股东:我要查账凭啥不让?》,http://www.365hetong.com/136gudongzhiqingquan/xw58.html,下载日期:2020 年 11 月 17 日。

的发展，对股东查账权作出一些硬性限制，要求股东有正当目的，满足法定条件。[①] 1950年的日本，从美国引入了股东查账权制度。1993年规定大于3%股票权的股东才可申请书面提议查阅公司会计账簿。[②] 在我国市场经济建立初期，旧的《公司法》(1993年)规定了股东知情权，但随着市场经济的蓬勃发展，旧《公司法》就不能适应实际需求了。对有限责任公司股东有查阅公司会计账簿的权利于2005年的《公司法》明确规定，并对查阅公司账簿作了程序规定和补救措施。后续，2017年最高人民法院发布的《〈公司法〉司法解释(四)》第7条至第12条对股东知情权的受理依据、主体资格、"不正当目的"的界定，以及行使程序等作出了具体的规定。

案例3.17：异议股东股份回购请求权

一、案情简介

2005年4月初，洪小姐经朋友介绍认识了束某，流露出想开店的想法。束某说："开新店有风险，不如入股我们公司，保(证)你没有风险地赚钱。"束某称："我公司总共投资75万元，你一股7.5万元。"洪小姐相信了，她向父母借了钱交给了束某。2005年4月18日，束某以公司的名义(该公司为有限责任公司，注册资本总额为10万元)收取洪小姐人民币7.5万元，并向洪小姐出具收条一张。该收条载明："今收到洪小姐投资某公司投资款人民币7.5万元整。"同日，公司向洪小姐出具《股份证明》一份，该股份证明称："某公司总投资75万元人民币。经营日式酒吧，洪小姐投资7.5万元人民币。另有甲、乙、丙、丁四人占有九股，本协议一式五份。"甲、乙、丙、丁四人及洪小姐在该股份证明上签字。2005年5月25日，洪小姐得到分红人民币1400元。同年6月20日，洪小姐再次分得人民币1500元。2005年6月22日，该公司经营场地因市政动迁，停水、停电、停止营业而关门。洪小姐遂向公司要求返回7.5万元，结果是不了了之。后来，洪小姐又多次要求公司返回7.5万元，公司还是不肯返还，洪小姐最后提起诉讼，要求公司返还7.5万元。[③]

二、观点分歧

第一种意见认为，原告已经向公司出资，公司签发了股份证明，尽管其股权未在工商管理部门登记作变更公示，但其他股东均已签字同意且原告两次分得了红利，故原告与公司之间是股权关系，本案为退股纠纷。依据《公司法》的规定，股东在公司登记后不

---

① ［美］罗伯特·W.汉密尔顿：《公司法概要》，李存捧译，中国社会科学出版社1999年版，第308～309页。

② 王保树：《最新日本公司法》，法律出版社2006年版，第219页。

③ 吴伟邦、傅文彬：《是股权纠纷还是返还投资款》，http://news.sina.com.cn/c/2006-05-15/17369867604.shtml，下载日期：2014年8月18日。

得抽回出资。因此，原告不能退股，对于原告的诉讼请求法院应当不予支持。

第二种意见认为，仅凭《股份证明》和洪小姐两次分得的所谓“红利”，不能认定原告的出资行为是投资入股且已成为公司股东，因为公司的章程以及工商登记记载的股东是两人，不包括原告。原告投入公司7.5万元的行为在性质上属于公司向原告的融资，原告两次所取得的“红利”是融资回报。因此，公司应当向原告返还7.5万元的融资。

三、提示与参考

第一种意见认为股东在公司登记之后不能退股过于绝对。我国2005年在修订《公司法》时为了加强对中小股东权利的保护，有条件地赋予了股东在公司成立之后退出公司的权利。这种权利，有人称之为“退股权”，有人称之为“评估权”，有人称之为“异议股东股份回购请求权”。即在公司作出对股东利益有重大影响的决议时，对该决议持异议的股东有请求公司以公平价格回购其所持有的股份的权利。我国《公司法》第74条规定，有下列情形之一的，异议股东可以请求公司按照合理的价格收购其股权：

(1)公司连续5年不向股东分配利润，而公司该5年连续盈利，并且符合公司法规定的分配利润条件的；

(2)公司合并、分立、转让主要财产的；

(3)公司章程规定的营业期限届满或者章程规定的其他解散事由出现，股东会会议通过决议修改章程使公司存续的。

自股东会会议决议通过之日起60日内，股东与公司不能达成股权收购协议的，股东可以自股东会会议决议通过之日起90日内向人民法院提起诉讼。

案例3.18：公司股份回购的限制与例外

一、案情简介

2000年6月27日，重庆市商业银行中华路支行向原告重庆三和制衣公司(以下简称三和公司)出借贷款125万元，双方签订质押合同，约定三和公司以其所有的重庆市商业银行1272500股股份作为上述借款的质押担保，双方在重庆市商业银行办理了股份质押登记。同时，三和公司向重庆市商业银行出具了一份委托书，委托书载明其全权委托重庆市商业银行根据前述所签订的借款合同和质押合同代为转让其重庆市商业银行股份1272500股，转让价格由后者根据具体情况确定，转让所得优先清偿三和公司欠重庆市商业银行借款本息等内容。2004年2月1日，重庆市商业银行中华路支行并入重庆市商业银行临江门支行，其债权债务由重庆市商业银行临江门支行承接。2005年6月9日，三和公司向重庆市商业银行临江门支行提出以其所持有的重庆市商业银行股

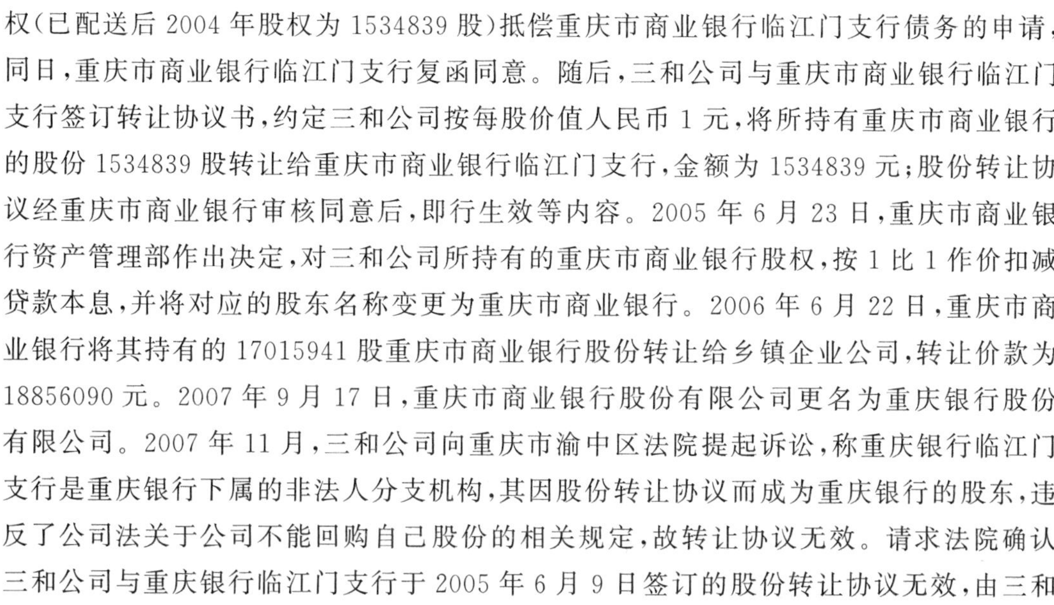

权(已配送后2004年股权为1534839股)抵偿重庆市商业银行临江门支行债务的申请,同日,重庆市商业银行临江门支行复函同意。随后,三和公司与重庆市商业银行临江门支行签订转让协议书,约定三和公司按每股价值人民币1元,将所持有重庆市商业银行的股份1534839股转让给重庆市商业银行临江门支行,金额为1534839元;股份转让协议经重庆市商业银行审核同意后,即行生效等内容。2005年6月23日,重庆市商业银行资产管理部作出决定,对三和公司所持有的重庆市商业银行股权,按1比1作价扣减贷款本息,并将对应的股东名称变更为重庆市商业银行。2006年6月22日,重庆市商业银行将其持有的17015941股重庆市商业银行股份转让给乡镇企业公司,转让价款为18856090元。2007年9月17日,重庆市商业银行股份有限公司更名为重庆银行股份有限公司。2007年11月,三和公司向重庆市渝中区法院提起诉讼,称重庆银行临江门支行是重庆银行下属的非法人分支机构,其因股份转让协议而成为重庆银行的股东,违反了公司法关于公司不能回购自己股份的相关规定,故转让协议无效。请求法院确认三和公司与重庆银行临江门支行于2005年6月9日签订的股份转让协议无效,由三和公司继续持有重庆银行1534839股的股份。①

二、观点分歧

第一种意见认为,三和公司在借款到期后未按约向重庆银行临江门支行履行还本付息义务,同时向重庆银行临江门支行提出申请以其所有的质押股份抵偿其所欠重庆银行临江门支行的债务,重庆银行临江门支行对此表示同意,双方并签订了股份转让协议书。经重庆银行审核同意扣减相应贷款本息。重庆银行与乡镇企业公司签订股份转让合同,乡镇企业公司取得重庆银行的部分股份。因双方所签订的股份转让协议名为股份转让,实为履行债权债务处理方案,该民事行为并未违反自愿、公平、等价有偿、诚实信用原则,应属有效,且已经实际履行完毕。一审判决驳回三和公司的诉讼请求。

第二种意见认为,重庆银行按1比1作价,将三和公司持有的该银行股份冲抵其等额债务,而后又通过将该部分股份转让给了乡镇企业公司,获得相应价款,实质就是重庆银行回购自己的股份,尽管该行为违反了公司法的禁止规定,且不属于法定的例外情形,但其取得的股份已经转让给了案外人乡镇企业公司,为维护交易的安全,应判定行为有效。这样既保护了第三人的权益,又不损害公司中小股东和公司债权人的利益。

---

① 贺少锋:《股份回购:股东以其所持公司股份抵偿公司债务的行为有效?》,http://www.110.com/ziliao/article-215005.html,下载日期:2014年8月19日。

三、提示与参考

关于公司股份回购的限制与例外，依据现行《公司法》第142条之规定，公司不得收购本公司股份。但是，有下列情形之一的除外：

1.(1)减少公司注册资本；(2)与持有本公司股份的其他公司合并；(3)将股份用于员工持股计划或者股权激励；(4)股东因对股东大会作出的公司合并、分立决议持异议，要求公司收购其股份；(5)将股份用于转换上市公司发行的可转换为股票的公司债券；(6)上市公司为维护公司价值及股东权益所必需。

2.公司因前款第(1)项、第(2)项规定的情形收购本公司股份的，应当经股东大会决议；公司因前款第(3)项、第(5)项、第(6)项规定的情形收购本公司股份的，可以依照公司章程的规定或者股东大会的授权，经2/3以上董事出席的董事会会议决议。公司依照本条第1款规定收购本公司股份后，属于第(1)项情形的，应当自收购之日起10日内注销；属于第(2)项、第(4)项情形的，应当在6个月内转让或者注销；属于第(3)项、第(5)项、第(6)项情形的，公司合计持有的本公司股份数不得超过本公司已发行股份总额的10%，并应当在3年内转让或者注销。上市公司收购本公司股份的，应当依照《中华人民共和国证券法》的规定履行信息披露义务。上市公司因本条第1款第(3)项、第(5)项、第(6)项规定的情形收购本公司股份的，应当通过公开的集中交易方式进行。

公司不得接受本公司的股票作为质押权的标的。

案例3.19：上海中企建筑装饰工程公司盈余分配纠纷案

一、案情简介

原告祁卫国是被告上海中企建筑装饰工程有限公司在职职工。1995年，被告设立职工持股会。为此原告于同年11月出资4550元入股，被告补贴原告4550元作为入股金，每股1元，原告共持有被告9100股股份。1998年被告送股1820股，原告共持股10920股。2000年度按25%分红。2000年1月13日，职工持股会作出了《职工持股会管理办法》的补充规定，其中第4条规定：休1年以上长病假、待退休、待岗，连续6个月不能坚持正常上班者，所持股份按原值(每股1元)全额退出。同年8月，理事会会议明确已在3月正式通知原告3人退股，不享有自2000年3月起的分红，资金代为保管。但该3人不同意退股，遂以公司盈余分配权受到侵害为由诉至法院。[①]

① 赵露露：《上海中企建筑装饰工程公司盈余分配纠纷案件》，http://www.110.com/ziliao/article-136858.html，下载日期：2014年8月19日。

二、观点分歧

第一种意见认为，原告是被告的职工，原告所持股份属于职工持股，应当受到《职工持股会管理办法》的约束。依据该办法的补充规定，原告自 2000 年 3 月起不再持有公司股份，自当不享有分红。

第二种意见认为，《职工持股会管理办法》的补充规定中有关职工退股的内容是无效的。因为职工退股构成公司资本减少，违反了《公司法》有关公司减资的规定，而且侵害了职工作为股东的权利，职工持股会不是股东会，其无权处分职工的股权；被告公司持股会将原告股份做退股处理后，并没有和原告办理退股手续，故退股不能成立。因此被告以原告连续 6 个月不上班为由视为原告退股并不支付股息的做法是有过错的，依法应当支付原告红利并承担相关费用。

三、提示与参考

利润分配请求权是股东自益权的一种，指股东基于其公司股东的资格和地位依法享有的请求公司按照自己的持股比例向自己分配股利的权利。非经法定程序，不得剥夺股东的该项权利。我国《公司法》第 4 条规定了股东依法享有资产收益的权利；第 166 条第 4 款规定了股东对公司利润有按比例分配的权利。

需要说明的是，对于瑕疵出资股东的利润分配请求权问题，根据《〈公司法〉解释三》第 16 条的规定："股东未履行或者未全面履行出资义务或者抽逃出资，公司根据公司章程或者股东会决议对其利润分配请求权、新股优先认购权、剩余财产分配请求权等股东权利作出相应的合理限制，该股东请求认定该限制无效的，人民法院不予支持。"亦即现行《公司法》原则上支持对瑕疵出资股东的财产性权利进行限制。但从公平角度考虑，限制利润分配请求权不同于禁止股东行使该权利，对瑕疵出资股东的此类限制应限制在一定的范围内，如类推适用《公司法》第 3 条第 2 款的规定，认定瑕疵出资股东按照实缴出资比例行使利润分配请求权更为合适。

案例 3.20：一人公司对外担保是否适用《公司法》第 16 条之规定？

一、案情简介

2016 年 1 月 25 日，二审被上诉人工行九龙坡支行及韵恒公司签订《并购借款合同》，约定借款期限为 84 个月，合同签订后工行九龙坡支行分别于 2016 年 2 月 1 日和 2 月 2 日向韵恒公司发放贷款共计 4.8 亿元。为保证《并购借款合同》的履行，2017 年 11 月 20 日，二审上诉人，捷尔公司（一人有限责任公司）向工行九龙坡支行出具《差额补足

承诺函》，承诺在当期贷款本息到期日若韵恒公司账户无力支付相应款项，捷尔公司负无条件提供差额补足的担保责任。

2018 年 10 月 12 日，工行九龙坡支行以韵恒公司贷款到期日截至拒不履行还款义务，已构成违约为由，向捷尔公司等保证人发出《提前履行保证责任通知书》，要求捷尔公司提前履行连带保证担保责任。诉讼中，捷尔公司提出抗辩，主张其出具的《差额补足承诺函》未经董事会或股东会决议，违反了《公司法》第 16 条及公司章程中关于对外担保的规定，应当认定为无效保证合同。工行九龙坡支行辩称《差额补足承诺函》合法有效，并且即便担保无效，捷尔公司也应承担过错赔偿责任。①

二、观点分歧

本案的争议焦点在于：一人公司对外担保是否适用《公司法》第 16 条关于对外担保之规定？

一种观点认为，一人公司不设股东会，不符合《公司法》第 16 条关于对外担保“依照公司章程的规定，由董事会或者股东会、股东大会决议”的情形。并且，虽然捷尔公司的公司章程中规定对外担保需经董事会同意，但捷尔公司章程系其内部规定，对公司以外的当事人不产生效力。因此一人公司不适用《公司法》第 16 条的规定。

另一种观点认为，一人公司对外担保应当适用《公司法》第 16 条的规定。首先，一人公司与多个股东的公司在公司行为能力上并无本质区别。《公司法》第 16 条规定于本法总则部分，从法律体系解释和立法目的的视角，应当理解为除存在特别法规定，该规定适用于包括一人公司在内的所有类型公司。其次，根据《公司法》第 61 条的规定，“股东作出本法第三十七条第一款所列决定时，应当采用书面形式……”该条也表明，一人公司作出股东会决议需采用书面形式，而非不能作出股东会决议。最后，捷尔公司章程中也规定了对外担保应事先征得董事会一致同意，否则决定无效，鉴于公司章程条款的契约性和自治性，该条款具备法律上的效力。

本案一审、二审法院均采纳第二种观点，认为一人公司适用《公司法》第 16 条，《差额补足承诺函》因违反法律强制性规定而无效。

三、提示与参考

关于公司对外担保的效力问题。2005 年《公司法》第 16 条规定，“公司向其他企业投资或者为他人提供担保，依照公司章程的规定，由董事会或者股东会、股东大会决议；公司章程对投资或者担保的总额及单项投资或者担保的数额有限额规定的，不得超过规定的限额。公司为公司股东或者实际控制人提供担保的，必须经股东会或者股东大会决议”。《合同法》第 50 条规定，“法人或者其他组织的法定代表人、负责人超越权限

---

① 本案的案例号：〔2019〕最高法民终 877 号。

订立的合同，除相对人知道或者应当知道其超越权限的以外，该代表行为有效”。《公司法》第16条规定对公司对外担保的法定限制，应为公司股东、法定代表人等公司高级管理人员以及债权人知晓并遵守，未经决议程序对外提供公司担保的，属于越权行为；债权人接受公司担保时对公司章程及董事会或股东会、股东大会决议未尽到形式审查义务的，不属善意相对人；若公司董事会或者股东会、股东大会决议未予追认，按照《合同法》第50条的规定该担保行为无效。

另外，鉴于对本问题的司法审判实践中裁判尺度不统一，严重影响了司法公信力，2019年《全国民商事审判工作会议纪要》(法〔2019〕254号)第二部分专设第(六)节“关于公司为他人提供担保”，对公司对外担保的效力问题、第三人善意的认定、无须机关决议的担保、责任承担和权利救济等进行了细化规定。

案例3.21：公司盈余分配纠纷之诉是否必须以存在具体的盈余分配决议为前提?

一、案情简介

太一热力公司于2006年3月设立，至2007年5月，公司股东为太一工贸公司和居立门业公司，持股比例分别占60%、40%。2009年，公司全部资产被庆阳市人民政府整体收购。其后，太一热力公司在存在可供分配利润的情况下，股东会多年未形成任何盈余分配决议，公司长期不向股东分配利润。同时，公司执行董事、法定代表人李昕军在庆阳市人民政府整体收购太一热力公司全部资产后，违反《公司法》及太一热力公司章程规定，未经公司股东会决策同意，将资产转让所得款项中5600万余元转入兴盛建安公司，由该公司长期占用。二审被上诉人甘肃居立门业有限责任公司因此提起公司盈余分配纠纷之诉，起诉要求法院判决太一热力公司向其分配利润。①

二、观点分歧

本案争议焦点在于：原告未提交具体的盈余分配决议的情况下，法院是否可以直接作出盈余分配判决？

第一种意见认为：在公司没有相应分配决议的情形下，当事人主张盈余分配没有法律依据。一方面，根据《〈公司法〉司法解释(四)》第15条的规定，“股东未提交载明具体分配方案的股东会或者股东大会决议，请求公司分配利润的，人民法院应当驳回其诉讼请求”；另一方面，根据“商业判断规则”，公司作为具有独立法人地位的经营主体，其运

① 案号：〔2016〕最高法民终528号，载《最高人民法院公报》2018年第8期(总第262期)，第32～42页。

营、利润分配等内部行为是法人意思自治的范围，不应当受到司法权的随意干涉。“既然盈余分配权利属于股东会，那么股东就无权直接以诉讼方式请求人民法院干预股东会的权利并代行股东会的职责。”[①]

第二种意见认为：《〈公司法〉司法解释（四）》第15条但书引入了强制盈余分配规则，规定无股东会决议不分配利润，但“违反法律规定滥用股东权利导致公司不分配利润，给其他股东造成损失的除外”。因此“商业判断规则”并非绝对，在保护中小股东利益不受大股东侵占的情形下，有必要通过司法权干预，进行强制盈余分配。

二审法院支持了第二种意见。

三、提示与参考

《〈公司法〉司法解释（四）》第15条规定：“股东未提交载明具体分配方案的股东会或者股东大会决议，请求公司分配利润的，人民法院应当驳回其诉讼请求，但违反法律规定滥用股东权利导致公司不分配利润，给其他股东造成损失的除外。”本条中，何谓“滥用股东权利导致公司不分配利润”涉及了公司法在“商业判断规则”和保护中小股东利益之间的法益平衡。从往年的裁判情况来看，本案之前我国法院大多秉持司法不干预公司自治的原则，偏向于维护“商业裁判规则”。[②]“商业裁判规则”的基本视角是：“商人是自己利益的最佳法官”，利润分配的决策及执行属于典型的公司意思自治范畴，法院直接替代公司进行分配不仅不能缓和矛盾，往往还可能造成公司内外各方利益失衡。[③]

本案的指导性意义在于明确了《〈公司法〉司法解释（四）》第15条但书规定的“强制盈余分配”规则的适用情况。正如本案最高人民法院裁判意见所述：“原则上这种冲突的解决属于公司自治范畴，是否进行公司盈余分配及分配多少，应当由股东会作出公司盈余分配的具体方案。但是，当部分股东变相分配利润、隐瞒或转移公司利润时，则会损害其他股东的实体利益，已非公司自治所能解决，此时若司法不加以适度干预则不能制止权利滥用，亦有违司法正义。”

---

① 该观点为本案二审太一热力公司、李昕军抗辩理由。

② 曹文兵、汪腰强：《公司利润分配案件审理中司法权介入的限度——以〈公司法司法解释四〉第15条为中心》，载《法治现代化研究》2018年第6期。

③ 曹文兵、汪腰强：《公司利润分配案件审理中司法权介入的限度——以〈公司法司法解释四〉第15条为中心》，载《法治现代化研究》2018年第6期。

案例 3.22:合同法分期付款的法定付款解除权是否适用于公司股权转让合同?

一、案情简介

原告汤长龙与被告周士海于 2013 年 4 月 3 日签订《股权转让协议》及《股权转让资金分期付款协议》。双方约定:周士海将其持有的青岛变压器集团成都双星电器有限公司 6.35%股权转让给汤长龙。股权合计 710 万元,分 4 期付清,即 2013 年 4 月 3 日付 150 万元;2013 年 8 月 2 日付 150 万元;2013 年 12 月 2 日付 200 万元;2014 年 4 月 2 日付 210 万元。此协议双方签字生效,永不反悔。协议签订后,汤长龙于 2013 年 4 月 3 日依约向周士海支付第一期股权转让款 150 万元。因汤长龙逾期未支付约定的第二期股权转让款,周士海于同年 10 月 11 日,以公证方式向汤长龙送达了《关于解除协议的通知》,以汤长龙根本违约为由,提出解除双方签订的《股权转让资金分期付款协议》。次日,汤长龙即向周士海转账支付了第二期 150 万元股权转让款,并按照约定的时间和数额履行了后续第三、第四期股权转让款的支付义务。周士海以其已经解除合同为由,如数退回汤长龙支付的 4 笔股权转让款。汤长龙遂向人民法院提起诉讼,要求确认周士海发出的解除协议通知无效,并责令其继续履行合同。[①]

二、观点分歧

本案争议焦点在于:在公司股权转让合同中约定分期履行条款后的违约行为,可否适用《合同法》第 167 条关于合同分期付款的法定解除权的规定? 对此存在三种意见:[②]

第一种意见认为,分期付款的合同解除权应当适用于各种类型的分期付款买卖合同,包括本案的股权转让分期付款合同。通过分期支付股权转让款的方式转让股权,事实上与分期付款买卖其他物品没有本质区别,都属于分期付款买卖,仅仅是标的物不同而已,因此对股权转让分期付款合同并不存在不适用第 167 条规定的特殊理由。

第二种意见认为,《合同法》第 167 条之所以赋予分期付款买卖合同的出卖人可以行使合同解除权,主要是因为以生活消费为目的的分期付款买卖中,买受人仅支付少量价款即可占有、使用商品,而出卖人则需要负担收不回剩余价款的风险。立法者为平衡

① 案号:〔2015〕民申字第 2532 号,最高人民法院指导性案例第 67 号。

② 四川省高级人民法院豆晓红、李莉,最高人民法院案例指导工作办公室李兵:《汤长龙诉周士海股权转让纠纷案——指导案例 67 号的理解与参照》,https://www.pkulaw.com/pfnl/a6bdb3332ec0adc4e97d23e9ecc1db490ef1272fcb02a3cabdfb.html?keyword=汤长龙诉周士海股权转让纠纷案,下载日期:2020 年 11 月 17 日。

分期付款买卖合同双方的权利义务，规定了出卖人在买受人违约付款行为达至某种状况时，即可行使合同解除权。这是该条立法的本意和初衷。而有限责任公司分期支付转让款的股权转让合同，其标的物是股权，只要目标公司没有在股东名册上登记受让人的股权，在工商部门变更登记之前，受让人并未获得出让人转让的股权，受让人收回股权转让款的风险这种情况下几乎不存在。即便目标公司已经为受让人办理了股权过户变更登记手续，股权的价值也仍然存在于目标公司。

第三种意见认为，对于股权转让合同能否适用《合同法》第167条，不能一概而论。本案例涉及的是有限责任公司的股权交易，从维护交易安全的角度，考虑到有限责任公司的股权交易关涉诸多方面，如其他股东对受让人汤长龙的接受和信任(过半数同意股权转让)，记载到股东名册和在工商部门登记股权，社会成本和影响已经倾注其中，如果不是汤长龙有根本违约行为，动辄撤销合同的做法是不严肃的，这样适用法律也是过于机械教条的。因此对于这类有限责任公司股权转让分期付款合同，不适用《合同法》第167条合同解除权规定是正确的。

三、提示与参考

笔者认为，股权转让合同之所以不适用《合同法》第167条关于分期付款的合同解除权，其理由在于合同法和公司法价值优位的差异。在合同解除问题上，合同法以诚实信用原则为价值取向，当事人签订合同涉及的是双方当事人的利益，对其他民事主体不产生直接影响，因此在一方严重违背诚实信用原则的情况下，另一方有权行使合同解除权。但在公司法领域，公司法优先维护交易安全和保护商事外观主义，在股权转让合同中，虽然合同当事人为双方，但是合同标的的履行直接影响到包括公司全体股东在内的合同第三方。因此，为了保护已经形成并稳定的商事外观，股权转让合同在解除权上不能适用合同法对于买卖合同的一般规定。

第四节　公司治理

案例3.23：公司股东会决议的无效

一、案情简介

原告谷成满为被告北京康弘娱乐有限责任公司(以下简称康弘公司)股东之一。2009年8月20日，康弘公司形成第三届第一次股东会决议并将该决议提交工商登记机

关备案。该决议第1页记载的内容为:(1)全体股东一致同意将公司注册资本变更为320万元。(2)全体股东一致同意杨春妹接受王仕荣转让的本公司股份1.429万元;同意杨春妹接受张国武转让的本公司股份1.429万元。(3)全体股东一致同意选举杨春妹、万振华、任艳华为新董事。(4)全体股东一致同意公司营业期限变更为50年。(5)全体股东一致同意修改后的公司章程。(6)本决议经全体股东签字(盖章)后生效。该决议第2页无正文,由公司股东在空白页上签名。

谷成满于2012年提起诉讼称,谷成满并未出席形成此次股东会决议的股东会会议,在会议记录上股东签名处"谷成满"的签名不是其本人所签,故请求法院确认康弘公司第三届第一次股东会决议无效。经鉴定机构鉴定,在该股东会会议记录上股东签名处"谷成满"的签名并非谷成满本人所签。①

二、观点分歧

本案的争议焦点在于:伪造股东签名形成的股东会决议是无效还是可撤销?

第一种意见认为,康弘公司无证据证明谷成满同意该会议记录所记载事项或授权他人代为签字,该股东会决议实为冒用谷成满名义所形成,故康弘公司第三届第一次股东会决议无效。

第二种意见认为,虽在该次股东会会议记录上谷成满签名非其本人所签,但该股东会决议内容并未违反法律、行政法规的规定,故谷成满的诉讼主张没有法律依据,法院应当驳回其诉讼请求。

三、提示与参考

2005年修订之后的《公司法》对于公司决议的效力作了明确的规定,区分了公司决议的无效与可撤销。《公司法》第22条第1款规定:"公司股东会或者股东大会、董事会的决议内容违反法律、行政法规的无效。"同条第2款规定:"股东会或者股东大会、董事会的会议召集程序、表决方式违反法律、行政法规或者公司章程,或者决议内容违反公司章程的,股东可以自决议作出之日起六十日内,请求人民法院撤销。"

在本案中,认定股东会决议效力应当以其内容是否违反法律、行政法规为审查要素。对于被伪造签名形成的股东会决议,通常被认定为股东会的召集程序不符合法律规定,股东可以自决议作出之日起60日内,请求人民法院撤销。这60日属于不变法定期间,而非诉讼时效,无须对股东知道与否或应当知道与否的主观状态进行考量。《最高人民法院关于适用〈中华人民共和国公司法〉若干问题的规定(一)》〔2014年修正〕第3条规定,原告以《公司法》第22条第2款规定事由,向人民法院提起诉讼时,超过公司

① 周晓莉:《瑕疵股东会决议并非当然无效——北京二中院判决谷成满诉康弘公司公司决议效力确认纠纷案》,载《人民法院报》2014年8月7日第6版。

法规定期限的，人民法院不予受理。

需要明确的是，2017年《最高人民法院关于适用〈中华人民共和国公司法〉若干问题的规定（四）》（简称《〈公司法〉司法解释四》）第1条至第6条对公司决议的效力作了新的规定，界定了公司决议效力之诉的主体资格、瑕疵程序违法对决议效力的影响等。《〈公司法〉司法解释四》第4条规定："股东请求撤销股东会或者股东大会、董事会决议，符合公司法第二十二条第二款规定的，人民法院应当予以支持，但会议召集程序或者表决方式仅有轻微瑕疵，且对决议未产生实质影响的，人民法院不予支持。"依据《〈公司法〉司法解释四》第5条的规定，股东会或者股东大会、董事会决议存在下列情形之一，当事人主张决议不成立的，人民法院应当予以支持：(1)公司未召开会议的，但依据《公司法》第37条第2款或者公司章程规定可以不召开股东会或者股东大会而直接作出决定，并由全体股东在决定文件上签名、盖章的除外；(2)会议未对决议事项进行表决的；(3)出席会议的人数或者股东所持表决权不符合公司法或者公司章程规定的；(4)会议的表决结果未达到公司法或者公司章程规定的通过比例的；(5)导致决议不成立的其他情形。《〈公司法〉司法解释四》第6条规定："股东会或者股东大会、董事会决议被人民法院判决确认无效或者撤销的，公司依据该决议与善意相对人形成的民事法律关系不受影响。"以上规定将股东会或者股东大会决议、董事会决议等分为决议无效、决议可撤销和决议不成立三种效力状态。

案例3.24：张艳娟诉江苏万华工贸发展有限公司、万华、吴亮亮、毛建伟股东权纠纷案

一、案情简介

被告万华工贸发展有限公司（以下简称万华工贸公司）成立于1995年，注册资本为106万元，发起人为被告万华（原告的丈夫）、原告张艳娟及另外2名股东朱玉前、沈龙。其中万华出资100万元，张艳娟等3名股东各出资2万元。2006年6月，原告查询工商登记时发现万华工贸公司的股东、法定代表人均已于2004年4月发生了变更，原告及朱玉前、沈龙都已不再是该公司股东，原告的股权已经转让给了被告毛建伟，万华也将其100万元出资中的80万元所对应的公司股权转让给了被告吴亮亮，公司法定代表人由万华变更为吴亮亮。万华工贸公司作出上述变更的依据是2004年4月6日召开的万华工贸公司股东会会议决议，但原告作为该公司股东，从未被通知参加该次股东会议，从未转让自己的股权，也未见到过该次会议的决议。该次股东会议决议以及出资转让协议中原告的签名并非原告本人书写。因此，原告认为该次股东会议实际并未召开，会议决议及出资转让协议均属虚假无效，侵犯了原告的合法股东权益。原告既没有转让

过自己的股权,也不同意万华向公司股东以外的人转让股权。万华系原告的丈夫,却与吴亮亮同居,两人间的股权转让实为转移夫妻共同财产,并无真实的交易。万华与吴亮亮之间的股权转让行为也违反了万华工贸公司章程中关于“股东不得向股东之外的人转让股权”的规定,并且未依照万华工贸公司章程告知其他股东,未征得其他股东的同意。故原告请求法院确认所谓的2004年4月6日万华工贸公司股东会决议无效,确认原告与毛建伟之间的股权转让协议无效,确认万华与吴亮亮之间的股权转让协议无效,或者撤销上述股东会议决议和股权转让协议。①

二、观点分歧

第一种意见认为,原告张艳娟认为其本人未收到会议通知,没有参加该次股东会议,即使其主张成立,也只能说明2004年4月6日的万华工贸公司股东会会议程序不符合法律和该公司章程的规定。2005年修订后的《公司法》第22条规定,股东会或者股东大会、董事会的会议召集程序、表决方式违反法律、行政法规或者公司章程,或者决议内容违反公司章程的,股东可以自决议作出之日起60日内,请求人民法院撤销。原告起诉时已超过申请撤销决议的60天法定期限,故2004年4月6日的万华工贸公司股东会决议已然生效。原告无权否定该次股东会决议的效力。

第二种意见认为,本案发生于公司法修订前,应当适用当时的法律规定。鉴于修订后的《公司法》第22条规定股东可以对股东会决议提起确认无效之诉或者申请撤销之诉,而修订前的《公司法》未对相关问题作出明确的规定,因此根据《最高人民法院关于适用〈中华人民共和国公司法〉若干问题的规定(一)》第2条的规定,本案可以参照适用修订后《公司法》第22条的规定。但是,修订后《公司法》第22条第2款的规定,是针对实际召开的公司股东会议及其作出的会议决议作出的规定,即在此情况下股东必须在股东会决议作出之日起60日内请求人民法院撤销,逾期则不予支持。而在本案中,2004年4月6日的万华工贸公司股东会及其决议实际上并不存在,只要原告在知道或者应当知道自己的股东权利被侵犯后,在法律规定的诉讼时效内提起诉讼,人民法院即应依法受理,不受修订后《公司法》第22条关于股东申请撤销股东会决议的60日期限的规定限制。在本案中,万华向吴亮亮转让股权既未通知其他股东,更未经过全体股东过半数同意,因此该股权转让行为无效。

三、提示与参考

本案作为最高人民法院公布的指导性案例,其指导性意义是,确立了在未召开股东会时虚构的股东会决议效力纠纷不适用《公司法》第22条第2款的规定。

---

① 《最高人民法院公报案例》2007年第9期,第41页。

案例3.25:董事会决议瑕疵纠纷案件

一、案情简介

被上诉人李建军系上诉人上海佳动力环保科技有限公司(以下简称佳动力公司)股东、总经理。佳动力公司股权结构为:葛永乐持股40%、李建军持股46%、王泰胜持股14%。三人共同组成董事会,由葛永乐担任董事长,其余二人为公司董事。公司章程规定:"董事会行使包括聘任或者解聘公司经理等权利;董事会须由三分之二以上的董事出席方为有效;董事会对所议事项作出的决定应由占全体股东三分之二以上的董事表决通过方为有效。"2009年7月18日,经董事长葛永乐电话召集,佳动力公司召开董事会,会议经葛永乐、王泰胜表决同意通过了"鉴于总经理李建军不经董事会同意私自动用公司资金在二级市场炒股,造成巨大损失,现免去其总经理职务,即日生效"的决议。该决议由葛永乐、王泰胜及监事签名,李建军未在该决议上签名。2009年7月27日,李建军以该决议依据的事实错误,且在召集程序、表决方式及决议内容等方面均违反了公司法的规定,应予撤销为由,向一审法院提起诉讼,要求撤销上述董事会决议。①

二、观点分歧

一种观点认为,董事会决议撤销诉讼旨在恢复董事会意思形成的公正性及合法性,处理时应注重维护主张撤销权人的合法利益,同时兼顾公司法律关系的稳定。虽然本案董事会决议在召集、表决程序上与公司法及公司章程并无相悖之处,但是董事会形成的罢免原告总经理职务之决议所依据的"未经董事会同意私自动用公司资金在二级市场炒股,造成巨大损失"这一事实存在重大偏差。实际上,原告李建军在案外人国信证券公司进行800万元股票买卖,包括账户开立、资金投入及股票交易等系列行为,均系经被告董事长葛永乐同意后委托李建军代表佳动力公司具体实施。因此,在该失实基础上形成的罢免总经理决议,缺乏事实及法律依据,其决议结果是失当的。从维护主张撤销权人的合法利益,维护董事会决议形成的公正、合法性角度出发,应当撤销系争董事会决议。②

另一种观点认为,聘任和解聘总经理是公司董事会的法定职权,只要董事会决议在程序及内容上不违反法律、行政法规和公司章程的规定,即应认定为有效。法院对董事会决议中的解聘事由是否属实不予审查和认定,因为其对董事会的决议效力亦不构成

---

① 顾继红、何云:《李建军诉上海佳动力环保科技有限公司董事会决议撤销纠纷上诉案——罢免公司高管之董事会决议效力的司法审查》,http://www.shezfy.com/view.html? id=33375,下载日期:2014年8月20日。

② 一审法院的裁判持该观点。

影响。本案中“李建军不经董事会同意私自动用公司资金在二级市场炒股，造成巨大损失”这一理由仅是董事会对为何解聘李建军总经理职务作出的“有因”陈述，该陈述本身不违反公司章程，其真实与否不影响董事会决议的效力。因此，一审法院因解聘理由失实判令撤销系争董事会决议，不符合《公司法》第22条第2款的规定，属于法律适用错误，应予改判。故应当判决对李建军一审诉请不予支持。[①]

三、提示与参考

对于董事会决议瑕疵纠纷案件，司法到底能在多大程度上介入公司自治范围？依据《公司法》第22条第2款的规定，司法审查的范围限定于：决议内容合法，即不违反法律、行政法规的强制性规定，不违背诚实信用原则与公序良俗原则等；程序合法，即董事会会议的召集程序、表决方式符合法律、行政法规和公司章程；决议内容符合公司章程的特别规定。

有关本案的上述两种观点，分歧点主要在于对系争董事会决议罢免总经理所依据的理由是否应当进行审查，若依据严重失实，能否据此将该董事会决议予以撤销。在比较法上，对于董事职位的免除规定，存在不同的学说。其一，“有因”解除论。即认为公司股东会仅在有明确规定的原因情况下，才享有解除董事职位的权利，无原因不得解除董事职位。此种理论为英美普通法和我国1994年《公司法》所采。其二，“无因”解除论。即认为即使不存在特定的事由，公司股东会也有权在董事的任期到来之前随时解除董事职位。此种理论为现代大多数国家法律，包括我国《公司法》所采。如日本《商法》第257条规定，公司股东会可以随时决议解除董事职位。其三，折中论。即认为如果公司章程没有规定董事职位的有因解除，那么公司可以在无因的情况下解除董事职位；如规定了有因解除，那么不得无因解除。此论为美国《修正标准商事公司法》所采。上述对董事职务解除的不同规定，基本上能够反映出立法理念上对公司利益或董事利益的不同偏重，以及在公司利益和董事利益之间寻求平衡的努力。我国自2005年《公司法》开始，废除了旧公司法关于“有因”解除董事的规定，将司法审查的范围进一步予以限缩。且对于经理等高管职务的解除，也没有作出相应的特别规定。因此，对于此类董事会决议事项的效力审查，与制定公司决策方针和决定投资计划等事项一样，仅需根据《公司法》第22条的规定进行程序性审查即可，无须对其形成罢免决议的事实进行审查和认定。[②] 当然，被解除了经理职务的当事人可以依据劳动合同法主张经济补偿。

---

① 二审法院的裁判持该意见。

② 顾继红、何云：《李建军诉上海佳动力环保科技有限公司董事会决议撤销纠纷上诉案——罢免公司高管之董事会决议效力的司法审查》，http://www.shezfy.com/view.html? id=33375，下载日期：2014年9月14日。

案例 3.26:上市公司郑百文独立董事陆家豪诉中国证监会案

一、案情简介

陆家豪是某大学英语系副教授,2002 年时 71 岁。在 1994 年出席河南省政协会议期间,因在会议上发表有关股份制的讲话而被郑百文原董事长李福乾所识。1995 年,受李福乾之邀出任郑百文独立董事,并连续在第三届和第四届董事会中任职。在 6 年的任职期间,到郑百文公司开会只有十来次。2001 年,郑百文因虚假上市及虚假信息披露等违法行为,被证监会予以行政处罚,包括陆家豪在内的董事会成员因为对上述违法行为负有直接责任,被分别处以罚款,陆家豪被罚款 10 万元。陆家豪对此不服,提出行政复议,2002 年 3 月 4 日证监会作出维持原处罚决定的行政复议决定。于是,4 月 22 日,陆家豪一纸诉状将证监会告上法庭,诉讼请求撤销证监会对其处以 10 万元的处罚决定。北京市一中院在 8 月 12 日作出一审裁定,认定陆家豪应于今年 4 月 2 日前向北京市一中院提起诉讼,但陆家豪实际上是在 2002 年 4 月 22 日向北京市一中院寄出起诉状的,因此,已超过法定起诉期限,法院依法裁定驳回陆家豪的起诉。一审裁决后,陆家豪不服,遂又于 2002 年 10 月向北京市高级人民法院提起上诉。11 月 15 日,北京市高级人民法院对备受关注的郑百文公司原独立董事陆家豪诉证监会一案作出驳回上诉、维持一审裁定的终审裁定。[①]

二、观点分歧

关于中国证监会对陆家豪的行政处罚是否合法合理,存在以下不同的看法:

第一种观点认为,该行政处罚不合法也不合理。因为他是独立董事,不在公司担任职务,不参与公司的日常经营管理,也不领取工资报酬或津贴;第二,他没有直接参与制作虚假材料,没有出席有些作出违法决议的董事会会议,也没有在有些违法文件上签字;第三,他对企业的经营情况不了解,无力审阅财务会计报表,对有关年度报告发表同意意见的依据是会计师提供的审计意见,因此,不应当承担与其他董事相同的责任。

第二种观点认为,该行政处罚合法合理。独立董事在法律责任上与其他董事毫无二致。根据法律的职权与职责、权利与义务相一致的原则,独立董事在公司的法定职权、权利与其他董事也相同。陆家豪作为董事的身份在当时尽管比较特殊,但无论是执行董事还是非执行董事,内部董事还是外部董事,身在其位,勤勉尽责、忠实履行职务是履行其诚信义务的最起码要求,都应当遵守公司章程,忠实履行职务,维护公司利益,任何董事都不能例外。只有这样才能确保独立董事的独立性。

---

① 吴国舫:《从陆家豪案反思独立董事制度》,载《检察日报》2002 年 11 月 20 日。

三、提示与参考

在公司治理结构上，存在单层制与双层制之分。英美法系国家实行单层制，即在股东会之外，设立董事会执行公司日常经营管理。大陆法系国家实行双层制，即在股东会之外设立董事会和监事会，董事会负责公司日常经营管理，监事会作为公司监督机构负责监督公司董事及高级管理人员。20 世纪 60 年代末，美国发生了一系列公司丑闻，暴露了英美模式下董事会兼有管理和监督两种职能的弊端。不过，英美法系国家又不愿放弃单层制的公司治理模式，而是寻求对董事会的结构进行革新。1976 年美国证监会批准了一条新的规定，要求国内每家上市公司在不迟于 1978 年 6 月 30 日以前设立并维持一个专门的独立董事组成的审计委员会。由此独立董事制度逐步发展成为英美公司治理结构的重要组成部分。

我国《公司法》第 122 条规定："上市公司应当设立独立董事，具体办法由国务院规定。"何谓独立董事呢？独立董事，又称外部董事、独立非执行董事，是指既不是公司股东，又不在公司担任除董事外的其他职务，并与其受聘的上市公司及其主要股东不存在可能妨碍其进行独立客观判断的关系的董事。中国证监会在《关于在上市公司建立独立董事制度的指导意见》(以下简称《指导意见》)中认为，上市公司独立董事是指不在上市公司担任除董事外的其他职务，并与其所受聘的上市公司及其主要股东不存在可能妨碍其进行独立客观判断关系的董事。独立董事除了应履行董事的一般职责外，主要职责在于对控股股东及其选任的上市公司的董事、高级管理人员，以及其与公司进行的关联交易等进行监督。

陆家豪案反映了独立董事制度构建中的关键性问题——独立董事的职权与责任问题。独立董事因为其独立地位，较之于一般的董事享有特别职权。依据《指导意见》第 5 条的规定，上市公司还应当赋予独立董事以下特别职权：(1)重大关联交易(指上市公司拟与关联人达成的总额高于 300 万元或高于上市公司最近经审计净资产值的 5%的关联交易)应由独立董事认可后，提交董事会讨论；独立董事作出判断前，可以聘请中介机构出具独立财务顾问报告，作为其判断的依据。(2)向董事会提议聘用或解聘会计师事务所。(3)向董事会提请召开临时股东大会。(4)提议召开董事会。(5)独立聘请外部审计机构和咨询机构。(6)可以在股东大会召开前公开向股东征集投票权。《指导意见》第 6 条规定，独立董事应当对上市公司重大事项发表独立意见：(1)提名、任免董事；(2)聘任或解聘高级管理人员；(3)公司董事、高级管理人员的薪酬；(4)上市公司的股东、实际控制人及其关联企业对上市公司现有或新发生的总额高于 300 万元或高于上市公司最近经审计净资产值的 5%的借款或其他资金往来，以及公司是否采取有效措施回收欠款；(5)独立董事认为可能损害中小股东权益的事项；(6)公司章程规定的其他事项。

至于独立董事行使上述职权所应承担的法律责任,《指导意见》并未具体规定,只是在第7条规定:"上市公司可以建立必要的独立董事责任保险制度,以降低独立董事正常履行职责可能引致的风险。"

案例3.27:累积投票制度与应选董事人数之缩减

一、案情简介

美国亚利桑那州宪法规定,公司必须实行累积投票制度。然而,在Bohannon诉Corporation Commission一案中,上诉人Bohannon拟定公司的董事会由9人组成,而且该董事会的董事任期采取错开方式,以使得每一个董事任期虽均为3年,但每年仅3人需要重新选举。公司委员会(Corporation Commission)不赞同拟议中的公司章程设计。双方诉至法院。对此项公司章程设计的合法性,存在不同的看法。

二、观点分歧

一种观点认为,"错开董事任期的董事会"不符合该州宪法所规定的累积投票制度,而且也不符合宪法中的该项规定保护少数派股东的立法宗旨。

另一种观点认为,累积投票制度仅可视为"粗略的少数派保护设计",只要"错开任期之董事会"的设计效果仅是限制累积投票制度的效用,而不是全盘否定或封杀少数派股东的权利,那么"错开董事任期之董事会"的公司章程设计应当为法律所允许。就本案而言,本来依累积投票制度只要持有超过1/10以上股权的少数派股东,就可以推选一名当选9席董事中的一席。但是按照上述"错开董事任期"之后,必须持有超过1/4以上股权的股东,才能当选一名董事。可见,少数派股东仍然存在推选董事的机会,只不过难度加大了。因此,"错开董事任期之董事会"的公司章程设计并不违反州宪法规定的累积投票制度。

三、提示与参考

累积投票制起源于英国,但在美国得到了重大发展。19世纪60年代,美国依利诺伊州报界披露了本州某些铁路经营者欺诈小股东的行为,该州遂于1870年宪法赋予小股东累积投票权。依利诺伊州《宪法》第3章节第11条规定,任何股东在法人公司选举董事或经理人的任何场合,均得亲自或通过代理人行使累积投票权,而且此类董事或经理不得以任何其他方式选举。随后,该州《公司法》第28条也规定了累积投票制度。至1955年,美国有20个州在其宪法或制定法中规定了累积投票制度。我国《公司法》第105条规定:"股东大会选举董事、监事,可以依照公司章程的规定或者股东大会的决议,实行累积投票制。本法所称累积投票制,是指股东大会选举董事或者监事时,每一股份拥有与应选董事或者监事人数相同的表决权,股东拥有的表决权可以集中使用。"

累积投票制度是有别于联选投票制的一种制度设计。所谓联选投票制,是指公司每1股份,有与应选出董事相同的选举权,但是对于每1个候选人只能支持1票,不能将选举权集中于选举1人。所谓累积投票制度,是指每1个股东拥有其所持股份数乘以应选出董事人数之积的选举权,并且可以任意将此选举权分配给任何候选人。例如A股份公司股份数为300,多数派股东全体持有199股,少数派股东持有101股,现在需选出3名董事,有6个候选人,公司两派股东各支持其中3人。在联选投票制下,每股有3个选举权,但对于每个候选人只能支持1票。因此,多数派股东可以对其支持的3个候选人各投下199票,少数派股东则可以对其所支持的3个候选人各投下101票。结果是3个董事席位均被多数派股东囊括。在累积投票制度下,少数派股东共拥有303个选举权,而且可以集中支持1个候选人,而不是分散支持3个人。多数派股东总有597个选举权,无论多数派股东如何分配选举权,获得了少数派股东303个选举权支持的候选人都将当选董事。①

累积投票制度有利于防止大股东利用持股优势把持董事会,有利于保护少数股东利益。"它使大批小股东'有机会参与'董事会和管理决策,这会影响他们的投资。而且,存在小股东的董事可以迫使公司的其他董事在制定方针决策时更为谨慎小心。"②但是,累积投票制度也有其潜在的副作用,如容易引起公司董事会的内部对立,影响公司的正常经营管理。"反对累积投票的通常观点是它破坏公司的管理层和董事会之间的最优关系。人们认为,理想的境界是董事和管理人员必须充分信任对方,应当散发出一种愿意合作的气氛……累积投票会使董事会发生分化,使这个集团变得充满混乱(原文)。"③

案例3.28:公司负责人因违反"法令"所生之损害赔偿责任

一、案情简介

被告吕久茂为东锦实业股份有限公司(以下简称东锦公司)的董事长,吕照茂为该公司常务董事负责执行公司业务。1979年5月奈及利亚奥尼夏天法郎哥企业公司(以下简称奥尼公司)向吕照茂、吕久茂等订购东锦公司生产的电器附件第202号晚餐牌灯座8000打,总价美金2.8万元,并委托西德汉堡联合西方银行以东锦公司为受益人开立了信用状交给了东锦公司。东锦公司以货柜将货物运往尼日利亚,并于同年9月1日

① 刘连煜:《公司法理论与判决研究》,法律出版社2002年版,第16~24页。
② [美]罗伯特·C.克拉克:《公司法则》,胡平、林长远等译,工商出版社1999年版,第292页。
③ [美]罗伯特·C.克拉克:《公司法则》,胡平、林长远等译,工商出版社1999年版,第293页。

向华南商业银行领取了信用状所载之货款。货物到目的港时，经当地海关检查，全为该国禁止进口的女用尼龙短裤，被扣押没收。奥尼公司遂向东锦公司要求解除合同，并请求返还价金。然而，东锦公司未予以返还价金。奥尼公司遂向法院起诉，声称被告吕久茂、吕照茂等作为东锦公司执行业务之人，违反“法令”，使得原告奥尼公司遭受损害，要求两被告与东锦公司连带赔偿美金 2.8 万元以及延迟返还价金的利息。[①]

二、观点分歧

两被告是否应当承担连带赔偿责任呢？有以下几种不同的意见：

第一种观点认为，东锦公司与奥尼公司之间的买卖合同有效，东锦公司履行合同义务不符合约定，属于违约行为，应当对奥尼公司承担违约责任。奥尼公司解除合同并不影响其向东锦公司主张违约救济。然而，被告吕久茂、吕照茂虽然分别为东锦公司的董事长及常务董事，但是实际上均为具体参与本合同业务的执行人，故不负赔偿责任。

第二种观点认为，东锦公司与奥尼公司订约后未能交付买卖标的物，属于债务不履行。但是，不能因此就认定东锦公司的法定代理人或常务董事共同因故意或过失不法侵害了奥尼公司的权利而负侵权行为之损害赔偿责任。我国台湾地区“公司法”第 23 条规定：“公司负责人对于公司业务之执行，如有违反‘法令’致他人受有损害时，对他人应与公司负连带赔偿责任。”依据本条规定要求公司负责人承担赔偿责任一般需要具备以下构成要件：必须为公司机关之行为；必须因执行公司业务而发生；必须具备普通侵权行为之要件，侵害的客体须为私权。然而，本案中奥尼公司并未举证证明被告具有如何故意或过失致侵害其权利。因此，两被告不应当承担连带赔偿责任。

第三种观点认为，东锦公司将非约定标的物的女用尼龙短裤装载货柜蒙混出口，并据以领取货款的事实，明显属于违反“法令”的行为。这与单纯的债务不履行之情形不同，对于奥尼公司的私权不能说没有损害。此外，我国台湾地区“公司法”第 23 条规定的公司负责人对于第三人的责任，属于法律的特别规定，与一般侵权行为不同，原本不以该负责人有故意或过失为成立之条件。况且被告就诉讼所争议灯座之买卖出口均已知情，即使不知情，也表明其未尽善良管理人之职责而有过失。因此，被告应当对奥尼公司承担连带赔偿责任。[②]

三、提示与参考

董事是否应对第三人承担责任？传统公司法理论认为，董事无须对公司之外的第三人承担责任，因为董事执行公司事务的行为本就是公司行为，应由公司承担责任。至于董事非执行公司事务的行为，则是其个人行为，与公司无关，不属于公司法调整的范围。但

① 刘连煜：《公司法理论与判决研究》，法律出版社 2002 年版，第 26～27 页。

② 刘连煜：《公司法理论与判决研究》，法律出版社 2002 年版，第 27～29 页。

是，现代公司法理论则突破了这一传统。英美系国家的司法实践，采用信托理论确立了董事对第三人的责任，董事对债权人承担义务也是为了确保公司财产不会以损害债权人利益的方式而被董事以其本人利益为目的予以利用或处分。[①] 德国则通过“利益相关者理论”确立了董事对第三人的责任，法国、丹麦、瑞士等国公司法则通过勤勉义务确立董事对公司、股东及债权人承担责任。[②] 我国有学者指出，“董事对股东、债权人等第三者负有一定的义务。我国法律只在《证券法》第63条规定了董事对第三者责任。但为保护第三者，尤其是公司债权人的利益，将来的法律应增加董事对第三者责任的内容，例如，使董事在过怠申请破产、承担明知是不能履行的债务时对债权人负赔偿责任”[③]。

案例3.29：公司高管违反勤勉义务的法律责任之认定

一、案情简介

2004年8月23日，邰剑英被向佳公司聘任为公司经理，负责公司的经营管理。邰剑英于2005年8月31日代表公司与佰强公司签订了《北京市预拌混凝土买卖合同》，约定向佳公司向佰强公司承揽的门头沟区西平房中学运动场工程提供混凝土。佰强公司的委托代理人、现场联系人在合同买方处签字，但是并未加盖佰强公司的公章，向佳公司在合同卖方处加盖了公章。后来向佳公司向佰强公司提供了混凝土。2005年9月30日邰剑英离开了公司。同年11月21日，向佳公司与佰强公司进行了结算，确认向佳公司提供的混凝土价款为16310元。但是，佰强公司一直未付款，向佳公司也未采取诉讼、仲裁或其他有效方式向佰强公司主张债权。2007年，向佳公司到法院起诉邰剑英，认为邰剑英在任职期间怠于行使职权，在对方没有加盖合同公章的情况下，就向对方提供了价值16310元的混凝土，且对方签字人无法联络，致使佰强公司拖欠向佳公司的混凝土款项无法收回，邰剑英作为公司经理，未履行对公司的勤勉义务，给公司造成了经济损失139368.95元(包括混凝土款项16310元及佰强公司应当承担的违约金123058.95元)。向佳公司诉请法院判令邰剑英赔偿损失139368.95元，并承担案件的诉讼费用。[④]

二、观点分歧

一种观点认为，邰剑英应当负赔偿责任。因为他作为公司经理，与对方签订的混凝土买卖合同，未能加盖对方公司的合同公章，故合同当时未能生效。在合同尚未生效的

① [加]布赖恩·R.柴芬斯：《公司法：理论，结构和运作》，林华伟等译，法律出版社2001年版，第578页。

② 张民安：《公司债权人权益保护与我国公司法的完善》，载《中山大学学报》1996年第2期。

③ 曹顺明：《股份有限公司董事损害赔偿责任研究》，中国社会学院研究生院2002年博士论文。

④ 朱江、刘兰芳：《新公司法疑难案例判解》，中国法律出版社2009年版，第432～433页。

情形下，郜剑英让公司向佰强公司提供混凝土，最终使得合同款项无法收回。《公司法》第147条规定："董事、监事、高级管理人员应当遵守法律、行政法规和公司章程，对公司负有忠实义务和勤勉义务。"郜剑英怠于履行公司经理职责，未能履行对公司的勤勉义务。《公司法》第149条规定："董事、监事、高级管理人员执行公司职务时违反法律、行政法规或者公司章程规定，给公司造成损失的，应当承担赔偿责任。"依据该规定，郜剑英应当对公司承担赔偿责任。

另一种观点认为，公司董事、高级管理人员因未能履行对公司的勤勉和注意义务而给公司造成损失承担赔偿责任的构成要件应当包括以下几个方面：(1)在管理公司事务过程中有违反法律、行政法规或者公司章程的行为；(2)主观上有过错；(3)公司受到损失；(4)行为与公司受到的损失之间存在因果关系。就本案而言，郜剑英代表公司与佰强公司缔结合同，是善意履行职务的行为，且不违反法律、行政法规与公司章程的规定。佰强公司也是工商管理部门注册的法人企业，并且实际上是以自己的名义承包了工程，向佳公司向佰强公司承揽的工程提供混凝土，向佳公司可以从中获得收益，而且价款的回收也有一定的保障。因此，郜剑英在与佰强公司缔结合同并履行合同义务的过程中，已经尽到了对公司的普通谨慎人的注意义务和勤勉义务。因此，郜剑英不应当对公司承担赔偿责任。实际上，佰强公司延迟履行付款义务以后，向佳公司并未及时向佰强公司主张债权，至今仍未通过诉讼或者仲裁等有效方式向佰强公司主张债权，故向佳公司主张的损失并未实际发生。而且，郜剑英的上述行为与向佳公司主张的损害结果之间也不存在直接的因果关系。综上所述，郜剑英不应当对公司承担赔偿责任。①

三、提示与参考

本案是2005年《公司法》引入勤勉义务和忠实义务后的一个典型案例。从该案至今，我国公司法经历了很大的发展，但对于公司高管违反勤勉义务的规定依旧局限于现行《公司法》第147条第1款："董事、监事、高级管理人员应当遵守法律、行政法规和公司章程，对公司负有忠实义务和勤勉义务。"《公司法》对于勤勉义务规定模糊主要是因为，高管违反勤勉义务的行为主要是不作为，难以进行明确列举，这也导致了公司在认定高管是否存在因违反勤勉义务造成公司损害时的困难。从案例检索的角度，经笔者检索，目前司法实务中对于高管勤勉义务的判断标准主要存在以下两种：

第一种判断标准是：主客观结合，以高管的谨慎程度为判断标准。具体而言：主观上应以普通谨慎的高管在同类公司、同类职务、同类相关情形中所应具有的注意、知识和经验程度作为衡量标准。客观上，不能以商业风险和盈亏情况作为违反勤勉义务的

① 以上观点为北京市石景山区人民法院在一审判决中所持的意见。参见詹文杰：《公司高管违反勤勉义务的法律责任的认定——北京向佳混凝土有限公司与郜剑英损害公司权益纠纷案》，载朱江、刘兰芳主编：《新公司法疑难案例判解》，法律出版社2009年版，第432～435页。

评判标准。同时，结合案件实际情况进行认定。

第二种判断标准是：主客观结合，以普通人的谨慎程度为判断标准。与第一种意见的主要区别在于，主观上高管应当尽到一个善良管理人的细心、勤勉，尽到一个普通谨慎之人的合理注意，这意味着认定高管违反勤勉义务的标准相较于前者而言极高。

案例3.30：注意义务与商业判断规则之间的矛盾

一、案情简介

1985年特拉华州Smith诉Van Gorkom案中，董事们在一个相当短暂的、迅速召集的会议上，根据主席和首席执行官Van Gorkom的20分钟口头陈述，就批准了合并，没有得到审查合并文件，也没有要求董事和高级管理人员或者聘请外部的投资银行对公司进行认真的估价。股东提起集团诉讼，要求撤销另一新公司对他们公司的兼并，同时指控在批准合并上违反注意义务的被告——董事会成员Van Gorkom给予损害赔偿。①

二、观点分歧

董事会成员Van Gorkom是否应当因批准公司合并的行为负损害赔偿责任呢？存在不同的观点。

第一种观点认为，董事会成员受商业判断规则的保护，而且股东对合并的表决完全知情。董事会成员同意合并是出于善意和为了公司的最大利益而采取的行动。因此，董事会成员不应当对合并行为负损害赔偿责任。②

第二种观点认为，董事会对合并协议的批准并不是基于商业判断的产物，而是Van Gorkom“以独断而非协商的方式行事和作出决定，不寻求与公司的上层高级职员和董事会成员进行大量探讨并征求他们的反馈意见”，“服从于这种专横的领导人是对义务的放弃”。③ 董事会并没有公开公平地对待股东。因此，董事会成员应当对合并行为负损害赔偿责任。④

三、提示与参考

本案非常典型地反映了董事注意义务与商业判断规则之间存在的紧张对立关系。一方面，注意义务要求董事必须如同一个适当谨慎的人在处理自己的事务那样行事，即董事不能疏忽大意地行事，董事违反注意义务通常被称为过失，因此给公司造成损失的

---

① [美]罗伯特·C.克拉克：《公司法则》，胡平、林长远译，工商出版社1999年版，第93～94页。
② 衡平法院持此观点。
③ [美]罗伯特·C.克拉克：《公司法则》，胡平、林长远译，工商出版社1999年版，第94页。
④ 此为美国特拉华州高等法院所持的观点。

应负损害赔偿责任。另一方面，公司法赋予董事、高级管理人员等便宜行事的职权，以便其在公司经营中能够独立自主地进行经营决断，而且董事不对决断的“正直的错误”负责。董事的经营决断不受法院或股东的质疑，因为董事们是出于善意和为了公司的最大利益的正直信念而采取的行动。商业判断规则似乎极大地减少了注意义务的威力，成为董事主张免责的一个重要依据。然而，商业判断规则又为公司经营管理所必需，除非董事的“决断”带有欺诈性、利益冲突或者非法性。董事、高管善意地进行商业决策即可满足注意义务的要求：(1)不存在利害冲突；(2)他对所进行的商业决策是了解的，并合理地相信在该种情况下是适当的；(3)他理性地相信其商业决策符合公司的最佳利益。总之，如何区分“正直的错误”和“疏忽大意的错误”成为公司领域司法实践中的历史性难题。①

案例 3.31：自我交易及其法律规制

一、案情简介

在环球羊毛公司诉 Utica 电气公司一案中，电器公司的董事和执行委员会主席 Maynard 同时也是合同另一方——一家纺织机器公司的主要持股人、总裁和董事。在 Maynard 的促使下，电气公司与环球羊毛公司签订了一项合同，约定由电气公司提供环球羊毛公司的纺织厂运营所需的电力，电气公司并保证纺织公司将持续不断地从改用电力中节约大量成本，却没有对纺织厂经营范围和性质进行限制，结果是纺织厂改变了其业务构成，用电量大的染纱业务增多了，用电量小的捻纱业务减少了，最终结果是电气公司在合同上亏损，并依据保证条款欠了环球羊毛公司一大笔钱。电气公司的董事会在审批该合同时，Maynard 向董事会公开了自己的利益并放弃了表决权，但是他本来应该知道纺织厂会出现上述变化的。②

二、观点分歧

本案涉及董事与公司自我交易，故争议的焦点是该自我交易合同是否因为董事 Maynard 已经向董事会公开了自己的利益冲突并放弃了表决权而有效。

一种观点认为，自我交易在公司法上并非绝对禁止，只是原则上禁止，也可以通过一定的途径使自我交易合同合法化，“一个途径是，通过充分公布事实并经某一相对独立的交易当事人(无利害关系的董事或股东)认可，使合同变成真正类似于一般的交易

① [美]罗伯特·C.克拉克：《公司法则》，胡平、林长远等译，工商出版社 1999 年版，第 90～91 页。

② [美]罗伯特·C.克拉克：《公司法则》，胡平、林长远等译，工商出版社 1999 年版，第 139～140 页。

合同；另一个途径是，调整合同条件以使其公平，即使合同的条件近似于一般的交易条件”[①]。如在 Hayes Oyester 案中，法院认定合同违法：“有利害关系的董事或高级职员不进行公开的行为本身就是不公平的。”[②]就环球羊毛公司诉 Utica 电气公司案而言，董事 Maynard 已经向董事会公开了自己的利益冲突并放弃了表决权，因此，该自我交易合同合法有效。

一种观点认为，仅向公司董事会公开自己在合同中的利益并放弃表决权，对于 Maynard 是不够的，还应当对公开拟议中的合同的风险和不平等性负有积极义务，不能因为自己没有对合同投票，就对合同在商业上缺乏远见性保持沉默，何况他作为纺织厂的总裁，本来就应该知道纺织厂会出现上述变化的。因此，“受托人不仅有义务不从自己的信托人身上谋取不正当的利益，而且在与其交易的人由于缺乏远见而使他获得了不正当的利益时，有提出反对和拒绝交易的义务”[③]。因此，不能强制电气公司履行它订立的不利的自我交易合同。

三、提示与参考

自我交易的合法性判断是公司法上的历史性难题。美国有学者将自我交易概括为四种基本情况：一是公司同其董事或高级职员之间的交易；二是公司同其董事或高级职员在其中有直接或间接重大财政利益的经营实体之间的交易；三是母公司与其部分拥有的子公司之间的交易；四是公司与有共同或“连锁”董事或高级职员的另一公司之间的交易。[④] 在美国公司法上，对于自我交易的法律规制经历了四个演变发展阶段：一是绝对禁止阶段，在此阶段，只要公司或股东提出请求，该类合同不论公正与否，都会被判定为无效；二是准许进行公平且经无利害关系的大多数董事批准的自我交易阶段，换言之，经过了批准的合同即使有人提出异议也具备法律效力；三是准许进行法院认为公平的自我交易，即使是有利害关系的董事会批准订立该类合同，一般都认为具有法律效力，除非受理异议诉讼的法院认为该合同显失公平；四是准许进行公平的或经适当告知的大多数股东批准的自我交易。[⑤] 美国判断自我交易公平性标准的现行法是《特拉华州普通公司法》第 144 条和《标准公司法》第 8 章第 31 条。一个特定的自我交易诉讼不是可以自动判决有效的，以下三个条件中必须有一个得到满足：一是公开加无利害关系董事的批准；二是公开加股东的批准；三是公平性。[⑥]

---

① ［美］罗伯特·C.克拉克：《公司法则》，胡平、林长远等译，工商出版社 1999 年版，第 139 页。

② 国营 Hayes Oyster 公司诉 Keypoint Oyster 公司案，《太平洋各州判例汇编》第 2 辑第 391 卷第 984 页，转引自［美］罗伯特·C.克拉克：《公司法则》，胡平、林长远等译，工商出版社 1999 年版，第 139 页。

③ 这是卡多佐法官在审理该案时提出的观点。参见［美］罗伯特·C.克拉克：《公司法则》，胡平、林长远等译，工商出版社 1999 年版，第 140 页。

④ ［美］罗伯特·C.克拉克：《公司法则》，胡平、林长远等译，工商出版社 1999 年版，第 130 页。

⑤ ［美］罗伯特·C.克拉克：《公司法则》，胡平、林长远等译，工商出版社 1999 年版，第 131 页。

⑥ ［美］罗伯特·C.克拉克：《公司法则》，胡平、林长远等译，工商出版社 1999 年版，第 136 页。

我国规范自我交易的规定主要是《公司法》第 148 条，该条规定，董事、高级管理人员不得违反公司章程的规定或者未经股东会、股东大会同意，与本公司订立合同或者进行交易。依据该规定，如果公司章程规定，经过董事会无利害关系董事的批准，董事及高级管理人员可以与公司订立合同进行交易，该合同无须再经股东会或股东大会批准。这体现了公司自治原则。如果公司章程未做规定，那么自我交易合同需要经过股东会、股东大会同意方能有效。

案例 3.32：禁止篡用或侵占公司机会的规则

一、案情简介

在 Kerrigan 诉 Limity Savings Assciation 案中，一个储贷协会的五个控股董事组建了一个保险公司，租用了储贷协会所有和使用的办公大楼。然后，储蓄贷款协会将保险公司指定给其借贷者，向借贷者出售房屋所有权保险和有关抵押贷款的其他形式的保险。储蓄借贷协会的一名股东提出一项诉讼，起诉董事和保险公司，声称他们窃取了属于储蓄贷款协会的商业机会。

二、观点分歧

一种观点认为，董事和保险公司的行为不构成窃取储蓄贷款协会的商业机会，因为储蓄机构在法律上被禁止从事保险业务。①

另一种观点认为，董事们应该向储蓄贷款协会说明这一商业机会的相关事实，并且给予协会就其利用还是放弃这一机会的合法能力问题作出自己判断的机会。尽管提供房屋抵押贷款和出售房屋所有者保险是两个分开的不同的行业，但是在功能上是相互联系的，毕竟在同一地点为顾客提供两种服务将能够使一项经营带来更多的利润。就此而言，董事和保险公司篡夺了储蓄贷款协会的商业机会。②

三、提示与参考

禁止篡用或侵占公司机会是董事或高级管理人员对公司忠实义务的具体要求之一。然而，如何判断公司机会却是司法上的又一个历史性难题。美国公司法上的传统标准是：公司机会是公司对其具有利益或者预期，或者对公司来说必不可少的商业机会。在 1939 年特拉华州 Guth 诉 Loft 股份有限公司案中，法院将公司机会界定为包括

---

① 该观点为被告抗辩所提出的理由，美国初审法院同意了这种抗辩。

② 该观点为美国上诉法院和伊利诺伊最高法院所持的立场。法院认为：“公司或机构须被给予机会依据全部公开的相关事实来决定是否希望介入一项与目前或者将来经营范围相关的业务。”

了标的公司“经营范围”内的实际上任何商业机会。①

我国《公司法》第148条规定，董事或高级管理人员不得未经股东会或者股东大会同意，利用职务便利为自己或者他人谋取属于公司的商业机会，自营或者为他人经营与所任职公司同类的业务。对于该规定，我国有学者以为，“公司机会作为一种新的财产类型，可以纳入无形财产的范畴，公司对其享有的权利具有期待权的属性，是一种新型的期待权。公司机会的认定要考虑的因素包括机会的来源，机会与公司经营活动的关联程度以及董事的信息披露义务等。我国现行法律将篡夺公司机会禁止义务的主体限定为董事和高级管理人员，存在不周延性，应扩展至控股股东和监事”②。

案例3.33：Fogelson诉美国呢绒公司案与董事监事高管的报酬之管理

一、案情简介

在Fogelson诉美国呢绒公司案中，公司向某一任职到退休年龄而没有任何预期得到养老金的职员提供了巨额养老金的退休计划，比雇员获得的次高的养老金数额高出了7.5倍多。Fogelson向法院起诉，认为该计划无益于促进公司职员为公司尽力工作，要求公司停止该计划。

二、观点分歧

关于上述巨额养老金计划是否合法？存在以下不同的观点：

第一种观点认为，依据退休计划向公司高级职员支付的养老金是其对多年来为公司付出的补偿，是对一个年老雇员的公正对待，也能够激励其他公司职员尽力勤勉地为公司工作。

第二种观点认为，该计划类似于一种赠与或奖金，该职员一直都获取丰富的薪金，养老金计划起不到促使该高级职员过去为公司竭尽全力地工作的作用。而且，数额超高的养老金，实质上是公司高级职员变相地向公司掘取利益，是事实上的自我交易，违反高级职员对公司的忠实义务，损害公司利益，应当予以禁止。

---

① Loft股份有限公司从事饮料生产和销售，其董事长和总经理Guth拥有另一家公司的大多数股份，该公司在破产的国家百事可乐公司的秘密配方和商标中获得了股权。Guth发展了百事可乐公司的业务，并让百事可乐公司向Loft公司销售了大量产品。本案争议的焦点是，Guth通过另一家公司持有的百事可乐公司股份是不是Loft公司的一个公司机会。参见[美]罗伯特·C.克拉克：《公司法则》，胡平、林长远等译，工商出版社1999年版，第187页以下。

② 冯果：《“禁止篡夺公司机会”规则探究》，载《中国法学》2010年第1期。

三、提示与参考

本案提出了公司法上的又一个难题——董事与高级管理人员的报酬问题。早在1930年美国烟草公司董事长获得了168000美元的工资、842507美元的奖金、273470美元的“特别现金信贷”，以及以低于市场价的每股87美元的价格购买股票的选择权。这在当时的美国也引起了极大的争议。在美国公司法上，对公司经理报酬的限制，主要是基于他为公司所做的贡献，并且在数额上与他为公司所作贡献的价值必须具有“合理的关联”。“如果一项额外报酬与它为之给付的贡献没有联系，在一定程度上，它就是一种事实上赠送，并且大多数股东无权不顾少数股东的反对赠送公司财产。”①

案例3.34：股东是否有权充当原告代表公司提起诉讼？

一、案情简介

北京泰山质量认证咨询有限公司为原告王涛与被告李平共同出资，于2000年11月1日，经核准成立经董事会选举，被告李平任法定代表人，原告王涛任总经理。公司次年5月开始正式经营。自2002年6月，双方因经营问题发生矛盾。被告李平先后委托其夫黄伟分别于2002年6月、8月、9月和12月31日，从公司取走公司公章一枚、钢印一枚、惠普激光打印机一台、营业执照(正、副本)一套、税务登记证(正本)一个、发票证一本、发票一本、转账支票一本(其中包括已开好的面额为13000元和6000元的转账支票各一张)、现金支票一本、法人名章一枚、内部核算用现金账一本、合同台账一本、银行存款账一本、现金日记账一本、总分类账一本、明细账一本、2002年5月至11月记账凭证七本、公司对日照三银、永发石材、裕伟花生和北京延红等四个企业的咨询工作记录四份至今未予归还。王涛到法院起诉李平，现要求被告停止侵害行为，返还强行拿走的公司财物，赔偿经济损失174000元，并负担诉讼费。②

二、观点分歧

本案原告是否有权提起诉讼呢？存在以下不同观点。

第一种观点认为，原告所诉行为系黄伟的个人行为，与被告无关，且原告没有证据证明损失的存在及所诉行为与损失的关联性。原告无权起诉。

第二种观点认为，股东王涛作为原告，代表公司提起诉讼。此诉讼为股东代表诉

---

① [美]罗伯特·C.克拉克：《公司法则》，胡平、林长远等译，工商出版社1999年版，第162页。

② 北京市房山区人法院张汝莲：《本案股东是否充当原告代表公司提起诉讼》，http://china.findlaw.cn/gongsifalv/gongsifaanli/98509_3.html，下载日期：2014年10月10日。

讼。我国《公司法》第151条规定：

董事、高级管理人员有《公司法》第149条规定的情形的，有限责任公司的股东、股份有限公司连续180日以上单独或者合计持有公司1%以上股份的股东，可以书面请求监事会或者不设监事会的有限责任公司的监事向人民法院提起诉讼；监事有《公司法》第149条规定的情形的，前述股东可以书面请求董事会或者不设董事会的有限责任公司的执行董事向人民法院提起诉讼。

监事会、不设监事会的有限责任公司的监事，或者董事会、执行董事收到前款规定的股东书面请求后拒绝提起诉讼，或者自收到请求之日起30日内未提起诉讼，或者情况紧急、不立即提起诉讼将会使公司利益受到难以弥补的损害的，前款规定的股东有权为了公司的利益以自己的名义直接向人民法院提起诉讼。

他人侵犯公司合法权益，给公司造成损失的，本条第一款规定的股东可以依照前两款的规定向人民法院提起诉讼。

就本案而言，被告李平因公司经营问题与股东(原告王涛)发生矛盾后，取走公司财物，至今未予归还，给公司的正常经营造成一定影响，其行为已构成对公司利益的损害。而且王涛作为公司股东，已经连续180日以上持有公司1%以上股份，加之情况紧急、不立即提起诉讼将会使公司利益受到难以弥补的损害。因此，王涛有权充当原告代表公司提起诉讼。

三、提示与参考

股东代表诉讼，也叫股东派生诉讼，或者“间接诉讼”。是指公司由于某种原因没有就其所遭受的某种侵权行为的侵害提起诉讼时，公司股东可以代表公司以旨在使得公司获得赔偿为救济目的而针对该行为所提起的诉讼。在我国《公司法》上，股东派生诉讼制度为第151条所规定。与之相应的股东直接诉讼制度规定在《公司法》第152条，该条规定：“董事、高级管理人员违反法律、行政法规或者公司章程的规定，损害股东利益的，股东可以向人民法院提起诉讼。”股东代表诉讼与股东直接诉讼在诉权依据、利益诉求、结果归属及诉讼程序上都存在较大的差别。股东代表诉讼的原告行使的是公司的诉权，只是公司由于各种原因不能行使而由法律规定让股东行使，在利益诉求上维护的是公司利益，胜诉后所获得收益归属于公司而非原告股东。在诉讼程序上，为了防止股东滥用诉权，影响公司经营管理，法律对股东代表诉讼在程序上进行了一定的限制。

首先，诉讼资格的限制。依据我国《公司法》第151条的规定，股东派生的原告如果是有限责任公司的股东的，没有持股时间和持股数额的要求；如果是股份有限公司的股东，必须是连续180日以上或者合计持有公司1%以上股份的股东才有资格提起派生诉讼。股东代表诉讼的被告，可能是任何侵害公司利益的人，实际上主要是公司的董事、监事、高级管理人员或者控股股东、实际控制人等内部人。

其次，股东在提起派生诉讼之前，必须履行先诉程序。原告股东在起诉前，应当先向公司提出请求，要求公司就所遭受的损害行为提起诉讼，只有在公司没有提起诉讼且没有正当理由时，才允许股东提起派生诉讼。先诉请求是发动股东派生诉讼的一个前置程序，即向监事会或者董事会提出书面请求。先诉请求只有在“情况紧急、不立即提起诉讼将会使公司利益受到难以弥补的损害”的情况下才能豁免，此时股东有权为了公司的利益以自己的名义直接向人民法院提起诉讼。

案例 3.35：股东代表诉讼中原告主观善意的认定和处理

一、案情简介

甲、乙、丙、丁共同出资设立浩源公司，甲担任公司执行董事兼法定代表人，乙担任公司总经理兼财务负责人，丁任公司监事。2008 年 10 月 14 日，浩源公司召开股东会，所有股东一致同意向银行贷款 1000 万元用于偿还工程款。同日，甲与乙签订了一份关于贷款用途情况备忘录，载明：1000 万元贷款中 700 万元归还工程款，剩余 300 万元由甲和乙按 5∶1 的比例分配，名义上作为两人内部的股份收购调整之用。其后，银行向浩源公司发放了 1000 万元贷款，甲、乙各从公司提取了 250 万元和 50 万元。2010 年 1 月后，因甲、乙在公司经营问题上屡屡发生矛盾与分歧，乙遂以甲侵占公司资产 250 万元为由，书面请求公司监事丁提起诉讼，遭拒后于 2011 年 1 月诉至法院，请求判令甲向浩源公司偿还欠款 250 万元并赔偿相应的利息损失。[①]

二、观点分歧

对于乙的诉讼请求，法院是否应当予以支持？存在以下两种不同看法：

第一种意见认为，乙作为浩源公司的股东，认为执行董事甲擅自挪用公司资金，损害公司利益，致使公司遭受损失，有权书面请求公司监事丁提起诉讼。在丁拒绝提起诉讼后，乙为了公司利益以自己名义直接向法院起诉符合法律规定，系本案股东代表诉讼的适格原告，尽管乙对于甲获得这 300 万元存在通谋，但是并不影响其作为股东代表诉讼的资格。故应判决支持乙的诉讼请求。

第二种意见认为，以股份内部调整为由从公司领取 300 万元，是甲、乙通谋的结果，允许乙提起股东代表诉讼，既有悖于诚信原则，亦难保其能够公允代表公司利益，其不是本案的适格原告，故应裁定驳回乙的起诉。

---

① 徐涛：《股东代表诉讼中原告主观善意的认定与处理》，http://www.110.com/ziliao/article-336909.html，下载日期：2014 年 10 月 8 日。

三、提示与参考

股东代表诉讼具有两面性，既有利于维护公司利益，也有可能被股东滥用而影响公司正常经营、损害公司利益。为了防止股东代表诉讼被滥用，我国《公司法》对于提起股东代表诉讼的原告资格设置了持股比例与持股时间限制，但是并未就主观要件做限制性规定。“通常认为股东提起股东代表诉讼时必须是基于‘善意’，必须以维护公司利益为目的，而不能借股东代表诉讼谋求个人私益或实现非法目的。‘善意原则’没有具体化的判断标准，但股东若曾参加、批准或默许过所诉侵害行为，或者以干扰公司生产经营、损害公司股东权益为目的，或者为公司竞争对手牟取竞争优势，则其提起的诉讼可以推定为‘恶意诉讼’。”①

第五节　公司终止

案例 3.36：林方清诉常熟市凯莱实业有限公司、戴小明公司解散纠纷案

一、案情简介

常熟市凯莱实业有限公司（简称凯莱公司）成立于 2002 年 1 月，林方清与戴小明系该公司股东，各占 50%的股份，戴小明任公司法定代表人及执行董事，林方清任公司总经理兼公司监事。凯莱公司章程明确规定：股东会的决议须经代表 1/2 以上表决权的股东通过，但对公司增加或减少注册资本、合并、解散、变更公司形式、修改公司章程作出决议时，必须经代表 2/3 以上表决权的股东通过。股东会会议由股东按照出资比例行使表决权。2006 年起，林方清与戴小明两人之间的矛盾逐渐显现。同年 5 月 9 日，林方清提议并通知召开股东会，由于戴小明认为林方清没有召集会议的权利，会议未能召开。同年 6 月 6 日、8 月 8 日、9 月 16 日、10 月 10 日、10 月 17 日，林方清委托律师向凯莱公司和戴小明发函称，因股东权益受到严重侵害，林方清作为享有公司股东会 1/2 表决权的股东，已按公司章程规定的程序表决并通过了解散凯莱公司的决议，要求戴小明

① 刘凯湘：《股东代表诉讼的司法适用与立法完善——以〈公司法〉第 152 条的解释为中心》，载《中国法学》2008 年第 4 期刊。此外，我国公司法学界关于股东代表诉讼的主要成果还有：如沈贵明：《股东代表诉讼前置程序的适格主体》，载《法学研究》2008 年第 2 期；钱玉林：《论股东代表诉讼中公司的地位——法制史的观察与当代的实践》，载《清华法学》2011 年第 2 期；钱玉林：《〈公司法〉第 151 条的漏洞及其填补》，载《现代法学》2015 年第 3 期；胡宜奎：《股东代表诉讼诉权的权利基础辨析——兼论我国股东代表诉讼制度的完善》，载《政治与法律》2015 年第 9 期。

提供凯莱公司的财务账册等资料，并对凯莱公司进行清算。同年 6 月 17 日、9 月 7 日、10 月 13 日，戴小明回函称，林方清作出的股东会决议没有合法依据，戴小明不同意解散公司，并要求林方清交出公司财务资料。同年 11 月 15 日、25 日，林方清再次向凯莱公司和戴小明发函，要求凯莱公司和戴小明提供公司财务账册等供其查阅、分配公司收入、解散公司。

江苏常熟服装城管理委员会（简称服装城管委会）证明凯莱公司目前经营尚正常，且愿意组织林方清和戴小明进行调解。从 2006 年 6 月 1 日至今，凯莱公司未召开过股东会。服装城管委会调解委员会于 2009 年 12 月 15 日、16 日两次组织双方进行调解，但均未成功。①

二、观点分歧

第一种意见认为，凯莱公司经营管理发生严重困难，陷入公司僵局且无法通过其他方法解决，股东权益遭受重大损害，应当解散凯莱公司。

第二种意见认为，凯莱公司及其下属分公司运营状态良好，不符合公司解散的条件，戴小明与林方清的矛盾有其他解决途径，不应通过司法程序强制解散公司。

三、提示与参考

公司解散是指公司因法律或章程规定的解散事由出现而停止业务活动，并开始处理未了结事务的法律行为。公司因下列原因解散：(1)公司章程规定的营业期限届满或者公司章程规定的其他解散事由出现；(2)股东会或者股东大会决议解散；(3)因公司合并或者分立需要解散；(4)依法被吊销营业执照、责令关闭或者被撤销；(5)人民法院依照《公司法》第 182 条的规定予以解散。

《公司法》第 182 条规定："公司经营管理发生严重困难，继续存续会使股东利益受到重大损失，通过其他途径不能解决的，持有公司全部股东表决权百分之十以上的股东，可以请求人民法院解散公司。"即出现所谓的"公司僵局"时，通过司法程序强制解散公司，以维护股东利益的最大化。公司僵局，根据《麦尔廉一韦伯斯特法律辞典》的解释，是指："由于股东投票中，拥有同等权力的一些股东之间或股东派别之间意见相左、毫不妥协，而产生的公司董事不能行使职能的停滞不前状态。"一般认为公司僵局，是指公司在存续运行中由于股东或董事之间发生分歧或纠纷，彼此不愿妥协而处于僵持状况，导致股东会、董事会等权力或决策机关陷入权力对峙而不能按照法定程序作出决策，从而使公司陷入无法正常运转甚至瘫痪的事实状态。

公司僵局在以下三种情形中出现的可能性较大：(1)两派股东各持有公司的 50%股

① 《林方清诉常熟市凯莱实业有限公司、戴小明公司解散纠纷案》，http://www.court.gov.cn/shenpan-xiangqing-4221.html，下载日期：2014 年 5 月 10 日。

份；(2)各方拥有相同数目的董事或者有权力选择同样数目的董事；(3)小股东通过增加法定人数或投票要求的条件来保持否决权，并且之间存在实质的不同意见。在以上各种情形中，公司可能不能作出任何决定，就如同电脑死机，几乎所有的操作键都完全失灵。有的不能像正常公司那样运营、有的瘫痪，最终造成公司僵局。

《最高人民法院关于适用〈中华人民共和国公司法〉若干问题的规定(二)》(以下简称(《〈公司法〉司法解释二》)第1条第1款规定："单独或者合计持有公司全部股东表决权百分之十以上的股东，以下列事由之一提起解散公司诉讼，并符合公司法第一百八十二条规定的，人民法院应予受理：(一)公司持续两年以上无法召开股东会或者股东大会，公司经营管理发生严重困难的；(二)股东表决时无法达到法定或者公司章程规定的比例，持续两年以上不能作出有效的股东会或者股东大会决议，公司经营管理发生严重困难的；(三)公司董事长期冲突，且无法通过股东会或者股东大会解决，公司经营管理发生严重困难的；(四)经营管理发生其他严重困难，公司继续存续会使股东利益受到重大损失的情形。"

案例3.37：司法解散公司诉讼案件的被告是谁?

一、案情简介

2000年4月王某与陈某、林某、杨某共同出资经核准创办有限公司A公司，从事房地产开发经营。其中王某股份为15%，陈某股份为50%，林某股份为15%，杨某股份为20%。2006年以来因股东不和管理不善，A公司年年亏损。2008年王某提出解散公司，但股东陈某等人不同意，双方协商解散公司未果。2009年2月王某以A公司和陈某、林某、杨某为共同被告向法院提起诉讼，请求通过司法程序解散A公司。

二、观点分歧

王某将A公司和陈某、林某、杨某为共同被告向法院提起诉讼的做法是否合法？存在以下不同的看法。

第一种观点认为，股东提出司法解散公司诉讼，应以公司的其他股东为被告。理由是：公司是一组合同的联结，股东提起解散公司之诉，相当于请求解除股东之间设立公司的合同及章程，属于变更股东之间合同关系的诉讼，应以合同相对方其他股东为被告。

第二种观点认为，股东解散公司诉讼，应以公司为被告。因为股东解散公司之诉系原告股东针对公司的行为，司法解散公司之诉通常是因股东之间存在矛盾而引起的，而其他股东的压制行为大多是以公司名义作出的；而且若原告胜诉其直接的法律后果要

由公司承担，其他股东因判决结果与他们存在法律上的利害关系，应为无独立请求权的第三人的诉讼地位。

第三种观点认为，公司解散之诉，应以公司和其他股东为共同被告。[①]

三、提示与参考

《〈公司法〉司法解释二》第4条规定："股东提起解散公司诉讼应当以公司为被告。原告以其他股东为被告一并提起诉讼的，人民法院应当告知原告将其他股东变更为第三人；原告坚持不予变更的，人民法院应当驳回原告对其他股东的起诉。原告提起解散公司诉讼应当告知其他股东，或者由人民法院通知其参加诉讼。其他股东或者有关利害关系人申请以共同原告或者第三人身份参加诉讼的，人民法院应予准许。"可见，我国《公司法》采纳的是第二种观点，只不过没有明确其他股东是有独立请求权的第三人还是无独立请求权的第三人。

① 《公司法案例之司法解散公司诉讼》，http://www.lawtime.cn/qiye/anli/gongsifaanli/173427.html，下载日期：2014年10月10日。

第四章
证券法

第一节　证券发行

案例 4.1:海南凯立公司诉中国证监会一案

一、案情简介

海南凯立中部建设开发有限公司于 1994 年 12 月 26 日下午举行创立大会。民营企业海南长江旅业公司联合其他 5 家股东发起成立了海南凯立中部开发建设股份有限公司,旨在用“业主投资修路,政府综合补偿”的办法在海南中部修建一条全长 172 公里的高等级公路。1997 年 4 月 24 日,国家民族事务委员会致函中国证监会,“推荐海南凯立中部开发建设有限公司作为 1996 年计划内 A 股股票发行上市企业”。1998 年 2 月,中国证监会通知海南证管办同意凯立公司上报股票发行申请材料,并要求列入省 1997 年的计划内。1999 年 6 月,凯立公司收到了国务院有关部门转送的中国证监会《关于海南凯立公司上述问题有关情况的报告》,即:证监发〔1999〕39 号文。该报告称:凯立公司 97%的利润虚假,严重违反公司法,不符合发行上市的条件,决定取消其发行股票的资格。后来,中国证监会以办公厅的名义作出证监办函〔2000〕50 号文《关于退回海南凯立中部开发建设股份有限公司 A 股发行预选材料的函》(以下简称:50 号文),认定凯立公司“发行预选材料前三年财务会计资料不实,不符合上市的有关规定。经研究决定退回其 A 股发行预选申报材料”。

2000 年 7 月海南凯立公司起诉中国证监会,针对 39 号报告中称其 97%利润虚假,取消其 A 股发行资格的表述和 50 号文认定其前三年财务会计资料不实,退回其 A 股发行预选申报材料的行为一并提起行政诉讼,要求:(1)撤销被告作出的原告申报材料前三年会计资料不实,97%利润虚假的错误结论;(2)撤销被告作出的取消原告 A 股发

行资格并进而退回预选申报材料的决定;(3)判令被告恢复并依法履行对原告股票发行上市申请的审查和审批程序。

二、观点分歧

第一种观点认为,有关法律规范(1999 年生效的《证券法》和 2000 年生效的《中国证监会股票发行核准程序》)均未规定不予核准的,可以退回法律申报材料。故被告作出的退回原告申报材料的行为,缺乏法律依据。且由于被告的退回行为是在上述法律规范生效之后作出的,按照有关溯及力的规定,被告的审批行为亦应适用并符合生效的法定程序。被告称其退回行为系依照旧有的程序规范作出的,缺乏事实依据和法律依据,应确认该退回行为违法,由被告予以重作。①

第二种意见认为,中国证监会是全国证券期货市场的主管部门,有权依据法规制定股票发行程序,并作出解释;法院让中国证监会恢复对海南凯立的审核不切实际,无法执行。②

第三种意见认为,凯立公司的财务资料所反映的利润是否客观真实,关键在于其是否符合国家统一的企业会计制度。中国证监会在审查中发现有疑问的应当委托有关主管部门或者专业机构对其财务资料依照"公司、企业会计核算的特别规定"进行审查确认。中国证监会在未经专业部门审查确认的情况下作出的证监办函〔2000〕50 号文,认定事实证据不充分。另外,中国证监会退回行为违法。对于凯立公司的申请应当适用核准程序,而按照该核准程序,中国证监会应当作出核准或者不予核准的决定,从而中国证监会 50 号文退回其预选申报材料的行为违法,法院应当责令其限期重新作出具体行政行为。③

三、提示与参考

本案涉及公开发行证券的审核制度问题。在本案原告海南凯立公司申请公开发行证券时,我国实行的是"总量控制、限报家数"的做法。与额度分配相适应的是证券发行的两级审批制,即地方政府或国务院有关产业部门的推荐和初审,中国证监会最终的审核。审批的内容包括发行条件的实质审查、申请文件的形式审查和关于价格等发行方案的审查。这种行政干预过深的审查并不能阻止发行中的过度包装及虚假陈述等问题,反而给证券监管部门带来沉重的负担。《证券法》在 1999 年 7 月 1 日生效实施。当时该法第 11 条第 1 款规定:"公开发行股票,必须依照公司法规定的条件,报经国务院证券监督管理机构核准。发行人必须向国务院证券监督管理机构提交公司法规定的申

① 此为本案一审法院北京市第一中级人民法院的裁判意见。
② 此为本案被告中国证监会的上诉意见。
③ 此为本案二审法院北京市高级人民法院的裁判意见。

请文件和国务院证券监督管理机构规定的有关文件。”该法第 16 条规定：“国务院证券监督管理机构或者国务院授权的部门应当自受理证券发行申请文件之日起三个月内作出决定；不予核准或者审批的，应当作出说明。”这表明当时我国对于股票的公开发行实行的是核准制。[①] 在核准制下，证券发行人必须符合法律规定的实质条件，并经证券监督管理部门核准之后才可以发行证券。因此，核准制本质上是一种实质审查主义，证券监管部门不仅要审查发行人公开信息的真实性、准确性和完整性，而且要对证券的投资价值进行实质性审查。但是，这又不意味着政府对发行人的经营与收益进行担保或者对投资者的投资风险负责。为此，我国 2019 年新修订的《证券法》第 25 条规定：“股票依法发行后，发行人经营与收益的变化。由发行人自行负责；由此变化引致的投资风险，由投资者自行负责。”此为股票发行与投资的风险自担原则。

美国与日本对于证券发行实行注册制。所谓注册制，是指发行人在申请公开发行证券时，依法向证券监管部门完整、准确地申报各种资料，证券监管部门只对申报资料的全面性、准确性、真实性和及时性作形式审查，不对发行人的资质进行实质性审核和价值判断。注册制是市场化程度最高的证券发行管理制度。我国近年来在力推注册制改革。2015 年 12 月 9 日，国务院常务会议审议通过了拟提请全国人大常委会审议的《关于授权国务院在实施股票发行注册制改革中调整适用〈中华人民共和国证券法〉有关规定的决定(草案)》；2015 年 12 月 27 日，国务院实施股票发行注册制改革的举措获得中国最高立法机关的修法授权，将于 2016 年 3 月起施行股票发行注册制；2016 年 3 月 12 日，在十二届全国人大四次会议记者会上，中国证监会主席刘士余表示，注册制是不可以单兵突进的，研究论证需要相当长的一个过程。这表明决策层当时暂缓实施了多年来力推的注册制改革。

但在 2018 年 2 月 24 日，第十二届全国人民代表大会常务委员会第三十三次会议通过《全国人民代表大会常务委员会关于延长授权国务院在实施股票发行注册制改革中调整适用〈中华人民共和国证券法〉有关规定期限的决定》，授权国务院在实施股票发行注册制改革中调整适用《中华人民共和国证券法》有关规定的决定施行期限延长两年至 2020 年 2 月 29 日，并指出国务院应当及时总结实践经验，于延长期满前，提出修改法律相关规定的意见。同时，国务院证券监督管理机构要继续创造条件，积极推进股票发行注册制改革；2018 年 11 月 5 日，习近平总书记宣布在上交所设立科创板并试点注册制，经过一年多的筹备与实践，注册制试点有序推进，积累了大量的实践经验，有力推动注册制在更大范围内实行。2019 年新修订的《证券法》第 9 条规定：“公开发行证券，必须符合法律、行政法规规定的条件，并依法报经国务院证券监督管理机构或者国务院授权

① 证券发行审核制度除了核准制之外，还有注册制。注册制，也叫申报制、登记制，即发行人应当并且只需依法全面、准确地、充分地披露投资该证券所需要的重要信息资料及向证券管理部门申报，证券管理部门只对发行条件作形式审查而非实质审查。

的部门注册。未经依法注册，任何单位和个人不得公开发行证券。证券发行注册制的具体范围、实施步骤，由国务院规定。”将原本的股票发行注册制进一步扩大到债券发行。尽管在新《证券法》适用初期，为了平稳过渡，证券市场将出现核准制与注册制并行的现象，但随着配套法律法规的修改完善以及市场对规则的执行与适应，注册制的全面实施指日可待。

案例 4.2：两退市公司股民状告中国证监会

一、案情简介

“深中侨”的股东、原告余雷诉称，其系深圳中侨发展股份有限公司的股东，因不服深圳证券交易所作出的《关于深圳市中侨发展股份有限公司股票终止上市的决定》，向证监会提出行政复议申请。证监会以原告作为股东不能就公司被终止上市这一具体行政行为直接提起行政复议申请为由，作出不予受理决定。余雷认为，终止上市的决定虽然针对公司，但是实际承受者是股东，决定直接指向的是股东的权利。上市公司在不当行为人的控制下很难主张权利，股东有权以自己的名义主张权利，故请求法院判令中国证监会作出具体行政复议决定。

“ST 生态”的股东、原告张晓玮、洪耀诉称，该二人持有湖北生态农业股份有限公司的股票，该公司因连续三年亏损而被停止上市。原告认为，上海证券交易所采用非法手段“恢复交易”后，使该股票换手率高达 326%。上海证券交易所在将该股票原持有人的风险向新的股票持有人充分转嫁后，于 2003 年 5 月 23 日以自相矛盾的理由，终止该股票上市。原告对此不服，向中国证监会提出行政复议。[①]

二、观点分歧

第一种观点认为，股东如果认为中国证监会的终止上市的决定损害其合法权益，应向该公司提出，由公司行使请求行政复议的权利，股东不能直接申请行政复议，中国证监会对于股东的复议申请应当不予受理。因此，法院不应当判令中国证监会作出具体行政复议决定。

第二种观点认为，终止流通 A 股上市交易的权利，直接指向的客体是全体股东的权利，受损害的是公司的股东，股东有权以自己的名义主张权利。因此，法院应当判令中国证监会作出具体行政复议决定。

第三种观点认为，法院应当裁定不予受理。因为中国证监会作出的退市决定是行

---

① 李庆华：《两退市公司股民状告中国证监会》，http://finance.sina.com.cn/roll/20030819/0907412049.shtml，下载日期：2014 年 11 月 11 日。

政机关制定、发布的具有普遍约束力的决定，依据《行政诉讼法》规定不属于法院的受案范围。

三、提示与参考

具体行政行为，是指行政主体依法就特定事项对特定的公民、法人和其他组织权利义务作出的单方行政职权行为。中国证监会作为国务院直属事业单位，依照《中华人民共和国证券法》等法律法规以及国务院的授权，统一监督管理全国证券期货市场，其依职权作出的退市决定，针对特定的上市公司，影响特定上市公司的合法权益，因此应当属于具体行政行为，属于法院的受案范围。根据 2010 年 7 月 1 日施行的《中国证券监督管理委员会行政复议办法》第 7 条的规定："公民、法人或者其他组织对中国证监会或其派出机构、授权组织作出的具体行政行为不服，有下列情形之一的，可以向中国证监会申请行政复议：……（八）认为中国证监会或其派出机构、授权组织的其他具体行政行为侵犯其合法权益的。"本案中，作为行政相对人的公司具有独立的法人人格，本应通过召开股东大会这一程序以公司的名义提起行政复议，但根据《公司法》的规定，提起召开股东大会必须达到总股本 10%股东的授权，这对于所占股本份额低且分布分散的小股东而言，几乎是无法逾越的壁垒。即使达到股东大会的召开要求，在 60 日的行政复议申请期限内单就股东大会的召开就将占用 30 日，程序上也来不及提起行政复议。而上市公司退市后将导致股民所持有的股票价值大幅缩水且难以变现，切实影响股民的合法权益。参考《公司法》第 151 条的规定，股东为了维护公司的利益满足特定条件可以以自己的名义起诉，为保护中小股东的合法权益，也应当为其提供一个具有可行性的救济途径。当然，《公司法》第 151 条规定的股东代表诉讼是民事诉讼，对于股东能否以自己的名义为维护公司利益提起行政诉讼，这是一个值得探讨的现实问题。

案例 4.3：重庆股民状告中国证监会和交易所

一、案情简介

周宏为广发证券重庆营业部股民，2007 年 5 月 28 日，购买四环生物（以下简称 000518），该股从 5 月 30 日起，至 6 月 5 日连续 5 个跌停。该起诉状称，按照有关规定，连续 3 个交易日涨跌幅超过 20%则属股票交易异常波动，需停盘一小时发布公告。事实上，5 月 30 日至 6 月 1 日 3 个交易日内，000518 已跌幅超过 30%，深交所未及时在 4 日作出停盘一小时的措施和信息披露。周宏认为，深交所组织、监督证券交易，对会员和上市公司监管，又是管理和公布信息的机构，其应当依法履行其法定职责，但其不作为，导致股民对该股和该公司的风险没有得到正确的提示，给股民的利益造成损失。中

国证监会作为证券市场监督管理机构，对证券交易所和上市公司有监督管理的职责，应对深交所违法不作为及时进行纠正。但证监会却未采取任何举措，侵害了股民的利益，应赔偿给股民造成的损失，依据《行政诉讼法》规定，依法提起诉讼，请求依法判决。[①]

二、观点分歧

第一种观点认为，本案不属于行政诉讼的受案范围，法院应当裁定不予受理。

第二种观点认为，法院应当受理此案。因为《行政诉讼法》规定，“公民、法人或者其他组织的合法权益受到行政机关或者行政机关工作人员作出的具体行政行为侵犯造成损害的，有权请求赔偿”。

三、提示与参考

根据《上海证券交易所交易规则》(上证发〔2020〕17 号)第 5.4.2 条规定：股票、封闭式基金竞价交易出现下列情形之一的，属于异常波动，本所分别公告该股票、封闭式基金交易异常波动期间累计买入、卖出金额最大 5 家会员营业部的名称及其买入、卖出金额：(1)连续 3 个交易日内日收盘价格涨跌幅偏离值累计达到±20%的；(2)连续 3 个交易日内日均换手率与前 5 个交易日的日均换手率的比值达到 30 倍，并且该股票、封闭式基金连续 3 个交易日内的累计换手率达到 20%的；(3)本所或证监会认定属于异常波动的其他情形。

《上海证券交易所交易规则》第 7.6 条规定：“本所对证券交易进行风险监测。出现重大异常波动的，本所可以采取限制交易、强制停牌等处置措施，并向证监会报告；严重影响证券市场稳定的，本所可以采取临时停市等处置措施并公告。具体办法由本所另行规定。”证券交易所针对股票交易异常波动的认定标准已经出现改变，并且不再强制要求交易所进行停牌公告。

案例 4.4：成都红光实业股份有限公司欺诈上市案

一、案情简介

红光公司于 1997 年 2 月 21 日在本公司召开会议，会上何行毅(原董事长)、焉占翠(原总司理)、刘正齐(原常务副总司理)和冉慧敏(副总司理，主管财政)等人明知 1996 年度公司亏损，不合适《中华人民共和国公司法》第 152 条之规定，即股份有限公司申请其股票上市必须符合近来 3 年持续盈利才能上市的要求，为了股票上市，抉择调整财

① 《重庆两股民状告中国证监会和交易所》，http://blog.sina.com.cn/s/blog_496a00a101000b3m.html，下载日期：2014 年 11 月 11 日。

政、虚增利润，采用改变折旧体例、虚开增值税专用发票(共计 2604.2 万元，没有抵扣税款)等手段，在 1997 年 5 月 23 日成都红光实业股份有限公司招股说明书概要中隐瞒 1996 年公司亏损 5377.8 万元的事实，虚增 1996 年公司净利润 5428 万元，虚报利润 10805.8 万元，骗取了股票上市资格，欺骗了股民。[①] 中国证监会认定红光公司的何行毅(原董事长)、焉占翠(原总司理)等为证券市场禁入者，永久性不得担任任何上市公司和从事证券业务机构的高级管理人员职务。

二、观点分歧

本案争议的焦点是中国证监会禁止何行毅与焉占翠等进入证券市场担任高级管理人员职务的处罚的合法性。

第一种观点认为，成都红光实业股份有限公司在招股说明书中虚构利润，构成了 1993 年国务院颁布的《股票发行与交易管理暂行条例》第 74 条第 1 款第(2)项所述的"在股票发行、交易过程中，作出虚假、严重误导性陈述或者遗漏重大信息的"行为。《证券市场禁入暂行规定》第 5 条的规定："被认定为市场禁入者的上市公司董事、监事、经理及其他高级管理人员，自中国证监会宣布决定之日起，3 至 10 年内不得担任任何上市公司和从事证券业务机构的高级管理人员职务；情节特别严重的，永久性不得担任任何上市公司和从事证券业务机构的高级管理人员职务。"中国证监会永久性禁止何行毅与焉占翠等进入证券市场担任高级管理人员职务就是依据上述规定作出的。

第二种观点认为，永久性禁止何行毅与焉占翠等进入证券市场担任高级管理人员职务的行政处罚过于严格，对于被处罚者的负面影响非常大。而且红光公司欺诈获取上市资格是多种社会因素所致，非何行毅与焉占翠等人所能决定，当时的公司上市资格在很大程度上实行的是额度审批制。

三、提示与参考

关于永久禁止进入证券市场的规定，根据 2015 年修订的《证券市场禁入规定》第 5 条的规定，有下列情形之一的，可以对有关责任人员采取终身的证券市场禁入措施：

(1)严重违反法律、行政法规或者中国证监会有关规定，构成犯罪的；

(2)从事保荐、承销、资产管理、融资融券等证券业务及其他证券服务业务，负有法定职责的人员，故意不履行法律、行政法规或者证监会规定的义务，并造成特别严重后果的；

(3)违反法律、行政法规或者中国证监会有关规定，采取隐瞒、编造重要事实等特别恶劣手段，或者涉案数额特别巨大的；

① 《红光实业：首例欺诈上市案》，http://www.cs.com.cn/gppd/14/20120315/201203/t20120315_3281547.html，下载日期：2014 年 11 月 11 日。

(4)违反法律、行政法规或者中国证监会有关规定，从事欺诈发行、内幕交易、操纵市场等违法行为，严重扰乱证券、期货市场秩序并造成严重社会影响，或者获取违法所得等不当利益数额特别巨大，或者致使投资者利益遭受特别严重损害的；

(5)违反法律、行政法规或者中国证监会有关规定，情节严重，应当采取证券市场禁入措施，且存在故意出具虚假重要证据，隐瞒、毁损重要证据等阻碍、抗拒证券监督管理机构及其工作人员依法行使监督检查、调查职权行为的；

(6)因违反法律、行政法规或者中国证监会有关规定，5 年内被中国证监会给予除警告之外的行政处罚 3 次以上，或者 5 年内曾经被采取证券市场禁入措施的；

(7)组织、策划、领导或者实施重大违反法律、行政法规或者中国证监会有关规定的活动的；

(8)其他违反法律、行政法规或者中国证监会有关规定，情节特别严重的。

案例 4.5：丹东欣泰电气股份有限公司欺诈发行股票案

一、案情简介

丹东欣泰电气股份有限公司(以下简称欣泰电气公司)成立于 1999 年 3 月 23 日，注册资本为 1.72 亿元。欣泰电气公司在磁控电抗器方面具有领先的技术，但行业竞争日趋激烈，为获得较大的市场竞争优势，欣泰电气公司实际控制人温德乙决定将公司上市。

2011 年 3 月 18 日，欣泰电气公司首次提出在创业板上市的申请被中国证监会驳回。理由在于其收购的 66kV 及以上油浸式变压器业务的有关资产对该公司持续盈利能力构成较大的不利影响，导致其持续盈利能力不符合公开发行股票的条件。为达成快速上市的目的，欣泰电气公司实际控制人温德乙与总会计师刘明胜合谋决定采取虚减应收账款、少计提坏账准备等手段，虚构有关财务数据，虚假包装公司持续盈利能力，并于 2011 年 11 月再次向证监会提交 IPO 申请。2012 年 7 月，欣泰电气公司通过创业板发审会的审核。2014 年 1 月 3 日，证监会核准欣泰电气公司在创业板上市。随后欣泰电气公司在《首次公开发行股票并在创业板上市招股说明书》中亦载入了具有重大虚假内容的财务报告。2014 年 1 月 27 日，欣泰电气公司股票在深圳证券交易所创业板挂牌上市，首次以每股发行价 16.31 元的价格向社会公众公开发行 1577.8 万股，共募集资金 2.57 亿元。

欣泰电气公司上市后，温德乙、刘明胜继续沿用前述手段进行财务造假，向公众披露了具有重大虚假内容的 2013 年年度报告、2014 年半年度报告、2014 年年度报告等重要信息。2017 年 7 月，深圳证券交易所决定欣泰电气公司退市、摘牌，主承销商兴业证券股份有限公司先行赔付1万余名投资人的损失共计2.36亿余元。欣泰电气公司受到证监会处罚后，认为处罚决定中对公司部分处罚较重，向中国证监会提起行政复议。2016年11月30日，证监会作出复议决定，维持对欣泰电气公司的处罚。欣泰电气公司仍不服行政复议决定，向北京市第一中级人民法院提起行政诉讼，请求法院撤销证监会行政处罚决定。北京市一中院于2017年5月4日作出一审判决，认定欣泰电气公司相关违法行为成立，中国证监会作出的行政处罚并无不当。经过行政复议、法院裁判后，欣泰电气公司成为因欺诈发行而被强制退市的第一案。[①]

二、观点分歧

第一种观点认为，欣泰电气公司的行为属于违规信息披露，而不构成欺诈发行，理由在于：(1)即使欣泰电气公司不进行财务造假，其也能满足首次发行股票的财务指标，不满足《证券法》第189条对欺诈发行的认定标准；[②](2)在之前的天丰节能、新大地等案件中，其财务造假情形比欣泰电气公司更为严重，但证监会并未认定上述公司构成欺诈发行。此外，温德乙并未实施过指使发行人欺诈发行的行为，而证监会并未区分其作为欣泰电气公司董事长和实际控制人的不同身份，对其分别按照直接负责的主管人员和实际控制人予以处罚，违反了行政处罚法规定的“一事不二罚款”原则。[③]

第二种观点认为，欣泰电气公司在报送的IPO申请文件中，相关年度财务数据存在虚假记载，不符合《证券法》第13条规定的发行条件。此外，温德乙作为实际控制人指使欣泰电气公司实施了相关违法行为。而根据《行政处罚法》的规定，在单位违法案件中，对于个人责任的处断，首先应当以个人实施的单个行为作为判断基础，再进一步结合其个人行为能否为单位集合意志所涵盖，综合判断其行为的单一性。在本案中，温德乙作为实际控制人所实施的行为，独立于公司集合意志，应当为其实施的数个行为分别承担相应的法律责任。[④]

三、提示与参考

本案是第一例上市公司在申请上市后因前后连续的财务造假而受到刑事处罚并被依法强制退市的案例，其中主要涉及欺诈发行问题。对此，相较于2014年修正的《证券法》，2019年修订的新《证券法》在证券发行条件部分作出较大幅度的修改：

第一，积极推进以信息披露为核心的证券发行注册制。以发审委为核心的核准制

① 《欣泰电气高院处理结果最新公告》，http://www.mnw.cn/news/cj/2000091.html，下载日期：2020年11月6日。

② 当时适用的《证券法》为2014年修正版。

③ 此为本案原告欣泰电气公司辩护律师代理意见。

④ 此为本案行政复议机关中国证监会的复议决定以及本案一审法院北京市第一中级人民法院的裁判意见。

在长期的实践中演变成事实上的审批制。证监会通过行使核准权对证券发行进行实质审查,不仅降低企业上市的效率与成功率,还因滋生权力滥用、腐败等问题消耗政府部门的公信力。而逐步推行的注册制,能够最大限度减少政府公权力对于企业上市环节的干预,通过充分的信息公开,将企业能否上市的决定权交给市场,从而使政府的工作重心由事前实质审查转向事中事后的严格监督。

第二,将“持续盈利能力”改为“持续经营能力”。2014年《证券法》规定的“持续盈利能力”在实践中常被等同于“持续盈利”,从而对发行企业的经营利润作出量化规定,阻碍众多具有高成长、高投入、实现盈利周期较长等特点的创新型企业的上市。而新《证券法》将证券公开发行条件改为“持续盈利能力”,体现政府监管思路的改变以及对暂时无法实现盈利,但具有潜力与发展前景的创新型企业、中小微企业的支持。

第三,进一步优化其他发行条件。[①] 新《证券法》将“最近三年财务会计文件无虚假记载”明确为“最近三年财务会计报告被出具无保留意见审计报告”,进一步强调了中介机构应当切实履职尽责;同时将“无其他重大违法行为”明确限缩为“发行人及其控股股东、实际控制人最近三年不存在贪污、贿赂、侵占财产、挪用财产或者破坏社会主义市场经济秩序的刑事犯罪”,增加对控股股东、实际控制人的规范性要求,强化少数关键主体的责任。

第四,强化信息披露。如前文所述,注册制是以信息披露为核心,因此新《证券法》特意新增专章对信息披露作出更加系统、明确的规定。在披露主体上,扩大信息披露义务人的范围,上市公司、公司债券上市交易的公司、股票在国务院批准的其他全国性证券交易场所交易的公司,都应当按照证监会和证券交易所规定的内容和格式编制定期报告;在披露内容上,强调应当真实、准确、完整、公平、及时、简明地披露投资者作出价值判断和决策投资所必需的信息;在处罚方面,除大幅度加大行政处罚力度外,还创造性地引入欺诈发行上市责令购回制度、先行赔付制度和证券集团诉讼制度,提高欺诈发行的违法成本,倒逼信息披露义务人切实履行信息披露义务。

案例4.6:中某通机械制造有限公司、卢某旺等人欺诈发行债券案

一、案情简介

2013年下半年,中某通机械制造有限公司(以下简称中某通公司)流动资金不足,公司董事长卢某旺为发行私募债券融资,与公司法定代表人卢某煊、原财务总监卢某光合谋,虚增公司营业收入5.13亿余元,虚增利润总额1.31亿余元、虚增资本公积金6555万余元、虚构某银行授信额度500万元、隐瞒外债2025万余元。利某会计师事务所(以

① 郭锋等:《证券法:制度精义与条文评注》,中国法制出版社2020年版,第131页。

下简称事务所)承接中某通公司审计项目后,未按审计准则要求对中某通公司账外收入和股东捐赠情况进行审计,在审计报告中虚增了上述营业收入、净利润和资本公积金。其中,事务所分所副所长杨某杰在出具重大失实报告中实施了组织、管理等行为;事务所项目经理陈某明实施了现场审计和初稿起草行为;王某宇作为事务所授权的签字注册会计师,在未按审计准则对中某通审计报告进行审核的情况下,草率签发审计报告;徐某作为注册会计师,在未实际参与中某通项目现场审计的情况下,应杨某杰要求在审计报告上署名。承销券商某证券公司以此为基础出具了《中某通公司非公开发行 2014 年中小企业私募债券募集说明书》。经向上海证券交易所备案,中某通公司于 2014 年 5 月至 7 月间非公开发行两年期私募债券共计 1 亿元,被相关投资人认购。2016 年该私募债券到期后,中某通公司无力偿付债券本金和部分利息,造成投资人重大经济损失。①

二、观点分歧

本案关于事实认定与法律适用部分无较大争议,被告单位中某通公司的诉讼代表人以及被告人卢某旺、卢某煊、卢某光和各自辩护人对于起诉指控的事实、证据、罪名均无异议。

三、提示与参考

本案的典型意义之一,是“严厉惩治中介机构参与财务造假,促进落实‘看门人’责任”②。中小企业私募债券市场是多层次资本市场的重要组成部分,能够有效解决中小企业融资难等问题。但部分中小企业的欺诈发行行为,严重损害了私募债券市场的信心。对此,资本市场中的证券公司、会计师事务所、律师事务所等中介机构,在信息不对称的环境中,更应当依法依规尽职履责,审慎开展专业服务。这一点在 2019 年新修订的《证券法》第 160 条中得以体现:“会计师事务所、律师事务所以及从事证券投资咨询、资产评估、资信评级、财务顾问、信息技术系统服务的证券服务机构,应当勤勉尽责、恪尽职守,按照相关业务规则为证券的交易及相关活动提供服务。”

在本案中,法院不单对发行人及其高管作出了刑事判罚,还较为罕见地对券商和会计师事务所工作人员的商业受贿及出具证明文件重大失实行为作出了刑事判罚。同时中国证券业协会也于 2019 年向中介机构下发修订后的《非公开发行公司债券项目承接负面清单指引》,进一步加强中介机构的业务规范。这些信号表明,证监会将加大对公司债券发行人日常监管的力度,将之作为一项长期持续性的重点工作进行,对欺诈发行行为进行全方位、立体性打击。

---

① 《证券违法犯罪典型案例发布》,https://baijiahao.baidu.com/s? id=1682655699183446917&wfr=spider&for=pc,下载日期:2020 年 11 月 7 日。

② 《最高检、证监会联合发布证券违法犯罪典型案例》,https://baijiahao.baidu.com/s? id=1682598851008628346&wfr=spider&for=pc,下载日期:2020 年 11 月 7 日。

第二节　证券交易

案例 4.7：黄光裕内幕交易民事赔偿纠纷案

一、案情简介

黄光裕作为中关村上市公司的董事及鹏泰公司的法定代表人，在公司重大资产置换、重组信息公告前，前后 3 次指令他人累计购入中关村股票 1.4 亿余股，成交额人民币 18 亿余元，账面收益近 4 亿余元。2010 年 5 月 18 日，北京市二中院以黄光裕犯内幕交易罪、非法经营罪和单位行贿罪数罪并罚，判处其有期徒刑 14 年，并处罚金人民币 6 亿元，没收个人财产人民币 2 亿元。在黄光裕内幕交易罪终审宣判后，股民李岩在 2011 年曾向北京市第二中级人民法院递交诉状，请求法院判决黄光裕、杜鹃等内幕交易责任人赔偿自己的损失，但最终撤诉，并在数日后与其他 3 名股民一起提起第二轮诉讼。开庭时有 2 名股东临时撤诉，原告人数减为 2 人，其中包括第一个向黄光裕提起诉讼请求的股民李岩。第一轮起诉时，李岩原索赔金额为 155 元，后追加至 89 万元，另一位吴姓股民索赔金额为 647 万元。原告方面提供的证据材料主要是原告证券账号名称、原告交易记录、被告判决书三份材料，并没有材料能够证明原告股票损失是由于黄光裕内幕交易造成的。[①]

二、观点分歧

第一种观点认为，《证券法》第 53 条规定，内幕交易行为给投资者造成损失的，行为人应当依法承担赔偿责任。表明只有投资者的损失是由内幕交易造成时，内幕交易行为人才对投资者承担赔偿责任。而原告提供的证据材料，无法证明这种因果关系。原告主张交易中关村股票损失的期间为 2007 年 8 月底至 2008 年 11 月 7 日，而在该期间乃至该期间前后，正是中国乃至全球因遭遇国际金融危机而发生股市崩盘之时，与中关村科技股份有限公司同类的股票平均下跌 80%，说明系统风险是导致股民损失的主要因素，且李岩等原告又是采取短线交易的方式，难以把握盈利。因此，原告的损失是系统风险和自身判断所致，原告在内幕交易期间没有损失而即使后来发生损失也与国美

① 《股民诉黄光裕内幕交易案索赔金额升至 700 余万》，http://finance.sina.com.cn/stock/yjdt/20120724/153712655646.shtml，下载日期：2014 年 11 月 12 日。

方面没有任何因果关系。[①] 法院应当驳回原告的诉讼请求。

第二种观点认为，应当由被告举证证明其内幕交易行为与原告所受损失之间不存在因果关系。因为内幕交易行为的专业性强，资本市场关系复杂，技术手段先进，涉及证券、期货、法律、会计、计算机和网络通信技术等诸多领域，内幕交易人往往具有较深的专业背景，熟悉资本市场运行规则和信息技术。而且最高人民法院2003年颁布的《关于审理证券市场因虚假陈述引发的民事赔偿案件的若干规定》第19条规定被告举证证明原告具有以下情形的，人民法院应当认定虚假陈述与损害结果之间不存在因果关系：(1)在虚假陈述揭露日或者更正日之前已经卖出证券；(2)在虚假陈述揭露日或者更正日及以后进行的投资；(3)明知虚假陈述存在而进行的投资；(4)损失或者部分损失是由证券市场系统风险等其他因素所导致的；(5)属于恶意投资、操纵证券价格的。对于内幕交易行为与股东损失之间的因果关系之认定，也可以类推适用上述司法解释的规定。

三、提示与参考

2007年至2016年中国证监会查处内幕交易案件共202件[②]，截至2016年，全国法院审结内幕交易、泄露内幕信息犯罪案件共106件[③]。内幕交易是我国《证券法》所禁止的几种主要类型的证券交易行为。2019年《证券法》第50条规定："禁止证券交易内幕信息的知情人和非法获取内幕信息的人利用内幕信息从事证券交易活动。"依据该法第51条的规定，证券交易内幕信息的知情人包括：(1)发行人及其董事、监事、高级管理人员；(2)持有公司5%以上股份的股东及其董事、监事、高级管理人员，公司的实际控制人及其董事、监事、高级管理人员；(3)发行人控股或者实际控制的公司及其董事、监事、高级管理人员；(4)由于所任公司职务或者因与公司业务往来可以获取公司有关内幕信息的人员；(5)上市公司收购人或者重大资产交易方及其控股股东、实际控制人、董事、监事和高级管理人员；(6)因职务、工作可以获取内幕消息的证券交易场所、证券公司、证券登记结算机构、证券服务机构的有关人员；(7)因职责、工作可以获取内幕消息的证券监督管理机构工作人员；(8)因法定职责对证券的发行、交易或者对上市公司及其收购、重大资产交易进行管理可以获取内幕消息的有关主管部门、监管机构的工作人员；(9)国务院证券监督管理机构规定的可以获取内幕消息的其他人员。

内幕信息是指在证券交易活动中，涉及公司的经营、财务或者对该公司证券的市场

---

① 此为被告代理律师付三中的观点。

② 张翕：《中国证监会内部交易行政处罚案例综述》，https://www.finlaw.pku.edu.cn/flyxjr/gk_hljryfl_20181025180041616718/2017_jrfy_20181029112500112638/zdeseq7y/239853.htm，下载日期：2020年11月12日。

③ 苏义飞：《内幕交易违法违规处罚数据分析》，https://www.lawtime.cn/article/lll417764141827350o661249，下载日期：2020年11月12日。

价格有重大影响的尚未公开的信息，包括但不限于：(1)公司的经营方针和经营范围的重大变化；(2)公司的重大投资行为，公司在一年内购买、出售重大资产超过公司资产总额的30%，或者公司营业用主要资产的抵押、质押、出售或者报废一次超过该资产的30%；(3)公司订立重要合同、提供重大担保或者从事关联交易，可能对公司的资产、负债、权益和经营成果产生重要影响；(4)公司发生重大债务和未能清偿到期重大债务的违约情况；(5)公司发生重大亏损或者重大损失；(6)公司生产经营的外部条件发生的重大变化；(7)公司的董事、1/3以上监事或者经理发生变动，董事长或者经理无法履行职责；(8)持有公司5%以上股份的股东或者实际控制人持有股份或者控制公司的情况发生较大变化，公司的实际控制人及其控制的其他企业从事与公司相同或者相似业务的情况发生较大变化；(9)公司分配股利、增资的计划，公司股权结构的重要变化，公司减资、合并、分立、解散及申请破产的决定，或者依法进入破产程序，被责令关闭；(10)涉及公司的重大诉讼、仲裁，股东大会、董事会决议被依法撤销或者宣告无效；(11)公司涉嫌犯罪被依法立案调查，公司的控股股东、实际控制人、董事、监事、高级管理人员涉嫌犯罪被依法采取强制措施；(12)公司债券信用评级发生变化；(13)公司重大资产抵押、质押、出售、转让、报废；(14)公司新增借款或者对外担保超过上年末净资产的20%；(15)公司放弃债权或者财产超过上年末净资产的10%；(16)公司发生超过上年末净资产10%的重大损失；(17)国务院证券监督管理机构规定的其他事项。

2019年《证券法》第53条第1款、第2款规定："证券交易内幕信息的知情人和非法获取内幕信息的人，在内幕信息公开前，不得买卖该公司的证券，或者泄露该信息，或者建议他人买卖该证券。持有或者通过协议、其他安排与他人共同持有公司百分之五以上股份的自然人、法人、非法人组织收购上市公司的股份，本法另有规定的，适用其规定。"《最高人民法院、最高人民检察院关于办理内幕交易、泄露内幕信息刑事案件具体应用法律若干问题的解释》第2条规定，具有下列行为的人员应当认定为《刑法》第180条第1款规定的"非法获取证券、期货交易内幕信息的人员"：(1)利用窃取、骗取、套取、窃听、利诱、刺探或者私下交易等手段获取内幕信息的；(2)内幕信息知情人员的近亲属或者其他与内幕信息知情人员关系密切的人员，在内幕信息敏感期内，从事或者明示、暗示他人从事，或者泄露内幕信息导致他人从事与该内幕信息有关的证券、期货交易，相关交易行为明显异常，且无正当理由或者正当信息来源的；(3)在内幕信息敏感期内，与内幕信息知情人员联络、接触，从事或者明示、暗示他人从事，或者泄露内幕信息导致他人从事与该内幕信息有关的证券、期货交易，相关交易行为明显异常，且无正当理由或者正当信息来源的。"内幕信息敏感期"是指内幕信息自形成至公开的期间。《证券法》第80条第2款所列"重大事件"的发生时间，第81条规定的"计划"、"方案"以及《期货交易管理条例》第81条第11项规定的"政策"、"决定"等的形成时间，应当认定为内幕信息的形成之时。影响内幕信息形成的动议、筹划、决策或者执行人员，其动议、筹划、决策或者执行初始时间，应当认定为内幕信息的形成之时。内幕信息的公开，是指内幕信息在国务院证券、期货监督管理机构指定的报刊、网站等媒体披露。

此外，2019 年《证券法》第 53 条第 3 款规定："内幕交易行为给投资者造成损失的，应当依法承担赔偿责任。"这是内幕交易民事赔偿请求的法律依据。但是该规定显然满足不了司法实践的需求，内幕交易民事赔偿作为一种侵权赔偿责任，其构成要件如何认定在司法上尚处于空白状态。首先，对于内幕交易行为与股东损害之间的因果关系如何认定是资本市场领域司法实践的难题；其次，对于股东损害具体数额的确定也存在较大的争议；[①]再次，认定内幕交易是否要求行为人主观上"以获取利益或者减少损失为目的"[②]？正是由于内幕交易民事赔偿法律制度的缺失，我国以往对证券市场发生的内幕交易案件，主要是进行行政处罚和刑事制裁，未能有效发挥民事赔偿制度对于内幕交易行为受害人的救济作用及其对内幕交易行为人的惩罚与威慑功能。2008 年 5 月 30 日，在南京召开的全国法院民商事审判工作会议，最高人民法院对内幕交易、操纵市场的侵权民事责任实际操作程序明确阐述：投资者对上述侵权行为人提起的民事诉讼，法院应当参照虚假陈述司法解释前置程序的规定来确定案件受理，并根据管辖的有关规定来确定案件管辖。不过，在黄光裕内幕交易案件之后出台的《最高人民法院、最高人民检察院关于办理内幕交易、泄露内幕信息刑事案件具体应用法律若干问题的解释》对于内幕交易民事赔偿问题仍然只字未提。

案例 4.8：8·16 光大证券乌龙指案

一、案情简介

2013 年 8 月 16 日，光大证券在按计划进行的套利交易中对交易员限定了 8000 万交易额度。交易员在 2013 年 8 月 16 日 11 时 5 分这个时间点一瞬间生成 26082 笔计划之外的以市价作为买入的委托形式的订单，3000 万股的 180ETF 计划内准备买入，以

---

① 如何确定投资者因为内幕交易行为所受的损失？理论界有三种计算方法：实际价值计算法、实际诱因计算法及差价计算法。实际价值计算法确定的损失金额为受害人进行证券交易时的价格与当时证券的实际价值之间的差额，但是实际价值难以确定；实际诱因计算法确定的损失金额为因内幕交易行为造成的证券价格波动，其他因素如资本市场系统性风险造成的价格波动不在损失之列，但是这些因素往往交织在一起，很难区分；差价计算法确定的损失金额为证券交易时的价格与内幕交易行为暴露后一段合理时间内的证券价格的差额。如我国台湾地区"证券交易法"规定的内幕交易行为人的赔偿额是内幕信息尚未公开前买入或者卖出的价格与公开后 10 个营业日收盘平均价格之间的差额。朱羿锟：《商法学——原理·图解·实例》，北京大学出版社 2012 年第 3 版，第 497 页。

② 施天涛教授认为，"尽管实际上行为人进行内幕交易几乎可以肯定是为了获取利益或者减少损失，但从内幕交易的责任构成来看，证券法的意图是显而易见的，即行为人是否具备主观动机不会影响到内幕交易的责任构成。据此，凡是在内幕交易发生至信息首次公开的期间内，买入或者卖出该证券的所有投资者，均可以对内幕交易人提起损害赔偿之诉讼。"施天涛：《商法学》，法律出版社 2010 年版，第 304 页。

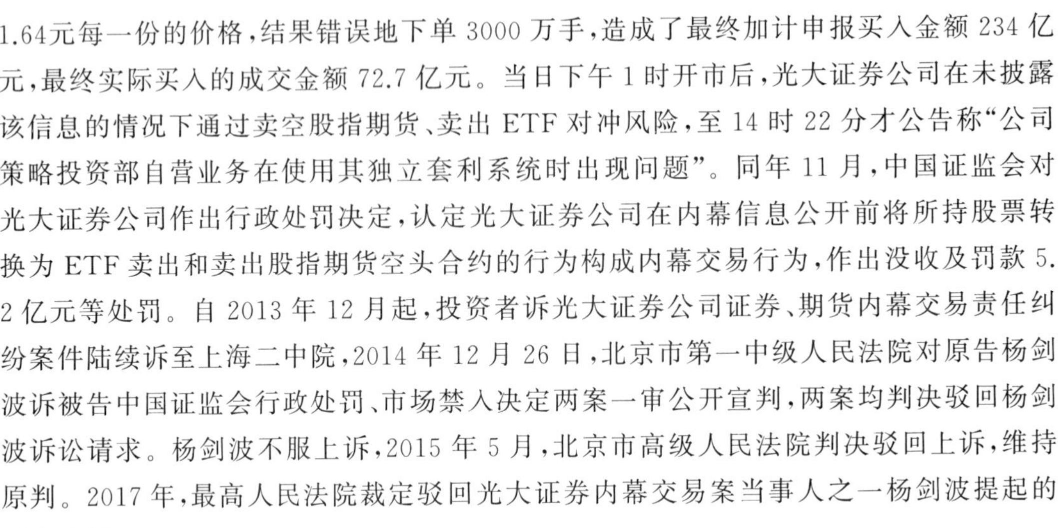

1.64元每一份的价格，结果错误地下单3000万手，造成了最终加计申报买入金额234亿元，最终实际买入的成交金额72.7亿元。当日下午1时开市后，光大证券公司在未披露该信息的情况下通过卖空股指期货、卖出ETF对冲风险，至14时22分才公告称“公司策略投资部自营业务在使用其独立套利系统时出现问题”。同年11月，中国证监会对光大证券公司作出行政处罚决定，认定光大证券公司在内幕信息公开前将所持股票转换为ETF卖出和卖出股指期货空头合约的行为构成内幕交易行为，作出没收及罚款5.2亿元等处罚。自2013年12月起，投资者诉光大证券公司证券、期货内幕交易责任纠纷案件陆续诉至上海二中院，2014年12月26日，北京市第一中级人民法院对原告杨剑波诉被告中国证监会行政处罚、市场禁入决定两案一审公开宣判，两案均判决驳回杨剑波诉讼请求。杨剑波不服上诉，2015年5月，北京市高级人民法院判决驳回上诉，维持原判。2017年，最高人民法院裁定驳回光大证券内幕交易案当事人之一杨剑波提起的再审申请。

二、观点分歧

第一种观点认为，根据《证券法》第80条第2款第12项以及《期货交易管理条例》第81条第11项的规定，内幕信息是对期货交易价格产生重大影响的尚未公开的信息，而证监会有权认定对证券或期货交易价格有显著影响的交易信息为内幕信息。光大证券因系统错误导致巨额交易的信息对于沪深300指数和股指期货合约价格均可能产生重要影响，并且该信息于当日下午2点22分之前处于非公开状态，因此证监会应当认定相关信息构成内幕信息。并且光大证券于同日下午利用这一未公开的信息优势进行大量的证券交易，构成内幕交易行为。

第二种观点认为，《证券法》与《期货交易管理条例》对于内幕信息的主体的内涵和外延已经作出明确规定，证监会依据抽象的兜底条款所作出的认定理由过于牵强。同时，光大证券具有上市公司与机构投资者的双重身份，其所发生的交易信息不属于内幕信息。即使认为构成内幕信息，按照《证券法》的规定相关信息需于当日下午1点钟之前披露，而根据公证机构调取国内的主要网站以及媒体报道的结果而言，国内各主流媒体在规定时间之前已经作出充分的披露，因此相关信息属于公开信息。同时，光大证券同日下午的证券交易行为是为了防范交易风险而实施的对冲行为，是基于既定计划、合同所从事的交易行为，不应该按照内幕交易对待。①

三、提示与参考

光大证券乌龙指案件系我国首例因巨额错单交易引发的证券行政处罚案件。法院通过此案明确了基于既定的交易计划豁免内幕交易的审查规则以及通过媒体揭露公开

① 此为本案原告杨剑波代理律师的代理意见。

内幕信息的审查标准。具体而言，虽然错单交易并不属于《证券法》第 80 条至第 81 条所列举的具体的重大事件，然而内幕消息的类型随着市场的发展变化是无穷无尽的，法律相比之下必然存在一定的滞后性，因此需要法律具有一定的概括性以及兜底条款的存在。而在依据兜底条款判断是否属于内幕交易时，应当透过现象看本质，判断是否对股票交易价格产生重大影响。同时，光大证券乌龙指事件不仅暴露出光大证券在高频套利业务存在严重的漏洞以及内部风险控制流于形式等风险，还反映出外部监管机关如交易所对券商的监管力度不足，这都为我国证券市场的发展敲响警钟，为防范类似案件再次发生，2017 年交易所已着手研究证券交易资金前端风险控制的相关措施。

此外，光大证券乌龙指案后续还引发众多股民提起民事索赔案，争议焦点集中于以下四个方面：(1)是否存在内幕交易行为；(2)内幕交易行为人是否具有主观过错；(3)投资者的经济损失与行为人的内幕交易是否存在因果关系；(4)内幕交易行为是否给投资者造成经济损失。对此，受案法院上海二中院认为：中国证监会的行政处罚以及相关行政诉讼生效判决已认定光大证券公司在内幕信息公开前将所持股票转换为 ETF 卖出和卖出股指期货空头合约的行为构成内幕交易行为，可以作为本案认定的依据。光大证券公司在不披露的情况下即进行所谓对冲操作以规避损失，应认定存在过错。其内部的《策略投资部业务管理制度》，不能违反禁止内幕交易的法律规定，不影响对光大证券公司过错的认定。在因果关系认定方面，在光大证券公司内幕交易期间，如果原告投资者进行 50ETF、180ETF 及其成分股、IF1309、IF1312 交易且其主要交易方向与光大证券公司内幕交易方向相反的，推定存在因果关系。光大证券公司应对其过错造成的投资者损失予以赔偿。至于损失计算，则应以原告投资者的实际交易情况，考虑交易价格与基准价格的差额，区分不同情况合理计算损失金额。而对于原告投资者在非内幕交易时间段进行的交易，属于跟风买入受损，光大证券公司对投资者的损失并无过错，无法认定存在法律上的因果关系，由投资者自行负担投资风险。①

案例 4.9：未得利益是否构成内幕交易罪

一、案情简介

2000 年 7 月上旬，D 上市公司与北京、深圳二高科技公司达成收购协议，定于 21 日对外正式公布此消息及配送股方案。D 公司董事长隋某认为此信息的公布能使公司股票增值，遂指使其助理高某于 18 日、19 日使用公司自有资金 700 余万元，以虚开的他人户头的名义，先后为公司买进本公司股票 144 万股。另外，D 公司董事王某得到上述内幕信息后，筹集资金 50 万元，于 20 日以个人名义买进本公司股票 10 万余股。后因其他

① 此为本案受理法院上海二中院的判决意见。

原因，D公司股票并未升值，反而大幅下跌，D公司为此损失1000余万元，王某也损失近30万元。D公司及王某的行为是否构成内幕交易罪呢？

二、观点分歧

第一种意见认为不构成内幕交易罪。《刑法》第180条规定："证券、期货交易内幕信息的知情人员或者非法获取证券、期货交易内幕信息的人员，在涉及证券的发行、交易或者其他对证券的价格有重大影响的信息尚未公开前，买入或者卖出该证券，或者从事与该内幕信息有关的期货交易，或者泄露该信息，或者明示、暗示他人从事上述交易活动，情节严重的，处五年以下有期徒刑或者拘役，并处或者单处违法所得一倍以上五倍以下罚金；情节特别严重的，处五年以上十年以下有期徒刑，并处违法所得一倍以上五倍以下罚金。"就本案而言，D公司及王某虽然实施了内幕交易的行为，但是并未实际取得任何非法利益，难以认定其属"情节严重"；且刑法规定对犯内幕交易罪的自然人"并处或单处违法所得一倍以上五倍以下罚金"，由于王某未有违法所得，无法计算应对其判处罚金的数额，并进而导致难以据此对王某适用罚金刑。因而对D公司及王某等人的行为不宜认定为构成内幕交易罪。

第二种观点认为构成内幕交易罪。D公司主要负责人隋某，知悉公司即将公布利好消息，动用公司资金提前大量买入公司股票，具有为本公司谋取非法利益的主观意图；王某作为知情人员，在内幕信息尚未公布之前，买入公司股票，符合《刑法》第180条及《刑法修正案（七）》第2条规定的内幕交易罪的犯罪构成要件。鉴于刑法规定内幕交易行为"情节严重"时才构成犯罪，如何认定呢？从刑法理论及司法实践来看，行为人非法牟利数额的大小往往被作为衡量情节严重与否的标准，但不应当是唯一标准。除此之外，非法买卖的证券价值数额是否巨大，实施内幕交易的次数的多少，是否给其他投资者造成严重损失或其他严重后果，是否引起股市动荡导致证券交易紊乱等等，都是判断情节严重与否需要考量的因素。因为内幕交易罪属于破坏社会主义市场经济秩序一类的犯罪，其犯罪客体是复杂客体，其主要侵犯的是国家对证券、期货市场的管理秩序。因此，只要行为人实施了侵害上述客体的行为就可以构成本罪，至于是否实际牟得非法利益则在所不问。本案中，D公司和王某等人尽管未实际牟得非法利益，但其用于非法买卖股票的金额巨大，严重地扰乱了正常的金融活动秩序，根据上述《最高人民检察院、公安部关于经济案件追诉标准的规定》中"内幕交易数额在20万元以上的，应予追诉"的规定，可以认定D公司和王某等人的行为已经具备了内幕交易罪所要求的"情节严重"的要件。[①]

① 《未取得利益是否构成内幕交易罪》，http://www.110.com/ziliao/article-58338.html，下载日期：2014年11月13日。

三、提示与参考

《最高人民检察院、公安部关于经济案件追诉标准的规定》对内幕交易罪的追诉标准是“内幕交易数额在20万元以上”，而不是以内幕交易获利数额确定追诉标准。当然，内幕交易获利数额可以作为量刑的酌定情节。

案例4.10：佛三照明虚假陈述民事赔偿纠纷案件

一、案情简介

2013年3月6日，佛山照明公告称，收到证监会广东监管局下发的行政处罚决定书。处罚书显示，佛山照明在2010年、2011年期间多次违反上市公司信息披露规定，对涉及关联方的重大担保事项，及与关联方日常经营相关的关联交易和投资、收购事项均未做如实披露等。公告一出，佛山照明股价持续下跌，投资者权益受损，随即引起股民维权索赔。从2013年4月起，全国各地的股民陆续向法院起诉。作为此案代理律师之一，浙江裕丰律师事务所律师厉健表示，此案接受股民委托、代理起诉的工作将持续至2015年3月6日时效届满为止，初步推算2年期满原告人数可能突破2000人、索赔金额或突破2亿元。①

二、观点分歧

第一种观点认为，佛山照明不因为证监会对其信息披露违规的处罚而对股民承担虚假陈述民事赔偿。首先，佛山照明对于关联交易的隐瞒，因金额未达到重大事件的标准，主观上也未对财务数据或事件进行篡改，性质上只构成“未披露的非重大事件”，不构成虚假陈述。其次，即使上述行为构成虚假陈述，但该行为与佛山照明股东因为股价下跌所受的损失之间不存在因果关系。因为佛山照明股价的下跌，不是信息披露的问题造成的，而是由于经济大环境，美国次贷危机，央行提高准备金率、大小非解禁等一系列因素造成大盘存在系统性风险。除了系统性风险导致了佛山照明股价的下跌之外，还有锂电、LED行业不景气，毛利润率下降等公司基本面的因素都导致公司股价的下跌。

第二种观点认为，佛山照明对其股民负有虚假陈述民事赔偿责任。首先，佛山照明信息披露违规问题涉及关联交易，而关联交易属于未予披露的重大事件，因而其行为构成虚假陈述。其次，股民所受损失并非大盘系统性风险所致或行业因素所致。大盘在

---

① 《佛山照明虚假陈述股民索赔7000万》，http://economy.southcn.com/e/2013-10/03/content_80620361.htm，下载日期：2014年11月13日。

佛山照明股价波动期只是正常波动，下降了约4%，而佛山照明却下跌了超40%，它的走势并不与大盘相符，是佛山照明虚假陈述造成的。

三、提示与参考

在我国证券市场上，曾经发生过一系列的上市公司虚假陈述案件，如“东方电子案”“大庆联谊案”“银广夏案”等。[①] 这些案件引发了全社会对证券市场虚假陈述民事赔偿问题的高度关注。最高人民法院在2003年颁布了《关于审理证券市场因虚假陈述引发的民事赔偿案件的若干规定》，该司法解释成为我国法院审理证券市场虚假陈述民事赔偿案件的主要法律依据。

（一）虚假陈述的认定

依据该司法解释第17条的规定，证券市场虚假陈述，是指信息披露义务人违反证券法律规定，在证券发行或者交易过程中，对重大事件作出违背事实真相的虚假记载、误导性陈述，或者在披露信息时发生重大遗漏、不正当披露信息的行为。虚假记载，是指信息披露义务人在披露信息时，将不存在的事实在信息披露文件中予以记载的行为。误导性陈述，是指虚假陈述行为人在信息披露文件中或者通过媒体，作出使投资人对其投资行为发生错误判断并产生重大影响的陈述。重大遗漏，是指信息披露义务人在信息披露文件中，未将应当记载的事项完全或者部分予以记载。不正当披露，是指信息披露义务人未在适当期限内或者未以法定方式公开披露应当披露的信息。

（二）虚假陈述与损害结果之间的因果关系认定

投资人具有以下情形的，法院应当认定虚假陈述与损害结果之间存在因果关系：(1)投资人所投资的是与虚假陈述直接关联的证券；(2)投资人在虚假陈述实施日及以后，至揭露日或者更正日之前买入该证券；(3)投资人在虚假陈述揭露日或者更正日及以后，因卖出该证券发生亏损，或者因持续持有该证券而产生亏损。虚假陈述实施日，是指作出虚假陈述或者发生虚假陈述之日；虚假陈述揭露日，是指虚假陈述在全国范围发行或者播放的报刊、电台、电视台等媒体上，首次被公开揭露之日；虚假陈述更正日，是指虚假陈述行为人在中国证券监督管理委员会指定披露证券市场信息的媒体上，自行公告更正虚假陈述并按规定履行停牌手续之日。

被告举证证明原告具有以下情形的，人民法院应当认定虚假陈述与损害结果之间

---

① 1999年银广夏的每股盈利0.51元，2000年年报披露的业绩是每股收益0.827元。股价则从13.97元启动，一路狂升，至2000年4月19日涨至35.83元，并创下37.99元新高，全年上涨440%，高居沪深两市首位。2001年8月2日，《财经》杂志发表题为《银广夏陷阱》的署名文章，揭露银广夏1999年度、2000年度业绩绝大部分来自造假。银广夏被揭下造假的面纱后，股价又一路狂跌，经历证券市场上史无前例的16个跌停板后，跌至6元以下，广大中小投资人损失惨重。

不存在因果关系:(1)在虚假陈述揭露日或者更正日之前已经卖出证券;(2)在虚假陈述揭露日或者更正日及以后进行的投资;(3)明知虚假陈述存在而进行的投资;(4)损失或者部分损失是由证券市场系统风险等其他因素所导致;(5)属于恶意投资、操纵证券价格的。

(三)虚假陈述所致损失的认定

因为虚假陈述导致证券被停止发行的,投资人有权要求返还和赔偿所缴股款及银行同期活期存款利率的利息。

虚假陈述行为人在证券交易市场承担民事赔偿责任的范围,以投资人因虚假陈述而实际发生的损失为限。投资人实际损失包括:(1)投资差额损失;(2)投资差额损失部分的佣金和印花税。以上所涉资金利息,自买入至卖出证券日或者基准日,按银行同期活期存款利率计算。

投资差额损失计算的基准日,是指虚假陈述揭露或者更正后,为将投资人应获赔偿限定在虚假陈述所造成的损失范围内,确定损失计算的合理期间而规定的截止日期。基准日分别按下列情况确定:

(1)揭露日或者更正日起,至被虚假陈述影响的证券累计成交量达到其可流通部分100%之日。但通过大宗交易协议转让的证券成交量不予计算。

(2)按前项规定在开庭审理前尚不能确定的,则以揭露日或者更正日后第30个交易日为基准日。

(3)已经退出证券交易市场的,以摘牌日前一交易日为基准日。

(4)已经停止证券交易的,可以停牌日前一交易日为基准日;恢复交易的,可以依据第一种规定确定基准日。

投资人在基准日及以前卖出证券的,其投资差额损失,以买入证券平均价格与实际卖出证券平均价格之差,乘以投资人所持证券数量计算。

投资人在基准日之后卖出或者仍持有证券的,其投资差额损失,以买入证券平均价格与虚假陈述揭露日或者更正日起至基准日期间,每个交易日收盘价的平均价格之差,乘以投资人所持证券数量计算。

投资人持股期间基于股东身份取得的收益,包括红利、红股、公积金转增所得的股份以及投资人持股期间出资购买的配股、增发股和转配股,不得冲抵虚假陈述行为人的赔偿金额。

(四)共同侵权责任

发起人对发行人信息披露提供担保的,发起人与发行人对投资人的损失承担连带责任。证券承销商、证券上市推荐人或者专业中介服务机构,知道或者应当知道发行人

或者上市公司虚假陈述,而不予纠正或者不出具保留意见的,构成共同侵权,对投资人的损失承担连带责任。但有证据证明无过错的,应予免责。

发行人、上市公司、证券承销商、证券上市推荐人负有责任的董事、监事和经理等高级管理人员有下列情形之一的,应当认定为共同虚假陈述,分别与发行人、上市公司、证券承销商、证券上市推荐人对投资人的损失承担连带责任:(1)参与虚假陈述的;(2)知道或者应当知道虚假陈述而未明确表示反对的;(3)其他应当负有责任的情形。但有证据证明无过错的,应予免责。

(五)虚假陈述民事赔偿案件的管辖

虚假陈述证券民事赔偿案件,由省、直辖市、自治区人民政府所在的市、计划单列市和经济特区中级人民法院管辖。

投资人对多个被告提起证券民事赔偿诉讼的,按下列原则确定管辖:

(1)由发行人或者上市公司所在地有管辖权的中级人民法院管辖。但是,人民法院受理以发行人或者上市公司以外的虚假陈述行为人为被告提起的诉讼后,经当事人申请或者征得所有原告同意后,可以追加发行人或者上市公司为共同被告。人民法院追加后,应当将案件移送发行人或者上市公司所在地有管辖权的中级人民法院管辖。当事人不申请或者原告不同意追加,人民法院认为确有必要追加的,应当通知发行人或者上市公司作为共同被告参加诉讼,但不得移送案件。

(2)对发行人或者上市公司以外的虚假陈述行为人提起的诉讼,由被告所在地有管辖权的中级人民法院管辖。

(3)仅以自然人为被告提起的诉讼,由被告所在地有管辖权的中级人民法院管辖。

案例 4.11:"股市黑嘴"汪建中操纵证券市场价格案

一、案情简介

汪建中在担任北京首放投资顾问有限公司负责人期间,于 2006 年 7 月至 2008 年 5 月间,使用本人及他人名义开立了多个证券账户,采取先行买入相关证券,后利用公司名义在"新浪网""搜狐网"、上海证券报、证券时报等媒介对外推荐该证券,人为影响证券交易价格,并于上述信息公开后马上卖出相关证券,以获取个人非法利益的交易方式操纵证券交易价格。他操纵证券市场共计 55 次,累计买入成交额人民币 52.6 亿余元,累计卖出成交额人民币 53.8 亿余元,非法获利共计人民币 1.25 亿余元归个人所有。2008 年 10 月 23 日,经证监会认定,汪建中构成《证券法》所述的"操纵证券市场"行为,并按照规定对汪建中进行行政处罚,没收其超过 1.25 亿元的违法所得,并处以罚款 1.25

亿元。同时,对汪建中采取终身市场禁入措施,并将该案移送司法机关。[①]

二、观点分歧

本案属于我国证券市场发生的新型操纵证券市场价格的案件,其争议的焦点是对于“抢先交易”行为的性质如何认定。“抢先交易”俗称“抢帽子”交易,指证券公司、证券咨询机构、专业中介机构及其工作人员,买卖或者持有相关证券,并对该证券或其发行人、上市公司公开作出评价、预测或者投资建议,以便通过期待的市场波动取得经济利益的行为。本案中,汪建中作为证券咨询机构的法定代表人,先期购买证券,再向社会公众公布建议买入对应证券的咨询意见,最后提前卖出相关证券的行为,属于典型的抢先交易行为。对于抢先交易行为能否以操纵证券市场定罪处罚,存在以下两种针锋相对的观点。

第一种观点认为,汪建中的行为不构成操纵证券市场价格。因为其行为并不属于2005年《证券法》第77条所规定的操纵证券市场的行为,汪建中的行为并未被《证券法》明文禁止。在法律没有明文规定的情况下,汪建中的行为的违法性就难以界定。

第二种观点认为,汪建中的行为构成操纵证券市场价格。尽管《证券法》未明文规定汪建中这种操纵证券市场的行为类型,但是该法第77条第1款做了一个“以其他手段操纵证券市场”的概括性规定,依据禁止不公平交易的立法精神,该行为应予严惩。

三、提示与参考

根据2019年新修订的《证券法》第55条的规定,“禁止任何人以下列手段操纵证券市场,影响或者意图影响证券交易价格或者证券交易量:(6)对证券、发行人公开作出评价、预测或者投资建议,并进行反向证券交易”。因此,按照新《证券法》的规定,汪建中的行为已经构成操纵证券市场价格。这一改动将对股评人的行为规范产生约束和警示作用。

案例4.12:瑞幸咖啡虚假陈述案

一、案情简介

瑞幸咖啡注册地在开曼群岛,经境外监管机构注册发行证券并于2019年5月17日,在美国纳斯达克股票市场上市,创造了中国创业公司的IPO最快上市纪录,主承销商是摩根士丹利、瑞士信贷、中金公司和海通国际,IPO涉及的中国律所包括金杜、竞天

① 华晔迪:《首例操纵市场赔偿纠纷案立案　汪建中成第一个被告人》,http://stock.hexun.com/2011-03-22/128124839.html,下载日期:2014年11月14日。

公诚，审计机构为安永华明会计师事务所。

2020 年 1 月 17 日，瑞幸咖啡创下最高报价 51.38 美元。

2020 年 2 月 1 日，著名调查机构浑水研究（美国 Muddy Waters 公司）收到了一份来自匿名者的做空报告，这一份长达 89 页的报告直指瑞幸咖啡（LK.US）正在捏造公司财务和运营数据。2020 年 2 月 3 日，瑞幸咖啡发布公告，否认浑水做空报告中的所有指控，并表示打算采取适当的措施，保护自己免受恶意指控，保护股东的利益。

2020 年 3 月 25 日，美国多家律师事务所发布声明，提醒投资者，有关瑞幸咖啡的集体诉讼最后提交期限为 2020 年 4 月 13 日。

2020 年 4 月 2 日，瑞幸咖啡提交给美国证券交易委员会（SEC）的文件显示，公司董事会内部调查表明，自 2019 年第二季度到 2019 年第四季度，瑞幸咖啡与虚假交易相关的总销售金额约为人民币 22 亿元；在此期间，某些成本和费用也因虚假交易大幅膨胀。

2020 年 4 月 3 日，中国证监会发布声明，高度关注瑞幸咖啡财务造假事件，对该公司财务造假行为表示强烈的谴责。①

二、观点分歧

瑞幸咖啡注册地在开曼群岛，并于美国纳斯达克股票市场上市，作为一家在中国经营的公司是否能够适用我国 2019 年新修订并于 2020 年 3 月实施的新《证券法》存在一定的争议。

第一种观点认为，虽然瑞幸咖啡是在美国上市，但是根据新《证券法》第 2 条第 4 款的规定，其虚假陈述行为损害了我国境内投资者合法权益的，我国证券监督管理机构有权依照《证券法》相关规定处理并追究法律责任。

第二种观点认为，瑞幸咖啡的虚假陈述行为导致股价的暴跌必然损害境内投资者的合法权益，然而根据已披露的消息，该虚假陈述行为发生于 2019 年第二季度至第四季度，而新证券法的实施时间为 2020 年 3 月 1 日，且上述规定并非程序性条款，直接影响了行为人的实体性权利，可能无法突破“法不溯及既往”的基本原则，故该条款在本案的适用上可能存在障碍。②

第三种观点认为，应当对新《证券法》第 2 条第 4 款进行限缩解释，即规制对象仅针对诸如 A+H、A+N、A+S 以及以那些通过存托凭证回归境内证券市场的红筹公司。对于主体资产在境内，发行主体在境外的单纯红筹结构，虽具有中国资产的联结点，但没有证券监管意义上的密切联系点，不应当依照该条款适用瑞幸等以单纯红筹结构上市的公司，除非这些公司在 IPO 过程中（或者其控股股东在证券交易过程中）违反中国

① 《证监会谴责瑞幸咖啡造假》，https://kuaibao.qq.com/s/20200405AZPAGV00? refer=spider，下载日期：2020 年 11 月 14 日。

② 此为国浩律师事务所万志尧律师的观点。《瑞幸财务造假案五大法律焦点》，https://www.thepaper.cn/newsDetail_forward_6824214，下载日期：2020 年 11 月 16 日。

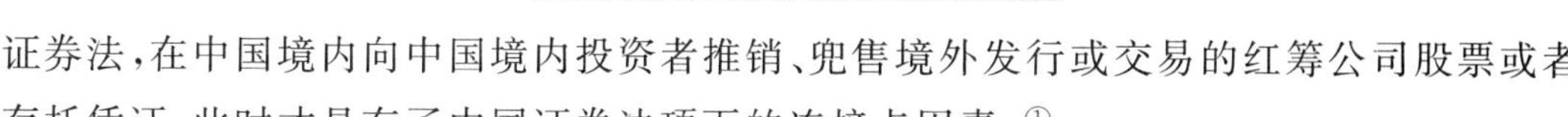

证券法，在中国境内向中国境内投资者推销、兜售境外发行或交易的红筹公司股票或者存托凭证，此时才具有了中国证券法项下的连接点因素。[①]

三、提示与参考

由于瑞幸咖啡自身已经承认了财务造假行为，并且浑水公司所提供的证据也能够充分证明该财务造假行为的存在，因此关于瑞幸咖啡虚假陈述的关注焦点主要集中于其民事责任的认定。鉴于瑞幸咖啡是在境外美国纳斯达克股票市场上市，其虚假陈述行为也主要违反了美国证券法的规定。例如基于安然、世通等作假丑闻而通过的 2002 年《萨班斯-奥克斯法案》第 409 条规定："证券发行人必须在迅速和及时的基础上对其财务状况或者运营的重大变化进行披露。"而对于虚假陈述可能承担的法律责任，美国法上也作出了严格的规定，例如美国《1934 年证券交易法》第 32 条 a 款规定，任何个人和组织在法定信息披露文件中作出欺诈或虚假陈述等行为，将被处以不超过 100 万美元的罚款或被判不超过 10 年的有期徒刑，或者同时处以两种惩罚；美国《萨班斯一奥克斯利法案》对于证券欺诈，规定了最高 25 年监禁和巨额罚款。[②]

我国于 2020 年 3 月正式实施的新《证券法》以及 2019 年底最高人民法院发布的《全国法院民商事审判工作会议纪要》（以下简称《九民纪要》）对于证券市场虚假陈述的赔偿制度进行了一定的细化与修改。第一，加大对虚假陈述主体的追责。2014 年《证券法》（以下简称原《证券法》）第 69 条关于虚假陈述的责任主体主要限制为发行人与上市公司，而新《证券法》第 85 条以信息披露义务人一词取代原有的规定，意味着证券市场上任何负有信息披露义务的主体均可能承担虚假陈述民事赔偿责任。[③] 同时，新《证券法》对于发行人控股股东和实际控制人的归责原则也从原来的过错原则修改为过错推定原则，这无疑将减轻投资者的举证压力以及强化对券商从业人员的合规要求。第二，确立集团诉讼制度。新《证券法》第 95 条正式确立了集团诉讼制度，按照"默示加入，明示退出"的机制，一来避免大量繁杂的公告、申报手续，有效降低投资者的维权成本，从而提高证券集体诉讼的索赔标的规模，二来也允许投资者自主选择放弃参与集团诉讼，保障其自主诉权。第三，虚假陈述揭露日的认定标准发生改变。虚假陈述揭露日的认定关乎投资者损失的计算。根据 2003 年《最高人民法院关于审理证券市场因虚假陈述引发的民事赔偿案件的若干规定》第 20 条第 2 款的规定："虚假陈述揭露日，是指虚假陈述在全国范围发行或者播放的报刊、电台、电视台等媒体上，首次被公开揭露之日。"

① 此为华东政法大学国际金融法律学院郑彧教授的观点。《瑞幸财务造假案五大法律焦点》，https://www.thepaper.cn/newsDetail_forward_6824214，下载日期：2020 年 11 月 16 日。

② 李有星、潘政：《瑞幸咖啡虚假陈述案法律适用探讨——以中美证券法比较为视角》，载《法律适用》2020 年第 9 期。

③ 《新证券法施行以及九民纪要对证券虚假陈述案件的影响》，https://www.sohu.com/a/384448021_100138309，下载日期：2020 年 11 月 14 日。

由于仅对揭露载体而未对揭露方式、揭露程度等作出具体的规定，过去司法实践中的通常做法是将监管部门作出《行政处罚事先告知书》之日作为揭露日，这并不能符合全部虚假陈述案件的真实情况。因此，《九民纪要》第84条指出："虚假陈述的揭露和更正，是指虚假陈述被市场所知悉、了解，其精确程度并不以'镜像规则'为必要，不要求达到全面、完整、准确的程度。"这使得法院在认定虚假陈述揭露日时能摆脱对监管机关行政处罚的依赖，从是否足以引起投资者警示这一角度对虚假陈述揭露日进行认定，从而更接近实现个案公平。但是，这一判断标准仍然较为抽象，难以准确把握投资者受到警示的界限，有待今后更为精细与科学化的阐明。

案例4.13：首例操纵证券市场民事赔偿案一审被驳回

一、案情简介

2009年4月16日，中国证监会对程文水、刘延泽操纵ST钛白案依法作出行政处罚决定书。中国证监会认定：程文水和刘延泽二人实际控制北京嘉利九龙商城有限公司等公司，并通过上述公司设立的股票账户进行了*ST钛白的股票交易。河北夏成龙拉链有限公司将其营业执照出借给程文水和刘延泽办理证券账户，并由当事人指使的个人进行*ST钛白的股票交易活动，其行为构成《证券法》规定的"操纵证券市场"行为，并依法对程文水罚款300万元、对刘延泽罚款200万元。根据《证券法》第77条第2款的规定："操纵证券市场行为给投资者造成损失的，行为人应当依法承担赔偿责任。"根据上述行政处罚决定书所认定的事实和《证券法》的上述规定，2009年7月至2011年3月，宋一欣律师和薛洪增律师分别接受18名*ST钛白投资者委托，代理原告向北京二中院递交了民事起诉书及相关证据材料，对程文水、刘延泽二人操纵ST钛白赔偿纠纷案提起了民事诉讼。[①]

二、观点分歧

第一种观点认为，被告应当承担赔偿责任。因为《证券法》第55条第2款规定，"操纵证券市场行为给投资者造成损失的，行为人应当依法承担赔偿责任"。尽管操纵证券市场与损害结果之间因果关系的确定以及行为人承担赔偿责任数额的范围、损失的计算方法，现行法律法规、司法解释均无明文规定，但是可以参照《最高人民法院关于审理证券市场因虚假陈述引发的民事赔偿案件的若干规定》认定操纵证券市场的民事赔偿

---

① 《首例操纵证券市场民事赔偿案被驳回》，http://stock.jrj.com.cn/2011/12/16030711845945.shtml，下载日期：2020年11月14日。

责任和损失的计算数额。①

第二种观点认为，买卖股票系投资行为，投资本身即存在盈亏风险，股票的涨跌受该上市公司的财务、经营状况、所属行业景气程度以及大盘指数等因素影响，原告投资ST钛白股票产生的损失，不能认定是由涉案操纵行为直接造成的。②

三、提示与参考

（一）操纵证券市场的含义及类型

操纵证券市场本质上是一种欺骗性行为，是人为地变动或者固定证券市场行情，改变市场供求关系，人为造成有利于自己的价格态势，欺骗广大投资者，从而为自己谋取利益。可见，操纵证券市场具有扭曲证券市场正常价格、侵犯投资者合法权益及破坏证券市场秩序等危害性。因此，操纵证券市场是各国证券法普遍禁止的证券交易行为。

我国2019年《证券法》第55条规定禁止任何人以下列手段操纵证券市场：

1.单独或者通过合谋，集中资金优势、持股优势或者利用信息优势联合或者连续买卖，操纵证券交易价格或者证券交易量。它具体表现为连续买卖和联合操纵。

2.与他人串通，以事先约定的时间、价格和方式相互进行证券交易，影响证券交易价格或者证券交易量。它通常表现为相对委托，即双方合谋做相对交易的委托，人为增加了各自证券的交易量，以此做市诱使其他投资者跟进买卖该证券。

3.在自己实际控制的账户之间进行证券交易，影响证券交易价格或者证券交易量。这是一种典型的虚假证券买卖，实际上是自买自卖行为，证券所有权并未发生真正的转移。

4.不以成交为目的，频繁或者大量申报并撤销申报。

5.利用虚假或者不确定的重大信息，诱导投资者进行证券交易。

6.对证券、发行人公开作出评价、预测或者投资建议，并进行反向证券交易。

7.利用在其他相关市场的活动操纵证券市场。

8.操纵证券市场的其他手段。这是一个概括性规定，旨在为规制日后不断出现的新的操纵证券市场手段提供法律依据。例如，对于“稳定操作”是否属于以其他手段操纵证券市场理论界就存在不同的意见。所谓“稳定操作”，是指以稳定或者安定证券市场行情为目的而进行的证券交易。有人认为，它本质上也是以一种人为的方式确定市场交易价格的行为，是一种欺诈行为，因而应当予以禁止；有人认为，市场稳定机制是一种暂时缓解证券供过于求的必要手段，有必要在某些情形下允许进行“稳定操作”，但是也应当对其加以严格限制，以免使投资者成为滥用“稳定操作”的不法承销商和发行人

① 此为本案原告及其代理律师所持的意见。

② 此为北京市第二中级人民法院所持的裁判意见。

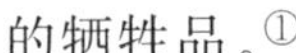

的牺牲品。①

(二)操纵证券市场的法律责任

操纵证券市场行为人可能承担的法律责任包括民事责任、行政责任与刑事责任。2019年《证券法》第55条第2款规定,“操纵证券市场行为给投资者造成损失的,行为人应当依法承担赔偿责任”。此为追究操纵证券市场行为人民事责任的法律依据,但是该规定缺乏操作性。在美国证券法上,投资者请求赔偿操纵证券市场行为对其产生的损失应当在民事诉讼程序中证明自己属于适格原告、被告实施了操纵行为并具有主观明知、操纵行为与投资者损失之间具有因果关系;损害赔偿合法且合理等法律要素。反观我国的相关法律,对于如何认定操纵证券市场行为与股东所受损害之间的因果关系、②操纵证券市场民事赔偿责任适用何种归责原则、赔偿范围的界定及其计算方式等诸多问题都未能予以明确。这也是首例操纵证券市场民事赔偿案件原告诉讼请求被驳回的主要原因所在。操纵证券市场民事赔偿制度尚有待于进一步完善。

2019年《证券法》第192条规定:“违反本法规定,操纵证券市场的,责令依法处理其非法持有的证券,没收违法所得,并处以违法所得一倍以上十倍以下的罚款;没有违法所得或者违法所得不足一百万元的,处以一百万元以上一千万元以下的罚款。单位操纵证券市场的,还应当对直接负责的主管人员和其他直接责任人员给予警告,并处以五十元以上五百万元以下的罚款。”此为追究操纵证券市场行为人行政责任的法律依据。《刑法》第182条规定:“有下列情形之一,操纵证券、期货市场,情节严重的,处五年以下有期徒刑或者拘役,并处或者单处罚金;情节特别严重的,处五年以上十年以下有期徒刑,并处罚金:(一)单独或者合谋,集中资金优势、持股或者持仓优势或者利用信息优势联合或者连续买卖,操纵证券、期货交易价格或者证券、期货交易量的;(二)与他人串通,以事先约定的时间、价格和方式相互进行证券、期货交易,影响证券、期货交易价格或者证券、期货交易量的;(三)在自己实际控制的账户之间进行证券交易,或者以自己为交易对象,自买自卖期货合约,影响证券、期货交易价格或者证券、期货交易量的;(四)以其他方法操纵证券、期货市场的。单位犯前款罪的,对单位判处罚金,并对其直接负责的主管人员和其他直接责任人员,依照前款的规定处罚。”此为追究操纵证券市场行为人刑事责任的法律依据。

---

① 施天涛:《商法学》,法律出版社2010年版,第304～305页。

② 美国操纵证券市场民事诉讼的原告应当提供证据证明“交易关联”与“损失关联”两种类型的因果关系。“交易关联”是指原告从事的证券交易行为与被告实施的操纵行为之间具有客观且合理的因果联系;“损失关联”是指原告应当证明其基于被告实施的操纵行为而进行的相关证券交易实际产生了损失。谢杰:《操纵证券市场民事诉讼机制》,http://www.110.com/ziliao/article-274233.html,下载日期:2014年11月14日。

案例 4.14:王鲁穗诉四川省证券股份有限公司股票纠纷案

一、案情简介

1994 年 8 月 10 日,原告王鲁穗委托玉龙营业部以每股 3.217 元买进“河北华药”股票 1000 股。次日 10 时 22 分 48 秒,王鲁穗又发出指令,委托玉龙营业部以每股 5 元卖出该股票。由于玉龙营业部场内交易员操作不慎,将该卖出指令错敲成买进,在王鲁穗名下以每股 5 元买进“河北华药”股票 1000 股。因该错买数据不能与王鲁穗的委托卖出数据配对,经电脑识别发现错误后,遂将该笔错买剔出放在证券公司错账单抛股交割清单上,由证券公司自购,未动用王鲁穗资金。但此笔错买进的“河北华药”1000 股仍放入王鲁穗股票账户。同时,证券公司将王鲁穗委托卖出未成交的“河北华药”股票亦放在 8 月 11 日的交割清单上。“河北华药”股票该日开盘价为 4.90 元,收盘价为 5.11 元,最高价为 5.98 元,最低价为 4.65 元。8 月 12 日 9 点 30 分,玉龙营业部在股市开盘时,将前日错买进的“河北华药”1000 股放在 F18 大户席位,以每股 5.34 元价格申报卖出,所有买进和卖出的资金均通过王鲁穗账户。同日,王鲁穗领取 11 日的交割清单时,知悉其委托卖出的“河北华药”1000 股未成交。当日 10 点 17 分 9 秒,王鲁穗将前日委托卖出而未成交的“河北华药”1000 股以每股 5.30 元申报卖出,也未成交,撤单后又以每股 5.70 元申报卖出,再次不成交。再撤单后于同日 15 点 22 分 28 秒以每股 5.10 元申报委托证券公司卖出,最后分两次通过王鲁穗锁定的 212 席位成交,平均成交价格为每股 5.172 元。8 月 19 日,证券公司将其处理错账买进的“河北华药”股票卖出价款 5301.62 元从王鲁穗账上转走。原告认为,由于错账干扰,致使其在 8 月 11 日所做的正常交易失败。虽在次日将错购股票卖出,但卖价很不理想。原告要求证券公司赔偿由此而给其造成的经济损失 3 万元,并承担本案诉讼费用。审理中,原告又要求变更诉讼请求为:证券公司应赔偿直接和间接损失共 77383.70 元。[①]

二、观点分歧

第一种观点认为,原告王鲁穗所诉 1994 年 8 月 11 日我公司场内交易员不慎将其卖出委托错误敲成买进属实,但此属代理中的过失行为,并非越权代理。况且证券公司及时采取补救措施,将错买资金列入证券公司账上,未动用原告资金,因此未给原告造成经济损失,不构成侵权。法院应当驳回原告的诉讼请求。[②]

---

① 《王鲁穗诉四川省证券股份有限公司股票纠纷案件》,http://www.chinacourt.org/article/detail/2002/11/id/17947.shtml,下载日期:2014 年 11 月 15 日。

② 此为本案被告在答辩时的陈述意见。

第二种观点认为，被告的场内交易员不慎将原告王鲁穗的卖出指令错误敲成买进，虽然证券公司事后按惯例程序对错账进行了处理，但是终究给王鲁穗造成当日未交易的客观事实。而且被告事后又未及时与原告协商，由此酿成纠纷，依照《中华人民共和国民法通则》第106条第2款及第134条第1款第(7)项的规定，[①]证券公司应当按照8月11日“河北华药”股票的最高价格与王鲁穗次日卖出的价格差价承担赔偿损失的民事责任。王鲁穗的其余诉讼请求，缺乏法律依据，不予支持。[②]

第三种观点认为，被告以“业务范围”为名，利用原告的账户，不经允许，擅自买进卖出翻炒股票，造成原告委托卖出的股票在次日才得以卖出，而当时股票交易呈“牛市上涨”，其间的机遇、时间的损失不可估量。被告的行为违背了国务院证监委1993年9月9日发布的《禁止证券欺诈行为暂行办法》第10条第(2)项“证券经营机构违背被代理人的指令为其买卖证券”和第(7)项“证券经营机构以多获取佣金为目的，诱导顾客进行不必要的买卖，或者在客户的账户上翻炒股票”的规定，已构成欺诈客户行为，应对由此造成的一切经济损失予以赔偿，并在《中国证券报》上公开赔礼道歉。

第四种观点认为，原告在知悉其委托卖出的“河北华药”股票当日未成交的情况后，已于次日重新委托证券公司卖出，其申报的委托卖出价及实际成交价均高于王鲁穗当日及前一日的委托价，故证券公司虽因过错致王鲁穗指令卖出的“河北华药”股票当日未成交，但未给王鲁穗造成经济损失，依照《民法通则》第134条第1款第(10)项的规定，证券公司应当向王鲁穗赔礼道歉。当证券公司发现错误后，将误买进的股票用自己的备付金支付股款收进，该笔股票权益就属证券公司，涨跌风险由证券公司自负，这是证券公司的合法权限，此行为符合《上海证券交易所交易市场业务规则》第108条第2款关于“如买卖申报反向，由证券商在场内自行补正”的规定。同时，按上海证券交易所现行制度，由于证券公司是从原告账户误买股票，只有通过原账户才能处理掉误买的股票。证券公司处理误买股票虽然与原告重新委托卖出使用的是同一个账户，但是证券公司是通过大户席位申报卖出的，原告则通过其锁定的212席位申报卖出，两者的买卖通讯跑道不同。这种处理证券商业务差错与证券商擅自动用客户账户或以客户名义买卖翻炒股票有本质的区别。故证券公司的行为属证券交易中的操作失误，不构成证券欺诈。一审法院以8月11日的最高成交价计算王鲁穗的损失，既无法律依据，也没有事实根据。[③]

① 《民法通则》第106条第2款规定：“公民、法人由于过错侵害国家的、集体的财产，侵害他人财产、人身的，应当承担民事责任。”《民法通则》第134条第1款第(7)项规定了承担民事责任的主要方式之一是赔偿损失。

② 此为本案一审法院四川省成都市青羊区人民法院的裁判意见。

③ 此为本案二审法院成都市中级人民法院的裁判意见。

三、提示与参考

本案涉及证券法禁止的第四种证券交易行为——欺诈客户。依据2019年《证券法》第57条第1款的规定，禁止证券公司及其从业人员从事下列损害客户利益的欺诈行为：(1)违背客户的委托为其买卖证券；(2)不在规定时间内向客户提供交易的书面确认文件；(3)未经客户的委托，擅自为客户买卖证券，或者假借客户的名义买卖证券；(4)为牟取佣金收入，诱使客户进行不必要的证券买卖；(5)其他违背客户真实意思表示，损害客户利益的行为。欺诈客户行为给客户造成损失的，行为人应当依法承担赔偿责任。

案例4.15：王玉清与招商证券股份有限公司北京德胜门东滨河路证券营业部证券欺诈赔偿纠纷案

一、案情简介

原告王玉清在作为本案被告的德胜门证券营业部从事股票交易，因投入资金较多，被告安排其职员丁霞为原告提供股票交易服务。原告基于对丁霞的信任，授权丁霞设立了交易密码，自己却并不掌握密码。此后，原告一直采取向丁霞下达交易指令，由丁霞按王玉清指令进行股票买卖和资金转账的方式进行交易。2008年初，有人告诉原告，其账户内经常发生大额的对敲交易(指对同一支股票反复进行的买入与卖出)，但原告当时并未给予特别的重视，原告认为丁霞不会将自己的交易密码泄露给他人，且丁霞自己不会做翻炒股票的事情。原告于2008年1月31日向丁霞索要交易单，而丁霞按照其一贯做法，只向王玉清提交了汇总对账单，而未提交交易明细对账单，致使其无法看到丁霞大量擅自买入、卖出股票的过程，而只能看到王玉清下达指令后账户内持有股票的结果。2008年1月之后，原告没有下达过任何交易指令，但丁霞毫无收敛，继续大量翻炒股票以获取交易手续费提成。每一笔交易，德胜门证券营业部可以获得交易额的3‰作为交易手续费，而丁霞提取其8%作为奖金。2008年6月5日，原告向丁霞索要了自己的账户密码，第一次看到了自己账户内股票交易的真实情况——丁霞为获取奖金在自己账户内进行了大量的对敲交易，造成了巨额印花税与交易手续费支出。初步估算原告的账户及另一个关联账户的税、费总损失金额在1200万元至1500万元之间。2008年8月1日，丁霞自杀。原告转而起诉丁霞供职的德胜门证券营业部，要求赔偿损失6981953.94元，并赔偿为本案诉讼而支出的律师代理费21万元。[①]

---

① 《王玉清与招商证券股份有限公司北京德胜门东滨河路证券营业部证券欺诈赔偿纠纷案》，http://www.110.com/panli/panli_260136.html，下载日期：2020年11月15日。

二、观点分歧

第一种观点认为,被告应当承担赔偿责任。丁霞作为德胜门证券营业部的职员负有按照王玉清的指令进行股票交易的职责,但丁霞为获得交易手续费的提成擅自进行交易,造成王玉清的巨额损失。这些损失都是由于德胜门证券营业部对于其职员疏于监管造成的。

第二种观点认为,被告不承担赔偿责任。理由如下:其一,丁霞的行为是个人行为而非职务行为,被告从未下达工作指令,要求丁霞接受原告的全权委托进行股票交易,而且明令禁止其职员实施此种行为,丁霞与被告对此均明知;其二,丁霞的行为不是为完成其职责范围内的事务而实施的辅助行为,丁霞的职责并不包含代客户进行股票交易,而且丁霞与原告共同向被告隐瞒了他们之间的交易委托关系;其三,原告的损失是由于其违反法律规定和合同约定、将其交易密码透漏给丁霞所造成的,应当自行承担损失结果,丁霞私自使用原告的密码进行交易,不是被告的过错,被告不应当对损失承担赔偿责任。

三、提示与参考

二审法院认为,"欺诈客户行为的民事责任主要是合同责任,应当由合同法调整,欺诈客户行为给客户造成损失的,应当依照合同法的规定承担赔偿责任,但是在特定情况下,欺诈客户行为也可能会涉及侵权责任,因此对于行为人的欺诈行为,客户既可以追究行为人的合同责任,也可追究行为人的侵权责任。就本案而言,王玉清以证券欺诈赔偿纠纷为诉因主张德胜门证券营业部承担赔偿责任,该责任应属侵权责任,但德胜门证券营业部并非实际侵权行为人,其职员丁霞接受王玉清的委托实施的交易行为亦非职务行为,故德胜门证券营业部不应对丁霞个人行为产生的损害承担赔偿责任"[①]可见,本案的关键在于如何认定丁霞接受王玉清的委托实施的行为是个人行为还是职务行为。职务行为之判断是司法实践中的一个难点,在《民法典》实施后,应当适用《民法典》第1191条第1款的规定。该款规定:"用人单独的工作人员因执行工作任务造成他人损害的,由用人单位承担侵权责任。用人单位承担侵权责任后,可以向有故意或重大过失的工作人员追偿。"该款与《民法通则》第121条相比较,[②]用"执行工作任务"替代了"执行职务",因为《民法通则》第121条是针对国家机关及其工作人员的,用"执行职务"比较准确,但是《民法典》第1191条的适用对象是用人单位及其工作人员,对于非国家机关的工作人员用"执行职务"欠妥当。该款与《侵权责任法》第34条第1款相比,增加了用

① 《王玉清与招商证券股份有限公司北京德胜门东滨河路证券营业部证券欺诈赔偿纠纷案》,http://www.110.com/panli/panli_260136.html,下载日期:2020年11月15日。

② 《民法通则》第121条规定:"国家机关或者国家机关工作人员在执行职务中,侵犯公民、法人的合法权益造成损害的,应当承担民事责任。"

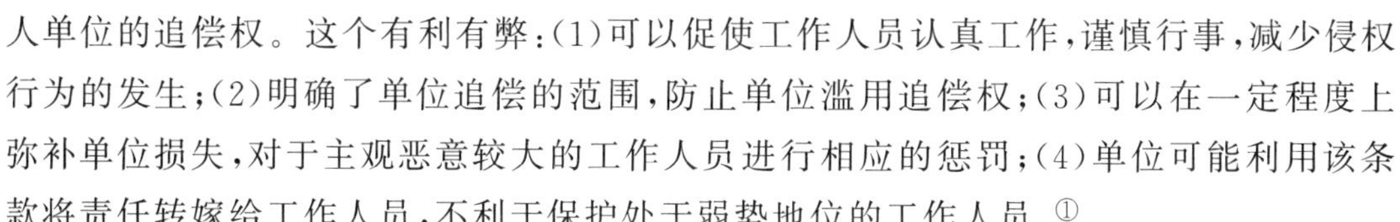

人单位的追偿权。这个有利有弊:(1)可以促使工作人员认真工作,谨慎行事,减少侵权行为的发生;(2)明确了单位追偿的范围,防止单位滥用追偿权;(3)可以在一定程度上弥补单位损失,对于主观恶意较大的工作人员进行相应的惩罚;(4)单位可能利用该条款将责任转嫁给工作人员,不利于保护处于弱势地位的工作人员。[①]

第三节　证券上市

案例 4.16:1600 万元损失谁之过——直击 A 股首例要约收购纠纷案

一、案情简介

2011 年 4 月底,国内最大的民营造船企业熔盛重工与安徽省全椒县政府签订协议,以 21.49 亿元受让全柴集团 100%股权,后者持有上市公司全柴动力 44.39%的股份。按照规定,收购上市公司股权超过 30%,会触发要约收购义务。为此,熔盛重工以 16.62 元/股的价格,向上市公司剩余近 56%的股东发出要约收购报告(摘要)。在熔盛重工发出要约收购报告(摘要)后,兴业全球基金管理有限公司从 2011 年 5 月起买入全柴动力的股票。但一年多之后的 2002 年 8 月,熔盛重工宣布从证监会撤回要约收购申请材料,这意味着要约收购价这条底线不再存在。兴业全球基金管理有限公司选择抛售手中的 200 万股全柴股票,抛出价 8 元/股。参照 16.62 元/股的要约收购价,损失 1637 万元。兴业全球基金管理有限公司起诉熔盛重工,要求熔盛重工承担缔约过失责任,赔偿损失 1637 万元。[②]

二、观点分歧

第一种观点认为,缔约过程的开始应以要约收购的生效为前提。要约收购报告(摘要)不是正式要约,其生效需要证监会的无异议函。截至 2012 年 8 月,熔盛重工未向证监会递交行政许可所需的补正材料,要约收购没有生效,也谈不上有"缔约过失"。

第二种观点认为,尽管要约收购报告(摘要)不是正式要约,但是自熔盛重工发出要约收购报告(摘要)之日起,双方事实上已经进入缔约阶段,且熔盛重工早在 2011 年 8 月就拿到了国资委和商务部的审批文件,但此后近一年时间内都没向证监会递交补正

① 中国审判理论研究会民事审判理论专业委员会编著:《民法典侵权责任编条文理解与司法适用》,法律出版社 2020 年版,第 108 页。

② 《1600 万损失谁之过——直击 A 股首例要约收购纠纷案》,http://www.legaldaily.com.cn/legal_case/content/2012-11/06/content_3964291.htm,下载日期:2014 年 11 月 16 日。

材料，明显有违诚信原则。《民法典》“合同编”第500条规定，当事人在订立合同过程中有下列情形之一，给对方造成损失的应当承担损害赔偿责任：(1)假借订立合同，恶意进行磋商；(2)故意隐瞒与订立合同有关的重要事实或者提供虚假情况；(3)有其他违背诚实信用原则的行为。据此，熔盛重工应当对因违背诚信原则给兴业全球基金管理有限公司造成的损失承担缔约过失责任。

三、提示与参考

本案是我国A股市场第一例要约收购纠纷案件。上市公司收购，是指收购人通过在证券交易所的股份转让活动持有一个上市公司的股份达到一定比例、通过证券交易所股份转让活动以外的其他合法途径控制一个上市公司的股份达到一定程度，导致其获得或者可能获得对该公司的实际控制权的行为。投资者可以采取要约收购、协议收购及其他合法方式收购上市公司。

2019年新修订的《证券法》第65条规定：“通过证券交易所的证券交易，投资者持有或者通过协议、其他安排与他人共同持有一个上市公司已发行的有表决权股份达到百分之三十时，继续进行收购的，应当依法向该上市公司所有股东发出收购上市公司全部或者部分股份的要约。收购上市公司部分股份的要约应当约定，被收购公司股东承诺出售的股份数额超过预定收购的股份数额的，收购人按比例进行收购。”

该法第66条、第68条规定，依照前条规定发出收购要约，收购人必须公告上市公司收购报告书，并载明下列事项：(1)收购人的名称、住所；(2)收购人关于收购的决定；(3)被收购的上市公司名称；(4)收购目的；(5)收购股份的详细名称和预定收购的股份数额；(6)收购期限、收购价格；(7)收购所需资金额及资金保证；(8)公告上市公司收购报告书时持有被收购公司股份数占该公司已发行的股份总数的比例。在收购要约确定的承诺期限内，收购人不得撤销其收购要约。收购人需要变更收购要约的，应当及时公告，载明具体变更事项，且不得存在下列情形：(1)降低收购价格；(2)减少预定收购股份数额；(3)缩短收购期限；(4)国务院证券监督管理机构规定的其他情形。

案例4.17：原告华夏建通(600149)诉被告严琳证券短线交易归入权纠纷案件

一、案情简介

原告华夏建通诉称：2009年4月17日，被告严琳证券通过上海市一中院组织的公开拍卖，以总价款人民币11460万元(合每股3.82元)竞买获得原告股份3000万股，占原告总股本的7.89%。2009年6月1日被告通过上海证券交易所以每股4.93元卖出所持原告的股份1900万股(占原告总股本的4.998%)，所获差价收益2109万元。根据我

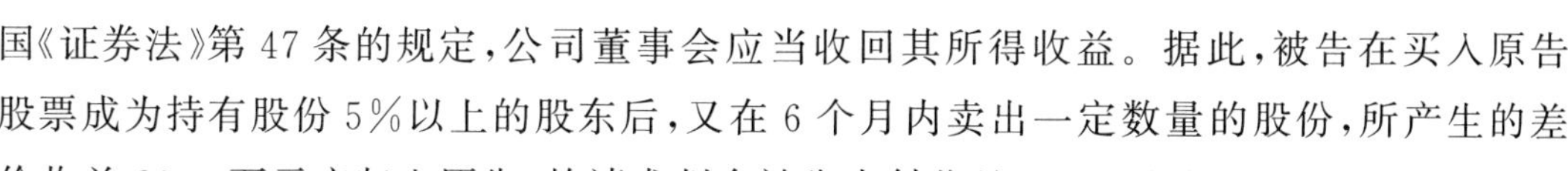

国《证券法》第 47 条的规定，公司董事会应当收回其所得收益。据此，被告在买入原告股票成为持有股份 5%以上的股东后，又在 6 个月内卖出一定数量的股份，所产生的差价收益 2109 万元应归入原告，故请求判令被告支付收益 2109 万元。

二、观点分歧

第一种观点认为，被告应当将 2109 万元归还原告。2019 年新《证券法》第 44 条规定："上市公司、股票在国务院批准的其他全国性证券交易场所交易的公司持有百分之五以上股份的股东、董事、监事、高级管理人员，将其持有的该公司的股票或者其他股权性质的证券在买入后六个月内卖出，或者在卖出后六个月内又买入，由此所得收益归该公司所有，公司董事会应当收回其所得收益。但是。证券公司因购入包销售后剩余股票而持有百分之五以上股份，以及有国务院证券监督管理机构规定的其他情形的除外。前款所称董事、监事、高级管理人员、自然人持有的股票或者其他具有股权性质的证券，包括其配偶、父母、子女持有的及利用他人账户持有的股票或者其他具有股权性质的证券。公司董事会不按照第一款规定执行的，股东有权要求董事会在三十日内执行。公司董事会未在上述期限内执行的，股东有权为了公司的利益以自己的名义直接向人民法院提起诉讼。公司董事会不按照第一款的规定执行的，负有责任的董事依法承担连带责任。"依据对该条规定的文义解释，"持有上市公司股份百分之五以上的股东"，除了证券公司"因购入包销售后剩余股票而持有 5%以上股份，以及有国务院证券监督管理机构规定的其他情形"之外，都是上市公司归入权的请求对象。本案被告通过法院拍卖竞买获得原告公司股份的 7.89%，属于持有上市公司股份百分之五以上的股东，自应当负有短线交易之禁止义务，其违反该义务卖出该证券所获得的收益应当归原告所有。

第二种观点认为，上市公司董事、监事、高级管理人员、持有上市公司股份 5%以上的股东，将其持有的该公司的股票在买入后 6 个月内卖出，或者在卖出后 6 个月内又买入，由此所得收益归该公司所有。该项规定确立了我国证券短线交易收益归入权制度，其目的系通过公司对交易收益的追缴，以有效地淡化、消除内幕人员从事内幕交易的动机，从而在一定程度上减少、防止内幕交易的发生。既然立法宗旨是减少内幕交易，则该项立法所规制的对象应限定为具备特定的身份，且凭借其身份可获得公司内幕信息之人。《证券法》将此类人员细化为公司董事、监事、高级管理人员、持有上市公司股份 5%以上的股东，包括利用配偶、父母、子女以及他人账户持有的。如此，短线交易之构成是以行为人具有上述人员之身份为前提的。而新《证券法》第 44 条又将"短线交易"定义为行为人在 6 个月内有"先买后卖"或"先卖后买"之两次以上相反买卖交易行为。因此，以上要件对短线交易收益归入制度所演绎的逻辑过程显然为，行为人首先应获得公司董事、监事、高级管理人员或持有 5%以上股份股东之身份，然后在 6 个月内有一组以上买卖反向交易行为。本案被告在实施买入及卖出原告股份之反向交易之前，并不

具备原告内幕人员身份。庭审中，原告主张被告买入其股份3000万股即具备了内幕人员之身份，原告此举显然是将被告的该项单一行为既推断为被告构成短线交易主体资格的条件，又视作被告反向交易行为的一端。然而，以法律适用层面为视野，行为人实施的一项法律行为，仅能产生一项法律效果，原告该项主张有违法学基本原理。如此而言，若被告购入3000万股所产生的系构成短线交易主体之法律效果，之后其仅有一个“卖1900万股”行为，尚缺乏一组反向的交易行为；同样，若认定被告“购入3000万股、卖出1900万股”构成证券法所规制的反向交易行为，被告则因实施行为之前并非公司的内幕人员而不具备短线交易的主体资格。故而，被告的身份及行为尚不符合短线交易的构成要件，无须将出卖该证券所获得的收益归还原告。[①]

三、提示与参考

华夏建通案例是我国第一例通过司法途径解决短线交易的案例，同时该案的受案法院在一审判决书中采用了股东身份“两端说”标准，具有重大的实践指导意义。[②] 关于短线交易的行为主体，过去在法学理论界有“一端说”、“两端说”与“折中说”等三种学术观点。其中，“两端说”认为，在买入和卖出两个时点均需符合公司内部人身份；“一端说”认为，在买入时或卖出时，只要一个时点符合公司内部人身份即可；“折中说”则认为，对董事、监事、高管人员与持有特定比例股份的股东应当予以区别对待。[③]

案例4.18：九龙山国旅案

一、案情简介

2007年9月21日，上海九龙山股份有限公司（以下简称九龙山公司）原控股股东日本松冈株式会社（以下简称日本松冈）将九龙山公司4838万股B股转让给RESORT公司，将4000万股B股转让给OCEAN公司。2007年11月16日，日本松冈将九龙山公司6625万余股境外法人股转让给九龙山国旅。2009年1月13日，上述股权转让完成过户手续。转让完成后，上述九龙山国旅、RESORT公司及OCEAN公司三家公司分别持有九龙山股份占比为15.25%（A股）、11.13%（B股）及9.21%（B股），且三家公司的实际控制人均为李某夫，三家公司受让完成后成为公司持股5%以上的股东。紧接着，三家公司就开始了减持。对此，证监会认为，九龙山国旅、RESORT公司和OCEAN

---

① 此为本案一审法院上海市卢湾区法院的裁判意见。

② 《“可转换债+定增”的一点问题探索》，http://www.dazhuolvshi.com/index.php?a=shows&catid=69&id=2185，下载日期：2020年11月9日。

③ 邱永红：《我国规制证券短线交易和最新司法与监管实践》，北大法律信息网，法宝引证码：CLI.A.655064。

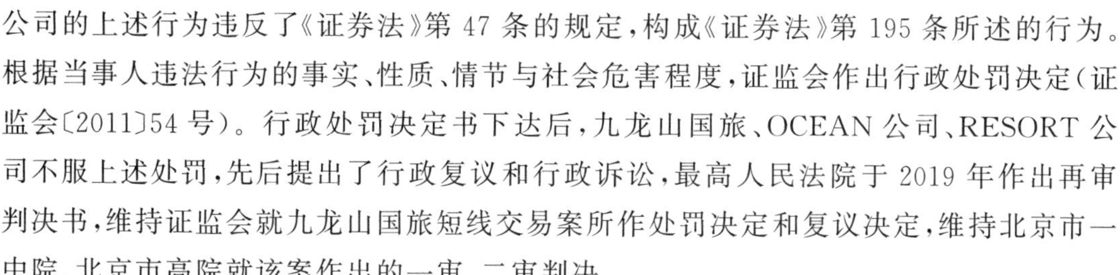

公司的上述行为违反了《证券法》第 47 条的规定，构成《证券法》第 195 条所述的行为。根据当事人违法行为的事实、性质、情节与社会危害程度，证监会作出行政处罚决定（证监会〔2011〕54 号）。行政处罚决定书下达后，九龙山国旅、OCEAN 公司、RESORT 公司不服上述处罚，先后提出了行政复议和行政诉讼，最高人民法院于 2019 年作出再审判决书，维持证监会就九龙山国旅短线交易案所作处罚决定和复议决定，维持北京市一中院、北京市高院就该案作出的一审、二审判决。

二、观点分歧

第一种观点认为，首先，当时的《证券法》第 47 条规定的上市公司股票不包括该上市公司的非流通股部分；其次，参考华夏建通案中受案法院对于股东身份的认定采用的是"两端说"标准，本案被告在买入股票时，不属于公司内部人员；最后，被告并不具有利用控制优势和信息优势获取利益的目的和意图，因此不应当构成证券法上规制的短线交易行为。[①]

第二种观点认为，首先，当时的《证券法》第 47 条明确规定短线交易的标的是上市公司的股票，并没有将上市公司的非流通股排除在外。因此，标的股票属性不影响短线交易的认定。其次，根据全国人民代表大会常务委员会法制工作委员会的回复，对于股东身份的认定应当采用"一端说"标准。最后，《证券法》第 47 条是内幕交易的事先防范和吓阻机制，其违法构成要件采取简化的客观判断标准和无过错责任原则，无须考虑行为人的主观意图。[②]

三、提示与参考

本案同样是针对证券市场短线交易问题的，但与华夏建通案的审理结果大相径庭。针对股东身份的认定标准，最高人民法院依据《立法法》向全国人民代表大会常务委员会法制工作委员会提出了法律询问，全国人民代表大会常务委员会法制工作委员会作出（法工办复〔2016〕1 号）《关于证券法第四十七条第一款理解问题的答复意见》明确答复如下："证券法第四十七条第一款并没有作出只有在当事人具备上市公司董事、监事、高级管理人员、持有上市公司股份百分之五以上的股东身份后，在六个月内买卖本公司股票的行为才适用本条规定的限制。当事人在买入上市公司股票时不是'上市公司董事、监事、高级管理人员'，在买入后六个月内卖出时具备上述身份的，或者当事人因买入上市公司股票才成为'持有上市公司股份百分之五以上的股东'，其后又在六个月内卖出该上市公司股票的，均应当适用证券法第四十七条第一款的规定。"此外，在 2018 年实施的《上海证券交易所上市公司股份协议转让业务办理指引》中也要求申请人承

① 此为本案被告在答辩时的陈述意见。
② 此为本案最高人民法院的再审意见。

诺:“申请人将严格遵守《证券法》关于禁止短线交易的规定。本次协议转让后受让方持股比例达到5%以上,或者受让方为上市公司董事、监事和高级管理人员的,受让方承诺自本次协议转让股份过户后6个月内不得卖出公司股份。”这就明确将“一端说”作为股东身份认定的标准,将更加严格地打击证券市场短线交易行为,对指导与规范投资者买卖股票具有重大意义。

第五章
信托法

第一节　信托法概述

案例 5.1：Lister & Co.v.Stubbs（英国，1890）

一、案情简介

原告 Lister & Co.是一家纺织公司，被告是原告的一位高级雇员，代表公司购买原材料。但是他接受了原材料销售公司的大笔贿赂，并将所得款项投资于土地和股票。原告公司先是请求法院发布禁止令，禁止被告处理这些投资，然后请求追回这些投资，理由是，被告是原告公司的受托人。①

二、观点分歧

第一种观点认为，被告与原告并不处于一种受托人关系，只存在一种对人关系，即债权债务关系。因为这些投资不是原告公司的钱，从而不可以使被告成为它的受托人。不过，原告在起诉时可以获得一项针对被告的命令，要求被告将这笔钱交给原告。它是被告由于接受贿赂而对原告欠下的一笔债务。因此，法院应当驳回原告的诉讼请求。

第二种观点认为，原告与被告之间是一种信托关系，被告用接受贿赂的钱进行投资所获得的土地和股票属于信托财产，应当归作为信托受益人的原告所有。

三、提示与参考

本案与案例 5.2 涉及两个重要的问题——什么是信托？信托与代理有何不同？关

① 徐孟州主编：《信托法》，法律出版社 2006 年版，第 25 页。

于这两个问题,下文会进行阐述。

案例 5.2:Attorney-General for Hong Kong v. Reid (1993)

一、案情简介

该案的被告违反作为香港公务员的受信人义务接受贿赂,并用贿赂款项在新西兰购买了房屋,原告代表香港政府要去追回这些房屋。

二、观点分歧

第一种观点认为,原告与被告之间只是一种代理关系。尽管被告接受贿赂违反了代理人的忠实义务,但是原告只能追回被告所接受的贿赂而不能追回被告用这些贿赂款项所购买的房屋。当被告不能退回所接受的贿赂款项时,原告可以将被告的房屋查封、拍卖、变卖,用所得的价款冲抵被告应当退回的贿赂款项。

第二种观点认为,上述 Lister & Co.v.Stubbs(英国,1890)的判决,违背了"受信人不得从自己违反职责中得到好处"的原则。受信人一旦接受贿赂,从接受之时起就负有报账说明的义务,贿赂以及在不同时间里代表贿赂的其他财产,都纳入一项以受损害者为受益人的推定信托。即被告用贿赂款项购买的房屋是信托财产。

三、提示与参考

(一)什么是信托

英国著名学者梅兰特在《衡平法》一书中写道:"如果有人要问,英国人在法学领域取得的最伟大、最独特的成就是什么,那就是历经数百年发展起来的信托理念,我相信再没有比这更好的答案了。这不是因为信托体现了基本的道德原则,而是因为它的灵活性,它是一种具有极大弹性和普遍性的制度。"梅兰特所言表明了一种理论观点:信托起源的"英国固有法说"。该说认为,信托起源于英国古老的习惯法。所谓信托,产生于11—13 世纪的英国,被称之为尤斯(Use),是建立在习惯法上的一种法律制度。Use 的产生主要是封建领主与教会之间斗争的结果。13 世纪后期,为了防止农民向教会捐赠土地,防止教会继续永久占有大量土地,国王亨利三世颁布了《没收法》,禁止教徒向教会捐赠土地,未经国王允许,任何人向教会捐赠土地,一律没收归国王所有。教徒为了达到捐赠土地的目的,创造性的发明了 Use 方法,他们不把土地直接捐赠给教会,而是先将土地转让给他人,要求受让人为教会管理土地,并将土地产生的全部收益交给教会,从而规避了《没收法》的禁止性规定。如此一来,教会虽然不能取得转让土地的所有权，但是却能长期享受该土地产生的全部收益，因此该方法迅速得到教会承认，并在英国流行起来。后来这种方法被用来规避长子继承制、规避封建赋税，并在15世纪通过大法官的判例，在衡平法中受益人与委托人之间的关系正式确认为法律关系，确认受益人享有受益权，并可以通过强制手段保护这一权利。亨利八世于1535年公布了《用益法》。这是王权对Use的最大打击。《用益法》的主要内容是：把通过Use而获得的受益人的受益权转化为普通法上的所有权，从而剥夺受托人在普通法上的权利。其目的在于使得封建领主重新获得税负收入。为了逃避适用《用益法》的规制，英国人发明了二重Use：土地所有者在将自己的土地移交给受托人经营管理时，指定的受益人不再是单一层次的受益人，而是分为前后受益顺序的两个受益人，在前的受益人先从委托人处获得有关的土地收益，然后再由该受益人把这一收益再转交给后一个受益人。其目的在于使得前受益人受到《用益法》的约束，后受益人则排除在该法的效力范围之外。衡平法院在1634年承认第二受益人在衡平法上的救济，即承认了二重Use的合法性。Use复活并越来越成为一种普遍的社会现象，对Use代之而起的称呼也出现了变化，统称为Trust，即现在意义上的信托。这意味着现代信托制度的确立。[①]

关于信托的起源，还有一种理论主张，即“罗马法起源说”。该说认为，信托起源于《罗马法》中的“信托遗赠”制度。《罗马法》是在罗马帝国末期，由国王奥格斯德士所创。《罗马法》中规定：在按遗嘱划分财产时，可以把遗嘱直接授予继承人，若继承人无力或无权承受时，可以按信托遗赠制度，把财产委托或转让给第三者处理。《罗马法》创立了一种遗产信托，这种制度是从处理罗马以外的人的继承问题开始的，后逐渐成为一种通行的制度。

什么是信托？英国《不列颠百科全书》认为：信托是一种法律关系，在此种关系中，一人拥有财产所有权，但同时负有受托人的义务，为另一人的利益而运用此项财产。美国法学家协会编纂的《信托法重述》第2条规定：“信托，除慈善信托、结果信托以及推定信托外，是指以明示意思表示而设定的，发生在当事人之间的一种财产信任关系(fiduciary relationship)，在这种关系中，一方享有财产上的所有权，并负有为另一方在衡平法上的利益处分和管理财产的义务。”美国学者爱德华·哈尔巴克认为：“信托是关于特定财产的一种信任关系，信托人为了他人利益而享有该特定财产的法律上的所有权，该他人作为受益人则享有特定财产的衡平法上的所有权。”

日本《信托法》第1条规定：“本法所称信托，是指将财产权转移或为其他处分，使他人依照一定目的的管理或处分财产。”这从委托人与信托人关系的视角定义信托人概念，揭示了信托的成立方式，强调信托必须存在财产权的转移或者其他处分，同时也明确了受托人的基本义务，不过忽视了受益人的法律地位。韩国《信托法》第1条规定：“本法所称信托，是指以信托指定者(以下简称信托人)与信托受托者(以下简称受托人)间特

① 张军建：《信托法基础理论研究》，中国财政经济出版社2009年版，第5～10页。

别信任的关系为基础，信托人将特定财产转移给受托人，或者经其他手续，请受托人为指定者（以下简称受益人）的利益或特定的目的，管理或者处分其财产的法律关系。”我国台湾地区“信托法”第1条规定：“称信托者，谓委托人将财产权转移或为其他处分，使受托人依信托本旨，为受益人之利益或为特定之目的，管理和处分信托财产之关系。我国《信托法》第2条规定：“本法所称信托，是指委托人基于对受托人的信任，将其财产权委托给受托人，由受托人按委托人的意愿以自己的名义，为受益人的利益或者特定目的，进行管理或者处分的行为。”《海牙信托公约》第2条第1款规定：“当财产为受益人的利益或为了特定目的而置于受托人的控制之下时，信托是指委托人设定的在其生前或者死后发生效力的法律关系。”

（二）信托与代理之间的联系与区别

1.信托与代理之间的联系。信托与代理存在许多共同之处，如两者都是受人之托为他人处理一定事务；都是一种以信任为基础的法律关系；都可能涉及为他人管理财产。

2.信托与代理之间的区别。（1）功能不同。现代信托具有财产管理功能、融通资金功能、社会投资功能及公益功能。代理制度具有扩张和弥补当事人的行为能力功能。如委托代理能够扩展委托人的民事行为所及的范围，而法定代理则可以弥补限制民事行为能力人和无民事行为能力人在民事行为能力方面的不足。（2）设立前提不同。信托是以财产为中心而构成的法律关系，设立信托必须有确定的信托财产，委托人没有合法的、用于设立信托的财产，信托关系就无从确立。代理关系的设立则不一定以存在财产为前提，没有确定的财产，代理关系也可以成立，如代他人签订合同。“代理关系是对人的，代理人不需要控制属于被代理人的任何财产。”（3）实施行为的名义和处理事务的权限不同。受托人承受信托财产权，以自己的名义对外从事信托管理活动，除信托文件和法律另有规定外，受托人具有处理信托事务所必需的广泛权限；代理人只能以被代理人的名义，在被代理人授权范围内处理代理事务。（4）财产权的归属及状态不同。信托法律关系是一种信托财产的权利与利益相分离的财产权关系，原财产所有权人与自己已经交付信托的财产相分离，对受托财产失去了所有权，只能以信托文件的规定来约束受托人；受托人对信托财产的所有权同收益权相分离，不能为自己的利益而使用信托财产，更不能将信托财产所产生的收益归为己有；受益人的收益权同信托财产的所有权相分离，受益人虽然有权从信托财产上取得收益，却无权对信托财产直接地占有、使用和处分。这种分离使得信托财产具有很强的独立性，使它与委托人、受托人、受益人的自由财产相区别，委托人、受托人、受益人的债权人均不能对信托财产主张权利，从而使信托制度显示出强大的风险隔离功能。这也是信托制度在西方发达国家备受青睐的主要原因之一。在代理关系中，代理人并不因为代理而取得被代理人的财产所有权，代理所

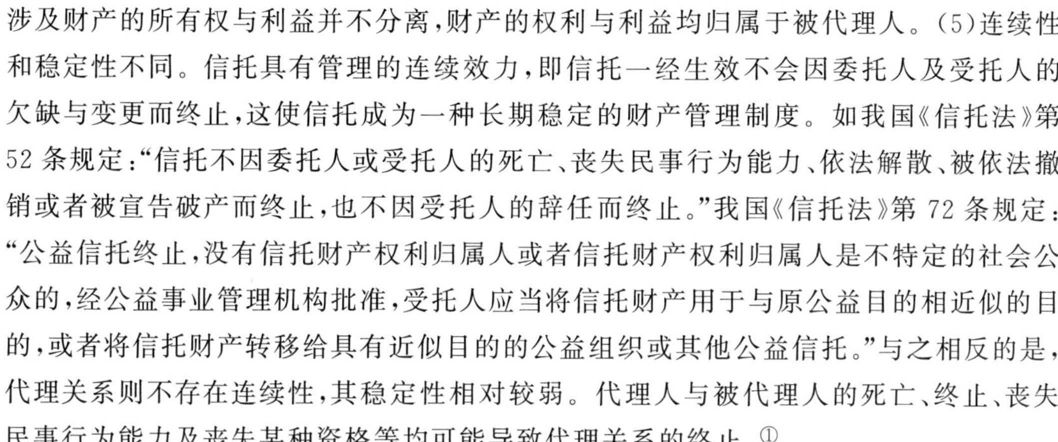

涉及财产的所有权与利益并不分离，财产的权利与利益均归属于被代理人。(5)连续性和稳定性不同。信托具有管理的连续效力，即信托一经生效不会因委托人及受托人的欠缺与变更而终止，这使信托成为一种长期稳定的财产管理制度。如我国《信托法》第52条规定："信托不因委托人或受托人的死亡、丧失民事行为能力、依法解散、被依法撤销或者被宣告破产而终止，也不因受托人的辞任而终止。"我国《信托法》第72条规定："公益信托终止，没有信托财产权利归属人或者信托财产权利归属人是不特定的社会公众的，经公益事业管理机构批准，受托人应当将信托财产用于与原公益目的相近似的目的，或者将信托财产转移给具有近似目的的公益组织或其他公益信托。"与之相反的是，代理关系则不存在连续性，其稳定性相对较弱。代理人与被代理人的死亡、终止、丧失民事行为能力及丧失某种资格等均可能导致代理关系的终止。[①]

第二节　信托的设立

案例5.3:英国 Re Kayford Ltd.(1975)案件

一、案情简介

一家邮购公司的财务状况不佳，为保护客户利益，公司将客户汇来邮购货物但尚未发货的款项，存入一家单独开设的客户存款账户。后来公司进入清算，对账户存款的归属产生争议。争议的焦点是客户与该公司之间是否存在信托关系。

二、观点分歧

第一种观点认为，邮购公司的行为清楚地表明了设立信托的意图，账户里的款项属于信托财产，受益人是已经向邮购公司汇款但尚未收到货物的客户。因此，该账户里的存款不是邮购公司的财产，不能用来清偿该公司的债务，而是属于信托财产。

第二种观点认为，邮购公司的行为并没有设立信托的意图，只不过是一个单纯的资金管理行为。因此，尽管该资金被邮购公司另设账户储存，但是该存款仍然是属于邮购公司所有的。当该公司清算时，该账户存款应当被用于清算公司债务，而不是为了特定受益人设立的信托财产。

① 徐孟州主编:《信托法》，法律出版社2006年版，第55～59页。

三、提示与参考

本案涉及信托的设立这一重要问题。设立信托应当具备以下条件:一是要有合法的信托目的;二是要有确定且合法的信托财产;三是要有确定或者可以确定的受益人;四是要有委托人设立信托的意思表示;五是要依法办理信托登记。

(一)委托人设立信托的意思表示

对于委托人作出设立信托的意思表示,各国信托法均未规定必须采取某种特定形式,可以是书面形式,也可以是口头形式,甚至可以是足以表明委托人意图的行为。在英美法系国家,信托设立的方式可分为三种:一是明示信托,即委托人以明示行为确定受托人,并将自有财产转移给受托人,设立信托,明示信托可以采取书面形式,也可以采取口头形式;可以采取信托凭证形式,也可以采取遗嘱形式。二是默示信托,即法院根据委托人的默示行为推定委托人有设立信托的意图,或者根据公平正义原则,以判决方式推定成立的信托。三是法定信托,即当事人直接根据法律规定和法律事实而成立的信托。英美法系与大陆法系国家对法定信托的解释也不完全一致。目前主要存在两种观点:一种观点认为,法定信托是指法院以判决方式强制设立的信托,它无须考虑委托人的意愿,因此又称为强制的法定信托。另一种观点认为,法定信托是指依照法律规定而成立的信托,如公益信托终止后没有信托财产归属人的,有关部门可以将剩余的信托财产用于设立与原公益目的近似的其他公益信托,因此又称为推定的法定信托。目前,英国将法定信托视为设立信托的方法之一。美国的一些州也承认法定信托,并将其作为纠正不公正财产关系或不当得利的补救方法。

我国《信托法》第 8 条规定:“设立信托,应当采取书面形式。书面形式包括信托合同、遗嘱或者法律、行政法规规定的其他书面文件等。采取信托合同形式设立信托的,信托合同签订时,信托成立。采取其他书面形式设立信托的,受托人承诺信托时,信托成立。”本条规定的书面形式和《合同法》的规定是一致的,具体包括信托合同、遗嘱及法律、行政法规规定的其他书面文件。我国《信托法》第 13 条规定:“设立遗嘱信托,应当遵守继承法关于遗嘱的规定。遗嘱指定的人拒绝或者无能力担任受托人的,由受益人另行选任受托人;受益人为无民事行为能力人或者限制民事行为能力人的,依法由其监护人代行选任。遗嘱对选任受托人另有规定的,从其规定。”

从上述第二种观点出发,我国《信托法》似乎并未完全排除法定信托存在的可能。因为《信托法》第 72 条规定:“公益信托终止,没有信托财产权利归属人或者信托财产权利归属人是不特定的社会公众的,经公益事业管理机构批准,受托人应当将信托财产用于与原公益目的相近似的目的,或者将信托财产转移给具有近似目的的公益组织或者其他公益信托。”

此外，国外还存在宣言信托和默示信托。宣言信托是委托人通过对外宣言，以自己为委托人和受托人而设立的信托，这主要体现在公益信托方面。宣言信托只要委托人对外宣言即可成立，同时自己既是委托人也是受托人，故与一般信托截然不同。默示信托是指根据委托人的默示行为，推定委托人具有设立信托的意图而成立的信托。我国信托法未承认宣言信托和默示信托。

（二）确定的信托财产

我国《信托法》第 7 条规定："设立信托，必须有确定的信托财产，并且该信托财产必须是委托人合法所有的财产。本法所称财产包括合法的财产权利。"委托人用于设立信托的财产必须是确定的，一般应当能够计算价值，如现金、动产、不动产、股票和有价证券等有形资产。对于无形资产，如著作权、专利权和商标权等知识产权属于一种财产权利，按本条第 2 款的规定，也可以作为信托财产。但是，人身权利，如身份权、名誉权、姓名权等，其价值无法估算，不得作为信托财产。此外，国外一般还要求用于设立信托的财产应当是积极财产，这是因为，以债务等消极财产设立的信托，不仅不能使受益人获益，反而使受益人因此担负债务，有违信托制度的本旨。委托人用于设立信托的财产，应当是委托人合法取得并占有的财产。合法所有，指的是委托人对用于设立信托的财产享有占有、使用、收益和处分的权利，其他任何人对该物不得主张权利。如果委托人用盗窃、抢劫等非法手段得来的财产设立信托，那么该信托无效。对于租借物，国外一般也认为不得用于设立信托，但是，现金等以货币形式体现的可替代物信托财产设立的信托，在不损害委托人债权人的利益的前提下，应属有效。

（三）确定或可以确定的受益人

受益人确定性的要求只适应于私益信托；公益信托的受益人是不特定的社会公众，不能是特定的组织或个人。

（四）具有合法的信托目的

我国《信托法》第 6 条规定："设立信托，必须有合法的信托目的。"信托目的是委托人将自有财产委托给受托人时确定的，意欲通过受托人对该财产进行管理和处分所要实现的目的。信托目的是构成信托的基本要件之一。我国信托法从三个方面做了具体的规定：(1)信托目的不得违反有关法律、行政法规的规定或者损害社会公共利益；(2)禁止专以诉讼或者讨债为目的设立信托；(3)委托人设立信托不得损害其债权人的利益。违反前面两项规定设立的信托，由于信托目的不合法，因而信托无效；违反第三种情形的规定设立的信托是可以撤销的信托。

(五)依法办理信托登记

信托一旦成立,委托人用于设立信托的财产就成为独立的信托财产,既有别于委托人的其他财产,也有别于受托人的固有财产。信托财产与受托人的固有财产相区别,不得归入受托人的固有财产或者成为固有财产的一部分。受托人死亡或者依法解散、被依法撤销、被宣告破产而终止,信托财产不属于受托人的遗产或者清算财产。这就意味着,信托设立后,委托人、受托人在与他人进行交易时,未登记的信托财产可能给不知情的第三人带来损害。

因此,我国《信托法》规定,设立信托的财产依照有关法律、行政法规的规定应当办理登记手续的,应当依法办理信托登记;未办理登记的应当补办:不补办的信托不产生效力。

多数国家的信托法都规定了信托登记的内容,但各国信托法关于信托登记效力的规定不尽相同,归纳起来,主要分为三种情况:(1)不需要进行信托登记。如瑞士,其理由是认为,对信托财产的保密比保护第三人的利益更加重要。(2)不登记不得对抗第三人。如《日本信托法》第 3 条第 1 款规定:就应登记或者注册的财产权所实行的信托,非进行登记或注册,不得以之对抗第三人。(3)不登记信托不生效。如我国《信托法》的规定。这是与我国民法的不动产登记制度相一致的。

第三节　信托法律关系

案例 5.4:Lackey v. Lackey

一、案情简介

Claud Johnson Lackey("CJL")妻子 Jewel Biggs Lackey("JBL")育有两子,Buster 和 Dick。CJL 死于 1968 年并留下遗嘱:以 JBL 为受益人建立信托,Buster 和 Dick 担任"剩余遗产信托(Residuary Trust)"的共同受托人,信托财产以 Buster 和 Dick 为受益人均分为两份。1982 年 JBL 去世前留下遗嘱,规定 Buster 和 Dick 作为信托的共同受托人,信托财产划为均等的份额作为独立的信托进行管理。两份信托都禁止两个儿子对自己分配金钱或收入;对 Dick 的分配必须取得 Buster 的同意,反之亦然。

Dick 死后留下一个寡妇和他的十四岁的女儿,Ellen。Buster 在 Dick 死后向衡平法院提出申请要求任命和其有赌博交易的 E.O.McCormick 为接替 Dick 的受托人,Dick

的家庭对于 McCormick 同 Buster 的关系并不知晓，最后 Buster 如愿使其被任命为共同受托人。从 1983 年 Dick 死亡之日起到 1988 年 Buster 死亡之日，Buster 在 McCormick 的帮助和教唆下，未经授权从本案所涉信托中提取了大量的资金。Buster 经常从信托财产和账户中转移资金，汇入自己的个人账户以及 LL&CC 公司和 Lackey 建材公司的商业账户。

Buster 的行为中最受密西西比最高法院关注的是从纽约人寿保险公司购买的价值 110 万美元的保险单。记录表明 13%的保险费从 LL&CC 公司的账户中支付，而这一账户的资金大部分是从信托中偷偷转移而来。Buster 死后，他的妻子取得了 624000 美元的保险收益，而他的孩子取得了剩下的 476000 美元。尽管保险费用有可能大部分是从窃取的信托基金中支付，但 LL&CC 公司账户中所窃取的基金已经同其他的基金来源相混同，所以窃取的基金能否从保险费用及收益中得到追踪就成为法院所面对的主要问题。①

二、观点分歧

本案的争议焦点是：受托人违反信托本旨将信托基金挪至其他账户同该账户上的其他基金相混同，并用该账户上的基金购买人寿保险，该人寿保险单产生的收益是否属于信托财产？

第一种观点认为，该保单收益属于信托财产，原告能够追及至保险收益。而且，根据信托能够取得的保险收益的比例应当等同于以信托财产支付的保险费用所能获得的收益。如果受托人可以盗用大量的金钱，使用其中的一部分购买人寿保险，而受损害的一方除了追偿支付的保险费用以外，没有任何其他的救济方式。这无疑为重大欺诈行为大开方便之门，违背诚信原则。

第二种观点认为，该保单不属于信托财产，原告不能取得受托人 Buster 所购买的人寿保险的保险收益。因为购买保险并没有对 Ellen 构成任何损失，并且她一直维持了通常的生活水平。

第三种观点认为，该保单收益的 13%的属于信托财产，原告可以追及 13%的保单收益中她所应得的部分。因为已经有记录证明该保险合同所支付的保险费中的 13%是从 LL&CC 公司的账户中支付，而这一账户的资金大部分从信托中偷偷转移而来的。通过其他部分保险收益，如果 Buster 的妻子和孩子能够证明保险费用是由 Buster 合法取得的财产支付的，也应当允许他们保有那一部分保险收益。反之，那部分保险收益也只能作为信托财产进行分配。

① 《信托制度受益人的追踪权分析及应用——兼及与大陆法系受益人撤销权的比较》，http://www.civillaw.com.cn/article/default.asp? id=50360，下载日期：2014 年 10 月 19 日。

三、提示与参考

本案涉及信托法律关系中的两个重要问题:受托人的权利义务与受益人的受益权。

(一)受托人的权利义务

1.受托人的权利。

(1)受托人对受托财产享有的权利。信托之所以成为一种特殊的财产管理方法或制度,根源在于信托财产上固有地体现着权利和利益的分离。受托人依法享有信托财产的所有权,实际上对信托财产享有利益的则是受益人。受到不同法律传统的影响,尤其是对"所有权"概念界定的不同,两大法系对信托财产上权利和利益分离的处理也有较大的差异。在英美法系,确认信托财产上存在"双重所有权"结构:一是受托人的所有权,即受托人依照普通法的规定因委托人的转让行为或其他原因获得的所有权;二是受益人的所有权,即受益人依照衡平法因委托人设立信托的目的而产生的权利。

大陆法系国家,由于秉承"一物一权"的罗马法传统,在继受信托法制的过程中,是依照大陆法系固有的传统理论,把受托人主要依据财产转让行为而取得的权利确认为物权,并给予法律保护;把受益人的权利确认为一种债权,即请求受托人交付信托利益的请求权,同时赋予受益人较多的特别权利,如受益人对受托人特定行为享有的撤销权,来抵消因为债权和物权效力上的差异可能导致的受托人权利的滥用,以增强对受益人权益的保护。

我国《信托法》第 2 条规定:"本法所称信托,是指委托人基于对受托人的信任,将其财产权委托给受托人,由受托人按委托人的意愿以自己的名义,为受益人的利益或者特定目的,进行管理或者处分的行为。"同法第 14 条规定:"受托人因承诺信托而取得的财产是信托财产。"从该法第 14 条第 1 款承认受托人因承诺信托而"取得"信托财产,及明确肯定受托人有权以自己名义管理运用或者处分信托财产等多项规定出发,受托人对信托财产所享有的权利应当认定为所有权。

(2)受托人处理信托事务的权利。受托人享有处理信托事务的权利,主要表现为依照信托文件和法律规定处理信托财产。凡是为实现信托目的所必需的处理信托事务的行为,只要信托文件中没有明文禁止,受托人都有权实施。大陆法系国家对受托人所享有的处理信托事务的权利,大多采取的是抽象概括式立法模式,并不规定其具体权能。与之相反,英美法系国家则大多为受托人处理信托事务的具体权利内容提供明确的法律依据。如英国的《受托人法》就具体规定了受托人享有如下权利:出卖拍卖信托财产的权利;按折旧条件出卖信托财产的权利;开收据的权利;通过互让解决债务的权利;通过出卖、抵押等方式筹措资金的权利;保险权利及运用保险金的权利;寄存证明文件的权利;期待权与对信托财产的酌情处理权;聘任代理人的权利。

(3)受托人请求给付报酬的权利。我国《信托法》第 35 条规定:“受托人有权依照信托文件的约定取得报酬。信托文件未作事先约定的,经信托当事人协商同意,可以作出补充约定;未作事先约定和补充约定的,不得收取报酬。约定的报酬经信托当事人协商同意,可以增减其数额。”可见,我国信托法和其他大陆法系国家一样,在肯定信托无酬主义原则的同时,又规定了有酬的例外情形。在美国,信托立法采取的是信托有酬主义原则。

(4)受托人请求补偿费用的权利。首先,受托人为处理信托事务而支出的必要费用或者承担的必要债务,应当由信托财产承担。“必要”意味着费用开支或债务承担的正当性。反之,如果费用的发生,是由于受托人实施违背管理职责或不正当处理信托事务的行为造成的,那么费用的产生就不符合正当性的要求,因此带来的损失,只能由受托人以自有的财产承担。如我国《信托法》第 37 条第 2 款规定:“受托人违背管理职责或者处理信托事务不当对第三人所负债务或者自己所受到的损失,以其固有财产承担。”其次,受托人请求补偿费用权的实现,以信托财产为限。如我国《信托法》第 37 条第 1 款就规定:“受托人因处理信托事务所支出的费用,对第三人所负债务,以信托财产承担。受托人以其固有财产先行支付的,对信托财产享有优先受偿的权利。”

(5)受托人请求辞任的权利。即受托人依据信托文件或法律的规定请求辞去受托人职务的权利。英美信托法不仅允许受托人经过受益人同意而辞去职务,还承认受托人在选定新受托人代替执行职务之后,也可以辞去职务。大陆法系国家为受托人辞任设定的条件较之于英美法系国家相对严格。如日本《信托法》第 43 条规定:“受托者除信托行为另有规定外,未取得受益者及委托者的同意,不得辞去其职务。”日本《信托法》第 46 条规定:“在发生不得已的事由时,经法院许可,受托者可以辞去其职务。”我国《信托法》第 38 条规定:“设立信托后,经委托人和受益人同意,受托人可以辞任。本法对公益信托的受托人的辞任另有规定的,从其规定。受托人辞任的,在新受托人选出前仍应履行管理信托事务的职责。”我国《信托法》第 66 条规定:“公益信托的受托人未经公益事业管理机构的批准,不得辞任。”

2.受托人的义务。

(1)给付信托利益的义务。信托利益包括信托财产本金及收益。我国《信托法》第 34 条规定了“受托人以信托财产为限向受益人支付信托利益”的义务。是否允许信托经营机构向受益人承诺保本,即是否允许受托人向委托人、受益人承诺保本或保证最低收益率,一旦信托财产的收益低于承诺的最低收益水平,受托人以其固有财产支付信托利益。从法律理论上讲,法律并不禁止受托人以其固有财产向受益人支付信托利益。为促进商业信托的发展,有的国家如日本曾允许商业信托的信托契约包含一个“保证本金和最低收益条款”。这种做法虽然促进了日本贷款信托的兴盛,对于日本信托业和长期金融的发展起到了积极的作用,但同时也给信托公司带来了沉重的负担,在信托资金收

益不佳的情况下，信托公司被迫以自身的经营收入来支付信托利益，从而使不少信托公司、信托银行陷入了债务危机。这是造成20世纪末日本一些规模较大的信托银行先后倒闭的重要原因之一。

我国采取了谨慎的态度，以确保商业信托的稳健发展。《信托公司管理办法》明确禁止信托公司承诺信托财产不受损失或者保证最低收益。[①] 该规定表明，信托是一种投资方式，与其他投资方式一样具有投资风险。

(2)忠实义务。日本《信托法》第30条明确规定“受托人必须为受益人忠实处理信托事务”。美国《统一谨慎投资者法》第5条规定：“受托人应当只忠诚于信托受益人的利益，投资和管理信托财产。”我国《信托法》未作明文规定受托人的忠实义务，但是该法第2条规定“受托人按委托人的意愿以自己的名义，为受益人的利益或者特定目的，进行管理或者处分的行为”，这已经包含了受托人的忠实义务。

(3)善良管理的义务。我国《信托法》第25条第2款规定：“受托人管理信托财产，必须恪尽职守，履行诚实、信用、谨慎、有效管理的义务。”受托人仅仅按照信托文件的规定处理信托事务是不够的，必须以善良管理人的注意，对信托财产实施管理或处分。

(4)信托财产的分别管理义务。我国《信托法》第29条规定：“受托人必须将信托财产与其固有财产分别管理、分别记账，并将不同委托人的信托财产分别管理，分别记账。”分别管理有利于受托人管理信托财产的透明化，防止受托人对委托人或受益人实施不忠实行为，保证受托人的债权人不得强制执行信托财产。

(5)亲自管理义务。又叫直接管理义务或自我管理义务。信托关系就是彼此之间的信赖关系。我国《信托法》第30条规定：“受托人应当自己处理信托事务，但信托文件另有规定或者有不得已事由的，可以委托他人代为处理。”

(6)受托人的公平义务。当信托的受益人为多数人时，除委托人赋予受托人自由裁量权以外，受托人必须公平对待所有共同受益人，这就是受托人的公平义务。受托人不能为了共同受益人之一的利益而损害其他受害人的利益。

(7)受托人保存记录义务和守密义务。我国《信托法》第33条第1款规定：“受托人必须保存处理信托事务的完整记录。”“记录”是指处理信托事务的全部、没有任何丢失和伪造的原始记录，包括信托财产目录的编制、账簿的设计、信托财产的收支、有关交易相对人的状况以及处理信托事务的方法。

就Lackey v. Lackey案而言，受托人Buster显然违背了忠实义务和公平义务。

① 中国银监会在2007年颁布的《信托公司管理办法》(银监会令2007年第2号)第34条中规定，信托公司开展信托业务，不得有下列行为：(1)利用受托人地位谋取不当利益；(2)将信托财产挪用于非信托目的的用途；(3)承诺信托财产不受损失或者保证最低收益；(4)以信托财产提供担保；(5)法律法规和中国银行业监督管理委员会禁止的其他行为。

(二)受益人的受益权

受益权是指受益人因信托有效成立而享有的权利。英美信托法将受益人视为信托财产的衡平法所有者,受益人享有信托财产的受益所有权。大陆法系则将受益人的受益权分为广义和狭义两种。广义的受益权是受益人享有的各项权利的总称,包括依照信托文件享有信托利益的权利以及其他各项权利。

案例 5.5:剩余的捐款该归谁

一、案情简介

1995 年 7 月,广西某县地税局职工余某不幸身患慢性粒性白血病,因个人无力负担巨额医疗费用,县地税局决定向社会募捐,并成立了“抢救余某资金管理委员会”。同年 12 月 22 日,县地税局又以该局名义向全国税务系统发出“紧急求援信”,信中说:“我局对捐款的使用进行监督,确保每一分钱都用在战友身上,并随时向您反馈捐款的使用情况。”求援信发出后,地税局共收到来自全国 30 个省、市、区 193 笔捐款,共计 222645.55 元;地税局将其全部存入资金管理委员会账户,并向每位捐赠人发出了感谢信。在此期间,余某家人根据需要从局里领款支付医药费。1998 年 12 月 28 日,余某逝世。此时,余某治病花了将近 10 万元,在资金管理委员会账户上尚余 14 万元。就剩余的 14 万元捐款,余父认为是余某的遗产,主张继承。地税局则认为此捐款不宜作遗产,对其婉拒。双方为此诉至法院。①

二、观点分歧

第一种观点认为,剩余的捐款属于余某的遗产,余某父亲有权继承。因为这些捐款是为了治疗余某所筹集的,捐赠人与余某之间形成赠与合同,余某是受赠人,对这些捐款享有所有权。该县税务局设立的“抢救余某资金管理委员会”只是代余某管理这些捐款。而且,税务局在“紧急求援信”中也曾经公开承诺“确保每一分钱都用在战友身上”。如今余某去世,由其父亲继承这些款项也符合余某生前的愿望。

第二种观点认为,余某父亲无权继承剩余款项,因为募集所得款项是由地税局保管支配并监督专款专用,而不是直接赠与余某本人的,因此余某并未取得这笔捐款的所有权,剩余 14 万不应属于余某的个人财产,故余某父亲无权继承。

第三种观点认为,剩余所捐的款项既不是余某的遗产,也不能再由税务局保管支配

---

① 《剩余的捐款该归谁》,http://www.110.com/ziliao/article-44835.html,下载日期:2014 年 10 月 21 日。

专款专用，因为余某已经死亡，税务局当初保管支配这些捐款的目的已经不复存在。另外，捐赠人捐款的目的是给余某治疗疾病，具有特定的目的，事实上款项是捐给了“抢救余某资金管理委员会”而不是余某本人的，余某对于该基金管理的款项只有在治疗疾病范围内的使用权和支配权，只是该笔款项的受益人，并不享有完全的所有权。因此，这些款项不是余某的遗产。如今余某死亡，该笔款项应当作为信托财产交给具有近似特定目的的公益机构管理和支配，以帮助像余某一样需要治疗的病人。

三、提示与参考

本案中的第三种观点实质上认为，在捐赠人、募集人及受益人之间形成了一种信托关系。地税局向社会大众发出求援信，是要约邀请——此时信托财产不确定，不具备使合同成立的要素；捐赠人将款项汇到地税局指定账户，要求地税局将捐款用于余某的治疗，是创设信托的要约；地税局接受捐款并发出感谢信即是承诺，表示接受要约，愿意按约履行职责，信托合同成立，三方形成信托关系。那么这一信托是私益信托还是公益信托呢？如果是私益信托，余某作为受益人去世后，其父亲仍然可以继承该信托财产。如果是公益信托，余某父亲则没有继承权。

公益信托是指为了公共利益的目的，使整个社会或社会公众的一个显著重要的部分受益而设立的信托。公益信托要求信托目的必须属于公益目的，1891 年英国著名法官 Lord Macnnaughten 在一个广为引用的经典案例 Commissioners of Income Tax v. Pemsel 中，将法律意义上的慈善目的概括为四类：救济贫困、促进教育、倡导宗教和其他有益于社会的目的。美国《信托法重述》第 368 条将公益目的概括为六类：救济贫困、促进教育、倡导宗教、增进健康、政府与社会目的、其他有利于社会利益的目的。公益信托，“又称慈善信托，是指出于公益目的，即使整个社会获得利益之目的而设立的信托”。理论上，关于“公益”的理解争议颇大。有观点认为，只要受益人特定，比如指名道姓的一个人或一定范围内的人，即使是救济贫困等目的，也不视作为公共利益；但英国立法对此情形做了例外理解：“为济贫目的设立信托，即使受益人特定，也仍可以成立公益信托。理论基础在于，少数人的贫困是整个社会问题，而贫穷本身也可能带来疾病、犯罪等社会问题，从而造成社会负担。因此，信托目的虽仅在于救济少数特定穷人，但从整体社会利益考虑，无疑减轻了社会负担，由此信托也具备了公共利益要素。”

尽管在募集当初，其受益人是特定的，仅为余某一人，但是其具有扶贫济困的性质，因此，该信托是公益信托而非私益信托。公益信托终止以后，有剩余财产的，应当适用近似原则——受托人应当将信托财产用于与原公益目的近似的目的，或者将信托财产转移给具有近似目的的其他公益信托、公益组织。

如我国《信托法》第 72 条规定：公益信托终止，没有信托财产权利归属人或者信托财产权利归属人是不特定的社会公众的，经公益事业管理机构批准，受托人应当将信托财产用于与原公益目的相近似的目的，或者将信托财产转移给具有近似目的的公益组织或者其他公益信托。依据我国《信托法》的上述规定，税务局应当在余某去世之后将所剩捐款转移给具有近似目的的公益组织或者其他公益机构。

当然，就我国现行法律而言，在司法实践中要认定本案中的捐赠人——募集人——受益人等等三者之间存在一项公益信托尚存在一定的障碍。一方面，我国《信托法》第62条明确规定："公益信托的设立和确定其受托人，应当经有关公益事业的管理机构（以下简称公益事业管理机构）批准。未经公益事业管理机构的批准，不得以公益信托的名义进行活动。公益事业管理机构对于公益信托活动应当给予支持。"由于税务局在为余某筹集治疗款项中设立的"抢救余某资金管理委员会"只是该局决定成立的一个临时性管理机构，并没有得到公益事业管理机构的批准，显然不能够以公益信托的名义进行活动，自然在上述三人之间就不存在成立一项公益信托的可能。另一方面，我国属于成文法国家，裁判案件的法官只能依据现行法律依法裁判，而不能像英美法系国家法官那样造法。因此，在一审法院广西区横县法院作出驳回余某父亲的诉讼请求后，二审法院南宁市中级人民法院撤销了一审判决，判决横县地税局将捐款所剩余额交给余某父亲，随后广西壮族自治区检察院向广西壮族自治区高级法院抗诉，广西壮族自治区高级法院对该案进行了再审，认为当初募捐行为是以"抢救余某资金管理委员会"而非余某的名义，捐款也没有直接寄给余某而是寄给了该委员会，故余某不享有这些款项的所有权，只是享有特定的受益权，故所剩余捐款不能作为余某的遗产处理，最后驳回了余某父亲的诉讼请求，并向有关部门提出了司法建议：该款属于公益财产，建议横县地税局将该款交给当地慈善机构或民政部门，以更好地实现捐款人的愿望。广西壮族自治区高级法院的判决通篇没有出现"信托"的字样，实际上是回避了我国现行《信托法》上述规定的缺陷，通过对这一案件事实的另 种解释，达到了与认定其为公益信托同样的目的。这可谓殊途同归，具有异曲同工之妙。

第六章 商业银行法

第一节 存款法律制度

案例 6.1:郭先生诉某银行违规支付定期存款案

一、案情简介

2005 年 6 月,郭先生将人民币 35000 元存入某银行在西城区的一家储蓄所,办理了一年期整存整取定期储蓄业务。郭先生在银行出具的《储蓄存款凭证》上填写了姓名、存期、金额、二代身份证号(18 位)、手机号、地址。2006 年 9 月 5 日,郭先生持存单到存款的储蓄所取款时,被告知存单已于 2005 年 12 月 6 日被挂失,2005 年 12 月 13 日存单账号下存款全部被取走。郭先生即向储蓄所申请查看挂失手续。在挂失申请书上,申请挂失人为手写的郭先生姓名,证件类型为身份证,号码为郭先生的一代身份证号码(15 位),挂失原因为存单丢失,账号、金额、开户日期、存期与郭先生存单上载明的信息一致,但申请挂失人的电话及地址均与郭先生办理存款时在《储蓄存款凭证》上留存的地址、电话不一致,后来经派出所核实,挂失人所填写的地址不存在。储蓄所留存的申请挂失人的身份证复印件为一代身份证特征,载明的姓名、性别、出生日期、民族与郭先生本人身份证一致,住址与郭先生身份证上的住址不一致,编号为郭先生的一代身份证编号,身份证复印件上的照片影像也不是郭先生本人。根据银行提供的《特殊业务凭证》及《储蓄存款利息清单》所载明的内容,存单被挂失后,相关存款及利息共计35100.24 元(税后)被转至新的账号内,于 2005 年 12 月 13 日被人以郭先生的名义取走。2006 年

9月，郭先生诉至法院，要求法院判决令储蓄所承担支付责任。①

二、观点分歧

第一种观点认为，被告银行在存款支付过程中未能尽到审核义务，具有过失，应当承担支付责任。因为储蓄所保留的挂失手续不是其本人签字，用于挂失的身份证照片及地址与其身份证不符。其在办理存单时，留过手机号码，银行下属储蓄所的工作人员既未对申请挂失人在挂失申请书中填写的地址与郭先生办理存款时填写的地址即郭先生身份证载明的住址是否一致进行审核，也未对申请挂失人提交的身份证与郭先生开户时所使用的身份证编号是否一致进行核实，导致郭先生的存单被他人用虚假的身份证进行挂失且取走存款。这表明储蓄所工作人员在办理挂失、支取等手续时未尽到谨慎审核的注意义务，具有过失。银行对冒领存款之人的支付不能构成有效清偿，应当对郭先生承担支付责任。

第二种观点认为，银行对于存款被冒领不存在过失，不应当对郭先生承担存款支付责任。首先，对于原告开户时所留存的地址信息，因为在日常生活中存在较大的变动性，虽然开户时留存，但是并不能作为核对的依据。其次，2005年12月6日，挂失申请人办理存款挂失时所提供的身份证件，其上记载的姓名和身份证号码信息与原告开户留存的信息完全一致。因身份证号码具有唯一性，且根据《关于办理存单挂失手续有关问题的复函》的规定，银行仅对身份证件进行形式审查。故在姓名与身份证号码核对一致的情况下，银行工作人员有充足的理由确认申请挂失人为郭先生本人，故银行受理并处理了该存单的挂失申请。根据《储蓄管理条例》第29条的规定："未到期的定期储蓄存款，储户提前支取的，必须持存单和存款人身份证明办理。"2005年12月13日，依照挂失申请人提供的身份证件、存单和密码，银行为挂失人办理了提前支取存款手续。银行的行为是符合法律法规规定和业务操作流程的，已尽到审核义务，不存在过错。因此，存款冒领的直接原因是郭先生未能保存好自己的账号、密码和身份证件所致，银行在此过程中并无过失，不应当对郭先生承担支付责任。

三、提示与参考

关于银行对客户身份的审查义务问题，在司法实践中一直存在较大争议。根据中国人民银行1991年《〈关于储蓄存款提前支取身份证及核对无误解释问题的请示的答复〉》、《关于定期存款提前支取核对证件内容问题的复函》、1993年《关于未到期定期储蓄存款提前支取如何审查证件和处理业务问题的复函》和《关于执行储蓄管理条例的若干规定》，以及1997年《关于办理存单挂失手续有关问题的复函》的有关规

① 王文波：《银行未尽审核义务储户存款被人冒领法院终审判决要求银行承担支付责任》，http://blog.sina.com.cn/s/blog_58ea5c7801000a2n.html，下载日期：2014年10月22日。

定，银行对身份证件只进行形式审查，不负有鉴别证件真伪的责任。这些规定的主要依据是：基于我国当时的金融基础设施及技术水平，仅有公安及少数机关掌握了识别身份证真伪的能力，银行尚不具备审查身份证真伪的能力，相关法规亦未赋予银行该责任。

但是，在司法实践中，各地方法院对此问题的态度并不完全一致：有的强调银行必须对身份证件进行实质性审查；有的法院则认为只进行简单的形式审查即可。不过，也有法院依据最高人民法院《关于审理票据纠纷案件若干问题的规定》第 69 条之规定要求银行承担责任。该条规定："付款人或者代理付款人未能识别出伪造、变造的票据或者身份证件而错误付款，属于票据法第五十七条规定的'重大过失'，给持票人造成损失的，应当承担民事责任。"这实际上是采用类推的方法将上述规定扩大适用到储蓄存款合同纠纷领域。①

案例 6.2：周培栋诉江东农行储蓄合同纠纷案

一、案情简介

原告诉称：原告持农行金穗借记卡去被告下属的火车站分理处，准备取现金 54600 元，以清偿为他人担保的货款。当原告向柜台营业员提出取款要求时，营业员拒绝服务，让原告到自动取款机上取款。原告多次向营业员声明不会刷卡，请求为其办理取款手续。但该营业员仍加以拒绝，说"取款机上有提示，一看就明白"。由于原告不知道在自动取款机上一次取款不得超过 5000 元，且也不懂操作方法，导致取不出款来。原告转身大声向营业员求助，但无人理睬。

此时有人趁机将原告的金穗借记卡取出并调换，原告未发觉。原告持借记卡再次在柜台取款时，才知道借记卡被调包，当即请求营业员为原告办理挂失止付手续。营业员要求原告提供卡号或存折号。原告因借记卡已被调包，卡号记不清，存折没有带在身上，只好告诉营业员只有身份证和密码。营业员称："没有办法，你只能到开户行办理挂失。"当原告赶到开户行办理挂失时，才知道借记卡里的存款已被人分 4 次共盗取 53006 元。由于被告的营业员拒绝为原告提供柜台取款，拒绝帮助指导原告刷卡，拒绝按密码为原告办理挂失止付，才使原告的存款被盗取。原告请求判令被告赔偿原告的经济损失 53006 元，精神损失 1 万元，并负担本案诉讼费用。

被告辩称：原告到被告处取款时，没有说明自己要取多少款。因业务较忙，营业员建

① 张炜主编：《银行业法制年度报告 2006》，法律出版社 2007 年版，第 161 页。

议原告到自动取款机上办理，并向其告知：自动取款机屏幕上有提示，跟着提示操作即可。①

二、观点分歧

第一种观点认为，被告对原告不承担赔偿责任。因为被告已经告知原告依据自动取款机提示操作取款，原告由于自己操作错误且未对银行卡尽到妥善保管义务，使得银行卡被调包，从而使得银行卡里的存款被盗取。银行对于存款被盗没有过错，不应承担赔偿责任。

第二种观点认为，银行应当承担赔偿责任。因为依据《商业银行法》的规定，银行负有保证支付存款义务和保密义务。保证支付不仅是指银行不得拖延、拒绝支付，还包括银行应当以适当的方式履行支付义务。当原告周培栋持卡第一次在被告江东农行下属的火车站分理处柜台前要求取款时，无论其是否说出取款数额，江东农行的营业员都不得以任何理由拒绝提供适当服务。特别是周培栋已经向营业员告知其不会使用自动取款机后，营业员仍只是简单告知“屏幕上有提示，你跟着提示办理就行了”，再未主动提供任何服务，没有履行保证支付的法定义务。银行的保密义务不仅是指银行对储户已经提供的个人信息保密，也包括要为到银行办理交易的储户提供必要的安全、保密的环境。被告江东农行下属的火车站分理处，将自动取款机置于人员众多且流动性大的营业大厅内，只在取款机上方张贴一警示纸条，周围无任何安全防范措施，不能保证旁人无法接近正在使用自动取款机的储户，无法偷窥储户在自动取款机上的密码，客观上使储户无法在保密状态下安全使用自动取款机。②

三、提示与参考

《商业银行法》第 29 条规定：“商业银行办理个人储蓄存款业务，应当遵循存款自愿、取款自由、存款有息、为存款人保密的原则。”关于储户的取款自由，除法律法规、行政规章另有规定之外，银行不得以任何理由拒绝或限制储户的取款要求。取款自由表现在以下几个方面：是否取款的自由；取款时间的自由；取款方式的自由；取款数额的自由。

自由就是做法律所许可的事情。法律对取款自由的限制主要体现在以下几个方面：

(1)取款数额方面的限制。如个人取款 5 万元以上，要求提供有效身份证件。又如《银行卡业务管理办法》第 36 条规定：“发卡银行对贷记卡的取现应当每笔授权，每卡每

---

① 《周培栋诉江东农行储蓄合同纠纷案》，http://www.110.com/panli/panli_59832.html，下载日期：2016 年 7 月 4 日。

② 该观点是本案一审法院的裁判意见。

日累计取现不得超过2000元人民币。发卡银行应当对持卡人在自动柜员机(ATM机)取款设定交易上限,每卡每日累计提款不得超过5000元人民币。"

(2)取款时间上的限制。一次性提取现金20万以上,至少提前1天以电话等方式预约。

(3)取款次数上的限制。现行法律法规并未对储户取款次数进行限制。一方面是合同约定限制,如《金穗借记卡章程》第6条规定,在ATM机上取现,每日累计不超过5次。另一方面是诚实信用原则的限制。如淮北20岁女孩霸占取款机:一次100元取款半小时。又如武汉一名储户在银行办理业务时,因叫号问题与员工发生争执。储户竟带着300枚1元硬币来到该行,一枚枚存入,并称如果银行不道歉,他就会继续使用这种方法,直到讨到说法为止。

案例6.3:全国最大网络银行被盗案引发的存款合同纠纷案

一、案情简介

2005年5月11日,储户庄某发现存在晋江农行的777万元存款被人盗领.警方侦查发现,该盗窃案是嫌犯持伪造的庄某的身份证和一张银行借记卡到农行某支行开通了庄某账户网上银行业务,再通过互联网破译了庄某的银行卡密码,于是2005年5月10日将庄某账户上的存款通过网上银行转账,转775万元至赵某账上,转2万元至钱某账上。赵某账上的775万元于2005年5月11日上午在北京被人全部领走。破案后,警方抓获了部分嫌犯(刑事案件已判决生效),追回了200多万元,但尚有548万元至今无法追回。

另查明,嫌犯申请网银业务时所持伪造的身份证与庄某真实的身份证照片、住址等多处明显不同,而且在"1999年12月26日"这一发证时间,南安县早已在此之前的1992年撤县建市,但该证的发证机关仍为"南安县公安局"。

另外,庄某曾将银行卡密码告诉过其他家人,但从公安机关侦查的内容来看,目前尚无证据证明原告庄某将密码泄露给亲属之外的其他人或其亲属也涉嫌参与犯罪。

此外,庄某在农业银行办理的是金穗卡,《金穗卡章程》明确规定:"凡密码相符的交易均视为客户实施操作的合法交易。"[①]

二、观点分歧

第一种观点认为,农业银行不承担支付剩余存款的责任。因为庄某在农业银行办理

① 《农行储户777万巨款不翼而飞　网上银行存隐患》,http://www.qingdaonews.com/content/2007-10/21/content_43801.htm,下载日期:2014年10月22日。

金穗卡时，银行已经与其约定“凡密码相符的交易均视为客户实施操作的合法交易”。

第二种观点认为，农业银行应当承担支付剩余存款的责任。理由如下：其一，嫌犯申请网银业务时所持伪造的身份证与庄某真实的身份证照片、住址等多处明显不同，而且在“1999 年 12 月 26 日”这一发证时间，南安县早已在 1992 年就撤县建市了，但该证的发证机关仍为“南安县公安局”。因此，晋江农行的代理行在开通庄某账户网络银行业务时存在明显过失，未尽审查申请资料真实性的义务，造成嫌犯假冒庄某申请网银业务成功。

其二，《金穗卡章程》中关于“凡密码相符的交易均视为客户实施操作的合法交易”的规定，作为格式条款不考虑储户是否有过错，不具体分析失密的原因，这无疑加重了储户的责任，有悖于公平原则，违反了《合同法》第 40 条的规定因而无效，晋江农行不能仅依该条款约定而免责。[①]

三、提示与参考

网上银行纠纷案件是随着互联网的兴起所出现的新型银行纠纷。我国各地法院对网上银行纠纷案件的裁判存在不同的意见。如在北京市首例网上银行纠纷案件中，杨先生在工商银行存了 7 万多元，取钱时却只剩下 1 万多元，6 万多元不翼而飞，杨先生遂将工商银行北京海淀西区支行、海淀支行告上法庭，要求工行赔偿。审理此案的海淀区法院认为：通过杨先生提交的存折可知，杨先生进行过网上银行交易，由此可知其进行了登录密码及支付密码的设置，密码是不为外人所知的，其对密码对于保证交易安全的重要性应是明知的，杨先生应保证密码的私密性，妥善保管密码，应承担因其个人原因导致密码泄漏而产生的一切不利后果；银行作为提供网上银行操作服务的一方，其义务是按照客户指令提供网上银行的相关服务，经审理查明，原工行海淀支行西苑储蓄所在客户申请网上银行业务时尽到了相关审查核实义务，在客户进行网上银行操作过程中尽到了相关提示义务，在客户能够准确输入登录密码以及交易密码的前提下，对于客户发出的汇款指令予以接受，并提供了相关服务，收取了相应的手续费，原工行海淀支行西苑储蓄所已完全履行了合同义务，因杨先生不能提供充分证据证明其存款消失是因工行过错导致，驳回了杨先生的诉讼请求，对于杨先生要求工行海淀支行与工行西区支行共同承担赔偿存款责任的诉讼请求法院不予支持。

不过，该案裁判也遭受了不少质疑，例如要求杨先生提供证据证明存款消失是由于工行过失所致，这对于作为网络银行客户的杨先生而言无疑具有较大困难。因为网络银行客户相对银行而言处于弱势地位，在责任不明确时，客户无法进入银行系统查找其是否存在漏洞，也无法发现业务流程是否有不合规之处。造成网络银行存款流失的原

① 《合同法》第 40 条规定：“格式条款具有本法第五十二条和第五十三条规定情形的，或者提供格式条款一方免除其责任、加重对方责任、排除对方主要权利的，该条款无效。”

因很多,既有可能客户保管个人资料而泄露个人密码所致,也有可能是因黑客攻击或银行系统本身不安全所致。

案例6.4:支付宝与银行是否应对储户的5万元承担赔偿责任

一、案情简介

杨某在某银行处开立一储蓄账户,2013年10月24日早上8时许,手机短信提示该卡在早上8时06分有入账458元,余额12541.32元。卡上原来有6.9万余元,一下子余额少了5万元。杨某当即到开户行询问,得知10月24日凌晨2时48分该卡通过支付宝转账支出5万元。杨某报案,认为罪犯利用银行和支付宝公司的系统漏洞盗取款项。后来,杨某起诉该银行及支付宝公司,请求两被告支付储蓄存款5万元。

二、观点分歧

第一种观点认为,银行不承担赔偿责任,损失应当由支付宝公司与储户分担。杨某账户内资金的划账是通过支付宝平台交易的,并未通过银行的系统对外支付,也未校验银行卡磁道信息,故交易过程银行不存在任何过错。杨某对银行卡号、支付宝密码等信息未尽妥善保管义务,支付宝公司也未尽资金安全保障义务。因此,损失应当由支付宝公司与储户分担。

第二种观点认为,银行与支付宝公司均不承担赔偿责任。因为涉案支付为正常支付并无被盗特征,是在正常登录后的可信环境下发生的,操作人通过了短信验证码的验证,如果涉案支付并非杨某所为,那么必然是杨某未妥善保管手机导致验证码泄露。杨某主张的被盗事实并不成立,且公安机关未予立案也说明公安机关认为并不存在被盗事实,故该公司不应承担责任。此外,被告支付宝公司就其履行合同义务,已向杨某发出"付款校验码"的事实进行了举证,杨某否认其收到该短信的事实,应当举证证明。杨某既未能证明涉案"支付宝转账"是存款被盗的事实,亦不能证明两被告对涉案"支付宝转账"行为存在违反合同义务或过错责任的事实,故依法应承担不利的后果。[①]

三、提示与参考

本案是互联网金融时代发生的新型纠纷案件,涉及银行、第三方支付平台及客户(消费者)等三方当事人。客户在使用支付宝这一第三方支付平台时将其银行卡与其在该平台的账户进行绑定,导致卡内资金损失的原因很多,不一定是第二种观点所宣称的

① 魏丽娜:《用户储蓄卡内5万消失:告支付宝被驳回 银行称无责任》,载《广州日报》2014年11月20日。

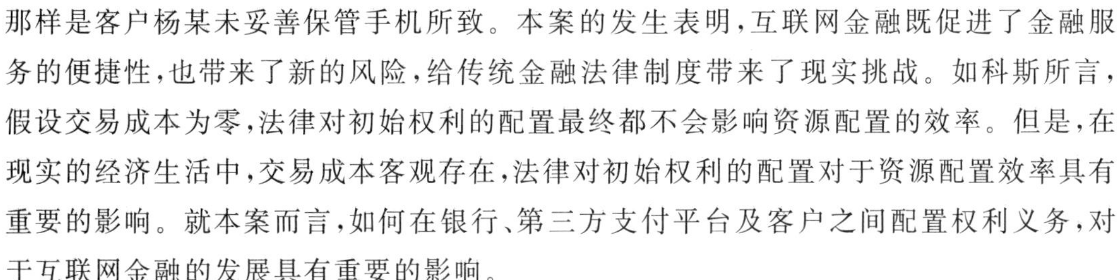

那样是客户杨某未妥善保管手机所致。本案的发生表明,互联网金融既促进了金融服务的便捷性,也带来了新的风险,给传统金融法律制度带来了现实挑战。如科斯所言,假设交易成本为零,法律对初始权利的配置最终都不会影响资源配置的效率。但是,在现实的经济生活中,交易成本客观存在,法律对初始权利的配置对于资源配置效率具有重要的影响。就本案而言,如何在银行、第三方支付平台及客户之间配置权利义务,对于互联网金融的发展具有重要的影响。

案例 6.5:武汉市公安局与东方娱乐有限公司不服划扣存款纠纷上诉案

一、案情简介

上诉人(原审被告):武汉市公安局;被上诉人(原审原告):东方娱乐有限公司;原审被告:武汉市公安局江岸分局。

原审法院查明:东方娱乐有限公司于 1993 年成立,1995 年 7 月广泰实业发展公司与东方娱乐有限公司洽谈,广泰实业发展公司是经工商机关登记为集体性质的企业,注册资金 198 万元。承包东方公司时,湖北省正信会计师事务所对该公司 1995 年上半年的主要会计报表审阅后出具的证明书证明:该公司已拥有净资产 680.29 万元,并成立了三个子公司和一个控股的中外合资公司,公司的投资能力为 848 万元,至 6 月末银行存款余额 216 万元。该证明反映了该公司具有承包经营其他企业的经济实力。双方于 1995 年 8 月 1 日签订了承包经营合同。合同规定:广泰实业发展公司承包东方娱乐有限公司 5 年,签约起 5 日内交付东方娱乐有限公司承包风险抵押金 80 万元。当天,广泰实业发展公司即向东方娱乐有限公司账户汇入人民币 80 万元,东方娱乐有限公司也将有关财产、场所移交给广泰实业发展公司经营。1996 年 8 月底,东方娱乐有限公司的财会人员得知其账户上的 82.1 万元被扣划,同时看到武汉市公安局三处制作的无文号、无时间、无被处理人的追缴赃款决定书和武汉市公安局江岸分局 1996 年 6 月 26 日作出的武公三刑字第 30125 号协助扣划存款通知书,故提起诉讼。

还查明:东方娱乐有限公司和广泰实业发展公司在签订和履行合同中均不存在犯罪或者犯罪嫌疑,被告追缴赃款决定书中认定林克强将诈骗所得的赃款 82.1 万元转入建设银行营业部的账号,户主是武汉市公安局三处。追缴、扣划文书至今未向原告送达。原判认为:两公司的合同合法有效,两被告以刑事侦查为名非法扣划原告的合法财产,应予返还并承担赔偿责任。依照《中华人民共和国行政诉讼法》第 54 条第(2)项第 1 目、第 3 目、第 5 目,《国家赔偿法》第 2 条第 1 款、第 4 条第(2)项、第 28 条第(2)项、第(3)项之规定,判决撤销两被告的追缴、扣划决定,责令两被告返还 82.1 万元给原告,并赔偿原告损失 8850.29 元。

另查明：在一审开庭审理时，被告述称其扣划行为是根据犯罪嫌疑人的口供及资金流向作出的，但却未能提供有关证据材料，只是在一审庭审结束后才于1996年11月1日询问了林克强并将询问笔录交给了原审法院，该笔录中林说是广泰实业发展公司的欧阳琳向其借钱并口头说由林任董事长等。一审庭审时被告提供的规范依据是银发〔1993〕356号文件、公安部《关于贯彻实施行政诉讼法若干问题的通知》及《公安机关办理刑事案件程序规定》。①

二、观点分歧

第一种观点认为，一审认定是原告的合法财产错误。追缴扣划行为是依照《刑事诉讼法》所作的司法行为，不属于行政诉讼的受案范围。因为公安机关在侦查林克强诈骗案件中，经询问发现赃款去向，即林与广泰实业发展公司共同承包经营东方公司，并将诈骗所得的赃款312万元转入广泰实业发展公司账户，用于支付承包抵押金，并于1995年8月3日将其中的80万元转入东方公司在交通银行江汉路办事处的账号上。建立在违法基础上的承包合同是无效的。

第二种观点认为，东方娱乐有限公司和广泰实业发展公司都不是犯罪人或犯罪嫌疑人，公司与林克强不存在“共同承包”之事。原审被告扣划其合法取得的风险抵押金没有依据。一审庭审中被告未能提供作出扣划行为的依据，一审判决后，被告将诉讼中自行收集且自相矛盾的证据作为依据，违反《行政诉讼法》的规定。

三、提示与参考

本案涉及的主要问题：本案所涉存款是不是赃款？如果是赃款，公安机关应当依法予以追缴。2018年修正的《刑事诉讼法》第245条第1款规定：“公安机关、人民检察院和人民法院对查封、扣押、冻结的犯罪嫌疑人、被告人的财物及其孳息，应当妥善保管，以供核查，并制作清单，随案移送。任何单位和个人不得挪用或者自行处理。对被害人的合法财产，应当及时返还。对违禁品或者不宜长期保存的物品，应当依照国家有关规定处理。”同条第3款规定：“人民法院作出的判决，应当对查封、扣押、冻结的财物及其孳息作出处理。”同条第4款规定：“人民法院作出的判决生效以后，有关机关应当根据判决对查封、扣押、冻结的财物及其孳息进行处理。对查封、扣押、冻结的赃款赃物及其孳息，除依法返还被害人的以外，一律上缴国库。”

此外，对于个人或单位在银行的存款，我国哪些国家机关可以依法查询、冻结和划拨银行存款？我国《商业银行法》《海关法》《税收征管法》《民事诉讼法》等法律中进行了规定。

---

① 《武汉市公安局与东方娱乐有限公司扣划存款行为案》，http://www.110.com/panli/panli_50050.html，下载日期：2014年11月8日。最高人民法院行政判决书〈1997〉行终字第6号。

《商业银行法》第 29 条规定："商业银行办理个人储蓄存款业务，应当遵循存款自愿、取款自由、存款有息、为存款人保密的原则。对个人储蓄存款，商业银行有权拒绝任何单位或者个人查询、冻结、扣划，但法律另有规定的除外。"《商业银行法》第 30 条规定："对单位存款，商业银行有权拒绝任何单位或者个人查询，但法律、行政法规另有规定的除外；有权拒绝任何单位或者个人冻结、扣划，但法律另有规定的除外。"

"协助查询、冻结、扣划"是指金融机构依法协助有权机关查询、冻结、扣划单位或个人在金融机构存款的行为。协助查询是指金融机构依照有关法律或行政法规的规定以及有权机关查询的要求，将单位或个人存款的金额、币种以及其他存款信息告知有权机关的行为。协助冻结是指金融机构依照法律的规定以及有权机关冻结的要求，在一定时期内禁止单位或个人提取其存款账户内的全部或部分存款的行为。协助扣划是指金融机构依照法律的规定以及有权机关扣划的要求，将单位或个人存款账户内的全部或部分存款资金划拨到指定账户上的行为。

依据《民事诉讼法》第 242 条的规定，被执行人未按执行通知履行法律文书确定的义务，人民法院有权向有关单位查询被执行人的存款、债券、股票、基金份额等财产情况；人民法院有权根据不同情形扣押、冻结、划拨、变价被执行人的财产。人民法院查询、扣押、冻结、划拨、变价的财产不得超出被执行人应当履行义务的范围；人民法院决定扣押、冻结、划拨、变价财产，应当作出裁定，并发出协助执行通知书，有关单位必须办理。依据《民事诉讼法》第 243 条的规定，被执行人未按执行通知履行法律文书确定的义务，人民法院有权扣留、提取被执行人应当履行义务部分的收入，但应当保留被执行人及其所扶养家属的生活必需费用；人民法院扣留、提取收入时，应当作出裁定，并发出协助执行通知书，被执行人所在单位、银行、信用合作社和其他有储蓄业务的单位必须办理。

税务机关查询、冻结和划拨存款的法律依据是《税收征管法》第 40 条。依据该条规定，从事生产、经营的纳税人、扣缴义务人未按照规定的期限缴纳或者解缴税款，纳税担保人未按照规定的期限缴纳所担保的税款，由税务机关责令限期缴纳，逾期仍未缴纳的，经县以上税务局（分局）局长批准，税务机关可以采取下列强制执行措施：(1) 书面通知其开户银行或者其他金融机构从其存款中扣缴税款；(2) 扣押、查封、依法拍卖或者变卖其价值相当于应纳税款的商品、货物或者其他财产，以拍卖或者变卖所得抵缴税款。个人及其所扶养家属维持生活必需的住房和用品，不在强制执行措施的范围之内。

海关查询、冻结和划拨存款的法律依据是《海关法》第 6 条和第 61 条。《海关法》第 6 条规定，在调查走私案件时，经直属海关关长或者其授权的隶属海关关长批准，可以查询案件涉嫌单位和涉嫌人员在金融机构、邮政企业的存款、汇款。《海关法》第 61 条规定，进出口货物的纳税义务人在规定的纳税期限内有明显的转移、藏匿其应税货物以及其他财产迹象的，海关可以责令纳税义务人提供担保；纳税义务人不能提供纳税担保

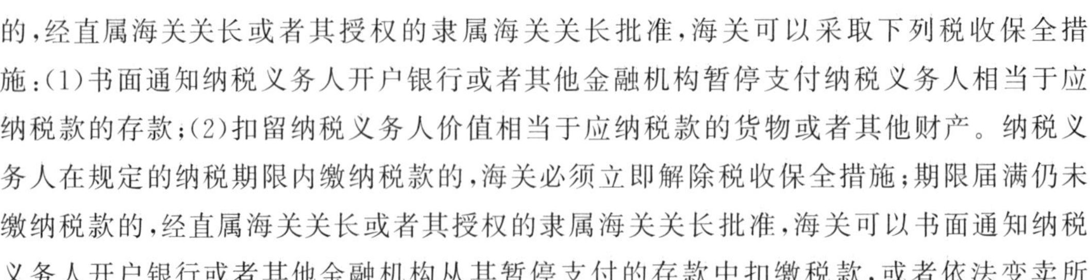

的，经直属海关关长或者其授权的隶属海关关长批准，海关可以采取下列税收保全措施：(1)书面通知纳税义务人开户银行或者其他金融机构暂停支付纳税义务人相当于应纳税款的存款；(2)扣留纳税义务人价值相当于应纳税款的货物或者其他财产。纳税义务人在规定的纳税期限内缴纳税款的，海关必须立即解除税收保全措施；期限届满仍未缴纳税款的，经直属海关关长或者其授权的隶属海关关长批准，海关可以书面通知纳税义务人开户银行或者其他金融机构从其暂停支付的存款中扣缴税款，或者依法变卖所扣留的货物或者其他财产，以变卖所得抵缴税款。

证监会查询、冻结存款的依据是《证券法》第 170 条：查询当事人和与被调查事件有关的单位和个人的资金账户、证券账户、银行账户以及其他具有支付、托管、结算等功能的账户信息，可以对有关文件和资料进行复制；对有证据证明已经或者可能转移或者隐匿违法资金、证券等涉案财产或者隐匿、伪造、毁损重要证据的，经国务院证券监督管理机构主要负责人或者其授权的其他负责人批准，可以冻结或者查封。

银监会查询存款的法律依据是《银行业监督管理法》第 41 条。依据该条规定，经国务院银行业监督管理机构或者其省一级派出机构负责人批准，银行业监督管理机构有权查询涉嫌金融违法的银行业金融机构及其工作人员以及关联行为人的账户；对涉嫌转移或者隐匿违法资金的，经银行业监督管理机构负责人批准，可以申请司法机关予以冻结。

保监会查询存款的法律依据是《保险法》第 154 条。依据该条规定，经国务院保险监督管理机构负责人批准，保险监督管理机构可以查询涉嫌违法经营的保险公司、保险代理人、保险经纪人、保险资产管理公司、外国保险机构的代表机构以及与涉嫌违法事项有关的单位和个人的银行账户。对有证据证明已经或者可能转移、隐匿违法资金等涉案财产或者隐匿、伪造、毁损重要证据的，经保险监督管理机构主要负责人批准，保险监督管理机构可以申请人民法院予以冻结或者查封。

第二节　贷款法律制度

案例 6.6：大午集团公司是非法吸收公众存款还是合法的民间借贷？

一、案情简介

检察院指控：1993 年以来大午集团公司未经人民银行批准，违反《银行法》和《非法金融机构和非法金融业务活动取缔办法》的有关规定，公开向内部及周边村镇群众非法吸收公众存款。大午集团2000年1月至2003年5月间,以高于银行同期存款利率、承诺不交利息税等方式,出具名为“借款凭证”或“借据”实为存单的制式凭证,向社会公众非法吸收存款1627单,近2亿元。法院经核实,认定:自从1996年起,大午集团公司采用职工入股的方式融资,后来逐渐扩大到附近村民,共计4742人,累计“借款”1.8亿。①

二、观点分歧

第一种观点认为,大午集团公司是合法的民间借贷行为,有利于解决企业自身的融资需求,不构成非法吸收公众存款罪。因为贷款市场应当是有多种形式和层次的,不应当仅仅限于商业银行贷款。既然银行不能适应中小企业的贷款需求,那么政府与其让民间钱庄偷偷运营,不如将一些运作较为规范的民间金融活动纳入政府的监管,使其在阳光下运行。

第二种观点认为,依据《非法金融机构和非法金融业务活动取缔办法》的规定,大午集团公司的行为属于变相吸收公众存款,即“未经中国人民银行批准,不以吸收公众存款的名义,向社会不特定对象吸收资金,但承诺履行的义务与吸收公众存款性质相同的活动”,而且数额较大,违反了国家金融管理法律规定,扰乱国家金融管理秩序。因此,该公司的行为构成了非法吸收公众存款罪。

三、提示与参考

本案与下一个案例涉及我国社会经济生活中的一个重大问题——以民间借贷为主的民间金融问题。民间金融即非正规金融(informal finance),世界银行将它界定为没有被中央银行或监管当局所控制的金融活动,是对于在国家金融体系外运行的金融活动的统称。关于民间借贷与非法集资之间的关系问题将在下个案例中一并探讨。

案例6.7:浙江东阳吴英集资诈骗案中的是与非

一、案情简介

被告人吴英在2006年4月成立本色控股集团有限公司前,即以每万元每日35元、40元、50元不等的高息或每季度分红30%、60%、80%的高投资回报为诱饵,从俞亚素、唐雅琴、夏瑶琴、徐玉兰等人处集资达1400余万元。吴英在已负债上千万元的情况下,为资金链的延续,于2005年下半年开始,继续以高息和高额回报为诱饵,大量非法集资,并用非法集资款先后虚假注册了多家公司。为掩盖其已巨额负债的事实,又隐瞒事

① 何乡:《亿万富翁孙大午案件回放》,http://gb.cri.cn/1827/2004/09/20/405@305049_2.htm,下载日期:2014年11月9日。

实真相，采用给付高息或高额投资回报，用非法集资款购置房产、投资、捐款等方法，进行虚假宣传，给社会公众造成其有雄厚经济实力的假象，骗取社会资金。从 2005 年 5 月至 2007 年 2 月，被告人吴英以高额利息为诱饵，以投资、借款、资金周转等为名，先后从林卫平、杨卫陵、杨卫江等 11 人处非法集资人民币 77339.5 万元，用于偿还本金、支付高额利息、购买房产、汽车及个人挥霍等，实际集资诈骗人民币 38426.5 万元。

被告人吴英在负债累累，无经济实力的情况下，仍对非法集资款随意处分和挥霍。如花 2300 多万元购买上亿元的珠宝，不用于经营，而是随意送人或用于抵押；不考虑自己的经济实力，投标或投资开发房地产，造成 1400 万元保证金、定金被没收；用集资款捐赠达 230 万元；在无实际用途的情况下，花近 2000 万元购置大量汽车，其中为本人配置购价 375 万元的法拉利跑车；为所谓的拉关系随意给付他人钱财 130 万元；其本人一掷千金，肆意挥霍，其供认花 400 万元购买名衣、名表、化妆品，同时进行高档娱乐消费等花费达 600 万元。被告人吴英不仅随意处分和挥霍集资款，巨额非法集资款本人竟无记录，公司账目也管理混乱，三个会计师事务所均无法进行审计。①

二、观点分歧

第一种观点认为，被告人吴英以非法占有为目的，隐瞒事实真相，虚构资金用途，以高额利息或高额投资回报为诱饵，骗取集资款人民币 77339.5 万元，实际集资诈骗人民币 38426.5 万元，数额特别巨大，其行为不仅侵犯了他人的财产所有权；而且破坏了国家的金融管理秩序，已构成集资诈骗罪。鉴于被告人吴英集资诈骗数额特别巨大，给国家和人民利益造成了特别重大损失，犯罪情节特别严重，应依法予以严惩。②

第二种观点认为，被告人吴英的行为不构成集资诈骗罪。主要理由：

(1)被告人吴英主观上无非法占有的目的。公诉机关指控被告人吴英“明知没有归还能力而大量骗取资金”没有事实依据；吴英所借款项用于公司经营有关的房产、汽车、购买股权等活动，只有小部分购买了珠宝，且购买珠宝的目的也是经营；吴英不具有“其他非法占有资金、拒不返还的行为”，其所借款项由于种种原因客观上无力返还，而不是有能力归还故意霸占不予返还。

(2)被告人吴英在借款过程中没有使用虚构事实等手段骗取他人财物。

(3)本案所涉被害人均属亲戚朋友和熟人，不属“社会公众”，不能以非法集资论。

(4)本案被指控的行为属公司行为，被告人吴英系本色集团有限公司的董事长，所得借款也用于公司活动。

(5)本案被告人吴英系本色集团有限公司的法定代表人，其向本案被害人借款时，

---

① 《吴英集资诈骗案一审判决书》，http://www.chinalawyeryn.com/xingshibianhu/xingshianli/20130927/16381.html，下载日期：2014 年 11 月 9 日。

② 此为一审法院的裁判意见。

有的是以单位的名义，有的虽然以个人名义，但是所借款均用于单位的经营活动，根据法律的规定，属于单位行为。

(6)公诉机关指控事实不清、证据不足。本案集资款的数额、还款数额有的只是按照当事人的陈述，没有客观、翔实的证据；集资款具体去向未经司法鉴定；现公诉机关提供的对吴英公司的财产鉴定结论书不公正、不客观、不准确、不全面。

综上所述，吴英的行为属于一种民间借贷行为，不符合《中华人民共和国刑法》关于集资诈骗罪的规定，请求对被告人吴英作出无罪判决。[①]

三、提示与参考

关于民间借贷，我国曾经实施和正在实施的规定主要有：

(一)《最高人民法院关于人民法院审理借贷案件的若干意见》(1991)[②]

民间借贷的利率可以适当高于银行的利率，各地人民法院可根据本地区的实际情况具体掌握，但最高不得超过银行同类贷款利率的4倍(包含利率本数)。超出此限度的，超出部分的利息不予保护。

(二)《最高人民法院关于如何确认公民与企业之间借贷行为效力问题的批复》(1999年2月13日起施行)[③]

公民与非金融企业(以下简称企业)之间的借贷属于民间借贷。只要双方当事人意思表示真实即可认定有效。但是，具有下列情形之一的，应当认定无效：(1)企业以借贷名义向职工非法集资；(2)企业以借贷名义非法向社会集资；(3)企业以借贷名义向社会公众发放贷款；(4)其他违反法律、行政法规的行为。借贷利率超过银行同期同类贷款利率4倍的，按照最高人民法院法(民)发〔1991〕21号《关于人民法院审理借贷案件的若干意见》的有关规定办理。

(三)《贷款通则》和《非法金融机构和非法金融业务活动取缔办法》

1996年制定的《贷款通则》严格禁止民间融资活动，规定贷款人必须是依法设立的中资金融机构，并经中国人民银行批准经营贷款业务。其中第61条明令禁止非金融企业从事借贷融资行为。《贷款通则》规定的“贷款”实际上限于“商业银行的贷款”。借款人应当是经工商行政管理机关(或主管机关)核准登记的企(事)业法人、其他经济组织、个体工商户或具有中华人民共和国国籍的具有完全民事行为能力的自然人。贷款人必须经中国人民银行批准经营贷款业务，持有中国人民银行颁发的《金融机构法人许可

---

① 此为该案一审时被告人吴英的辩护人张雁峰、杨照东提出的辩护意见。
② 已经失效。
③ 已经失效。

证》或《金融机构营业许可证》，并经工商行政管理部门核准登记。贷款的发放必须严格执行《商业银行法》第39条关于资产负债比例管理的有关规定，第40条关于不得向关系人发放信用贷款、向关系人发放担保贷款的条件不得优于其他借款人同类贷款条件的规定。《商业银行法》第39条规定：(1)资本充足率不得低于8%；(2)贷款余额与存款余额的比例不得超过75%；(3)流动性资产余额与流动性负债余额的比例不得低于25%；(4)对同一借款人的贷款余额与商业银行资本余额的比例不得超过10%。《商业银行法》第40条规定的关系人是指商业银行的董事、监事、管理人员、信贷业务人员及其近亲属；前述所列人员投资或者担任高级管理职务的公司、企业和其他经济组织。

《非法金融机构和非法金融业务活动取缔办法》规定，为维护金融秩序，对包括非法发放贷款行为在内的非法金融业务活动要予以取缔。

（四）《关于审理非法集资刑事案件具体应用法律若干问题的解释》(法释〔2010〕18号)

该解释第1条规定："违反国家金融管理法律规定，向社会公众(包括单位和个人)吸收资金的行为，同时具备下列四个条件的，除刑法另有规定的以外，应当认定为刑法第176条规定的'非法吸收公众存款或者变相吸收公众存款'：(1)未经有关部门依法批准或者借用合法经营的形式吸收资金；(2)通过媒体、推介会、传单、手机短信等途径向社会公开宣传；(3)承诺在一定期限内以货币、实物、股权等方式还本付息或者给付回报；(4)向社会公众即社会不特定对象吸收资金。未向社会公开宣传，在亲友或者单位内部针对特定对象吸收资金的，不属于非法吸收或者变相吸收公众存款。"

依据该解释第2条的规定，实施下列行为之一，符合本解释第1条第1款规定的条件的，应当依照《刑法》第176条的规定，以非法吸收公众存款罪定罪处罚：

(1)不具有房产销售的真实内容或者不以房产销售为主要目的，以返本销售、售后包租、约定回购、销售房产份额等方式非法吸收资金的；(2)以转让林权并代为管护等方式非法吸收资金的；(3)以代种植(养殖)、租种植(养殖)、联合种植(养殖)等方式非法吸收资金的；(4)不具有销售商品、提供服务的真实内容或者不以销售商品、提供服务为主要目的，以商品回购、寄存代售等方式非法吸收资金的；(5)不具有发行股票、债券的真实内容，以虚假转让股权、发售虚构债券等方式非法吸收资金的；(6)不具有募集基金的真实内容，以假借境外基金、发售虚构基金等方式非法吸收资金的；(7)不具有销售保险的真实内容，以假冒保险公司、伪造保险单据等方式非法吸收资金的；(8)以投资入股的方式非法吸收资金的；(9)以委托理财的方式非法吸收资金的；(10)利用民间"会"、"社"等组织非法吸收资金的；(11)其他非法吸收资金的行为。

依据该解释第4条的规定，以非法占有为目的，使用诈骗方法实施本解释第2条规定所列行为的，应当依照《刑法》第192条的规定，以集资诈骗罪定罪处罚。使用诈骗方法非法集资，具有下列情形之一的，可以认定为"以非法占有为目的"：

(1)集资后不用于生产经营活动或者用于生产经营活动与筹集资金规模明显不成比例,致使集资款不能返还的;(2)肆意挥霍集资款,致使集资款不能返还的;(3)携带集资款逃匿的;(4)将集资款用于违法犯罪活动的;(5)抽逃、转移资金、隐匿财产,逃避返还资金的;(6)隐匿、销毁账目,或者搞假破产、假倒闭,逃避返还资金的;(7)拒不交代资金去向,逃避返还资金的;(8)其他可以认定非法占有目的的情形。

(五)最高人民法院、最高人民检察院、公安部《关于办理非法集资刑事案件适用法律若干问题的意见》(2014 年 3 月 25 日)

该意见对非法集资的行政认定与司法介入之间的关系进行了规定。首先,行政部门对于非法集资的性质认定,不是非法集资刑事案件进入刑事诉讼程序的必经程序;行政部门未对非法集资作出性质认定的,不影响非法集资刑事案件的侦查、起诉和审判。其次,公安机关、人民检察院、人民法院应当依法认定案件事实的性质,对于案情复杂、性质认定疑难的案件,可参考有关部门的认定意见,根据案件事实和法律规定作出性质认定。

该意见对《最高人民法院关于审理非法集资刑事案件具体应用法律若干问题的解释》第 1 条第 1 款第 2 项中的"向社会公开宣传"进行了解释,指出"向社会公开宣传"包括以各种途径向社会公众传播吸收资金的信息,以及明知吸收资金的信息向社会公众扩散而予以放任等情形。

该意见对于"社会公众"的认定问题作出了新的规定,规定下列情形不属于《最高人民法院关于审理非法集资刑事案件具体应用法律若干问题的解释》第 1 条第 2 款规定的"针对特定对象吸收资金"的行为,应当认定为向社会公众吸收资金:(1)在向亲友或者单位内部人员吸收资金的过程中,明知亲友或者单位内部人员向不特定对象吸收资金而予以放任的;(2)以吸收资金为目的,将社会人员吸收为单位内部人员,并向其吸收资金的。

(六)《关于审理民间借贷案件适用法律若干问题的规定》(法释〔2015〕18 号)①

该司法解释第 1 条规定:"本规定所称的民间借贷,是指自然人、法人和非法人组织之间进行资金融通的行为。经金融监管部门批准设立的从事贷款业务的金融机构及其分支机构,因发放贷款等相关金融业务引发的纠纷,不适用本规定。"该规定实际上大大拓展了以往"民间借贷"这一法律概念的范围。

该司法解释明确规定:"法人之间、非法人组织之间以及它们相互之间为生产、经营需要订立的民间借贷合同,除存在合同法第五十二条以及本规定第十四条规定的

① 2020 年 8 月 18 日最高人民法院审判委员会第 1809 次会议作出《关于修改〈关于审理民间借贷案件适用法律若干问题的规定〉的决定》,该修正自 2020 年 8 月 20 日起施行。

情形外，当事人主张民间借贷合同有效的，人民法院应予支持。"这在司法解释层面对企业间借贷行为的法律效力给予了肯定。企业之间拆借行为在商业实践和司法实践中长期存在的乱象格局得到一定程度的规制，企业无须再为借贷行为绞尽脑汁寻找外衣进行掩盖。

虽然司法解释对企业民间借贷规定逐渐松绑，但是并不意味着企业已经可以肆无忌惮地进行资金融通。企业间借贷仍然需要受《合同法》的规制，触犯《合同法》第52条的借贷行为仍将被认定为无效。同时《关于审理民间借贷案件适用法律若干问题和规定》第14条也列举了应当认定无效的企业间借贷情形：(1)套取金融机构贷款转贷的；(2)以向其他营利法人借贷、向本单位职工集资，或者以向公众非法吸收存款等方式取得的资金转贷的；(3)未依法取得放贷资格的出借人，以营利为目的向社会不特定对象提供借款的；(4)出借人事先知道或者应当知道借款人借款用于违法犯罪活动仍然提供借款的；(5)违反法律、行政法规强制性规定的；(6)违背社会公序良俗的。

针对当事人以虚假民间借贷逃废债务的行为，该司法解释第19条规定法院在审理民间借贷纠纷案件遇到下列情形时，应当严格审查借贷发生的原因、时间、地点、款项来源、交付方式、款项流向以及借贷双方的关系、经济状况等事实，综合判断是否属于虚假民事诉讼：(1)出借人明显不具备出借能力；(2)出借人起诉所依据的事实和理由明显不符合常理；(3)出借人不能提交债权凭证或者提交的债权凭证存在伪造的可能；(4)当事人双方在一定期间内多次参加民间借贷诉讼；(5)当事人无正当理由拒不到庭参加诉讼，委托代理人对借贷事实陈述不清或者陈述前后矛盾；(6)当事人双方对借贷事实的发生没有任何争议或者诉辩明显不符合常理；(7)借款人的配偶或合伙人、案外人的其他债权人提出有事实依据的异议；(8)当事人在其他纠纷中存在低价转让财产的情形；(9)当事人不正当放弃权利；(10)其他可能存在虚假民间借贷诉讼的情形。

该司法解释第26条规定："出借人请求借款人按照合同约定利率支付利息的，人民法院应予支持，但是双方约定的利率超过合同成立时一年期贷款市场报价利率四倍的除外。前款所称'一年期贷款市场报价利率'，是指中国人民银行授权全国银行间同业拆借中心自2019年8月20日起每月发布的一年期贷款市场报价利率。"

案例6.8：抵贷资产处置纠纷案件

一、案情简介

雷某在1994年与A房产公司签订了《商品房销售合同》，以40万元的价格购买该公司开发的永达花园B栋203室商铺一套，随后分数次付清了款项，A公司出具了

发票。1997年,因A公司拖欠该市B银行8000万元到期贷款,双方达成以物抵贷协议,并进行了公证,约定以A公司开发的永达花园尚未出售的商住楼及空地等资产抵偿贷款本金3000万元及利息1000万元。手续办完之后,由某银行向国土及房管部门补缴了该建设工程拖欠的相关费用,并负责向该项目承建方支付拖欠的工程款项。A公司向银行提供了永达花园已经出售的商品房客户清单,并负责通知购房客户相关事宜。1998年3月,某银行办理有关房产过户手续并取得相应产权。2003年8月,某银行公开拍卖,竞拍人杨某以500万元成交价购得永达花园部分房产,其中包括了雷某已经购买的B栋203室商铺。雷某知情后向银行提出异议,但是银行认为自己是在已经合法取得永达花园产权的情况下将其转让给杨某的,并不违法,而且并不知晓雷某已购买了该商铺。因为双方商议未果,雷某向法院起诉,要求银行赔偿其财产损失。

二、观点分歧

第一种观点认为,雷某与A公司签订的合同合法有效,在按约支付全部购房款之后,虽然尚未办理房屋产权手续,但是已经取得203室商铺的所有权;银行在处置抵贷资产时未尽到审慎审查的义务,误将雷某已经购买的房产与其他房产一同出售给他人,侵犯了雷某的所有权。因为该房屋已经被出售,故判决某银行返还雷某购房款40万元及相应利息。

第二种观点认为,银行对雷某不负赔偿责任,因为银行是在已经合法取得永达花园产权的情况下将其转让给杨某的,并不违法,而且其并不知晓雷某已购买了该商铺。

三、提示与参考

本案是一种以物抵债的法律纠纷,涉及的法律问题主要包括:雷某是否取得了该商铺的所有权?银行与A公司的以物抵贷协议是否有效?银行是否侵犯了雷某的财产权?此外,从税法的角度来看,银行在获得永达花园的房产所有权时,是否需要缴税?处置该房产时是否要交税?

(一)以物抵债的法律性质及其效力认定

以物抵债的法律性质,在我国司法实践及法学理论上尚存争议。《江苏省高级人民法院关于以物抵债若干法律适用问题的会议纪要》(以下简称《会议纪要》)对“以物抵债”界定如下:债务人与债权人约定以债务人或经第三人同意的第三人所有的财产折价归债权人所有,用以清偿债务的行为。关于以物抵债的法律性质及其效力,《会议纪要》认为,人民法院应当根据当事人设定以物抵债的不同时间、约定的具体内容、履行的具体情况等情形来判断以物抵债不同的法律性质,进而正确认定其效力。以

债务清偿期是否届满作为认定以物抵债的法律性质及其效力的主要标准,具体分类如下:

1.债务未届清偿期之前以物抵债行为的性质及效力认定

(1)当事人在债务未届清偿期之前达成的以物抵债协议,该协议具有担保债权实现的目的,如债权人以债务人违反以物抵债的约定而要求继续履行以物抵债协议或对所抵之物主张所有权的,人民法院应驳回其诉讼请求。但经人民法院释明,当事人变更诉请要求继续履行原债权债务合同的,人民法院应当继续审理。

(2)当事人在债务未届清偿期之前达成以物抵债的协议,同时明确约定在债务清偿期届满时应进行清算,该以物抵债协议在当事人之间具有法律效力,但该约定不具有对抗其他债权人的效力。

(3)当事人在债务未届清偿期之前约定以房屋或土地等不动产进行抵债,并明确在债务清偿后可以回赎,债务人或第三人根据约定已办理了物权转移手续的,该行为符合让与担保的特征,因违反物权法定原则,不产生物权转移效力。债权人如根据抵债协议及物权转移凭证要求原物权人转让的,人民法院应不予支持。

2.债务已届清偿期之后以物抵债行为的性质及效力认定

(1)债务清偿期届满后当事人达成以物抵债协议,在尚未办理物权转移手续前,债务人反悔不履行抵债协议,债权人要求继续履行抵债协议或要求确认所抵之物的所有权归自己的,人民法院应驳回其诉讼请求。但经释明,当事人要求继续履行原债权债务合同的,人民法院应当继续审理。

(2)当事人在债务清偿期届满后达成以物抵债协议并已经办理了物权转移手续后,一方反悔,要求认定以物抵债协议无效的,人民法院不予支持。但如当事人一方认为抵债行为具有《中华人民共和国合同法》第 54 条规定的可变更、可撤销情形的,可以依法请求人民法院或仲裁机构变更或撤销。

债权人在债务清偿期届满后通过以物抵债协议取得了所抵之物的所有权,后要求债务人承担标的物瑕疵担保责任的,人民法院可参照《中华人民共和国合同法》关于买卖合同的相关规定进行处理。

(二)银行处置抵贷资产纠纷案件的类型

《商业银行法》第 42 条规定:商业银行因行使抵押权、质权而取得的不动产或者股权,应当自取得之日起 2 年内予以处分。依据该规定,商业银行依据以物抵债协议所获得的不动产,应当依法处分。银行在处分用来抵债的不动产等资产时常常遇到以下类型的纠纷。

1.银行在接受抵贷资产前未充分调查拟抵入资产权属存在的争议或瑕疵,导致处置后无法顺利向买受人交付抵贷资产,或无法办理产权过户手续,引发纠纷。

2.银行在办理以物抵债手续时，未妥善处理抵押资产欠缴的有关费用问题，如物业管理费，在处置时又未对费用问题作出特别约定，从而引发纠纷。

3.银行接受的抵贷资产事前已经被出租，但银行在处置时未严格按照法律规定保护承租人的优先购买权，导致承租人起诉要求确认银行处置抵贷资产行为或合同无效。

4.银行在接受抵贷资产之后，在未办理过户手续的情况下就进行处置，导致购买人或第三方以银行不属于资产所有权为由起诉要求确认其处置行为无效。

5.银行在处置抵贷资产时，未及时全面地将资产瑕疵状况告知买受人，导致买受人起诉要求确认其处置行为或合同无效，或要求银行赔偿损失。

（三）银行处置抵贷资产的税收问题

2001 年 2 月 22 日，中国人民银行、财政部及国家税务总局在关于四家国有独资商业银行和交通银行《关于抵债资产收取和处置变现中税费减免和损失处理问题的专项请示》的处理中提出如下意见：

关于税收减免问题，财政部认为对银行接收处置抵贷资产中的税收减免问题应进一步调查研究，目前暂不宜减免；税务总局提出经国务院批准后，对抵贷资产的处置在一定时期内可给予适当的税收优惠政策，免征银行处置抵贷资产房地产时涉及的营业税、城市维护建设税、印花税和土地增值税。

关于收费问题，财政部原则赞成商业银行比照金融资产管理公司的收费减免政策执行，具体办法由财政部商国家计委另行下发。但对抵贷资产处置中土地出让金不同意减免，并建议由计委对于拍卖佣金、广告费等经营服务性收费可否减免提出意见。

关于抵贷资产变现损失核销问题，财政部认为应维持现行的核销规定。

中国人民银行根据财政部和国家税务总局的意见，提出如下处理意见：

(1)鉴于税费征收是一项政策性很强的工作，银行不能主要依靠减免税费，而应主要通过加强自身管理，严格控制以资抵贷条件等办法来解决抵贷资产处置中的问题。但是，由于目前我国产权交易市场、评估机制很不健全，银行处置变现资产成本较高，导致银行累积了大量的抵贷资产，并且无法形成生息资产，阻碍了银行的发展。同时，若银行抵贷资产变现后不足抵补贷款，国际上有些国家（如新加坡）实行对抵贷资产处置变现减免税费的做法。因此，建议对抵贷资产收取、变现处置中的部分税种予以减免。

(2)关于抵贷资产核销问题，商业银行提出由于评估机制不健全，抵贷资产价值往往被高估，在银行被迫接受这些资产时，就已注定会有资产变现的损失。但根据财政部的规定，这部分变现损失只能作为营业外支出。这样，银行承担了外部不合理评估带来的后果，银行变现成本增高，导致银行不敢变现，从而积滞了大量的抵贷资产。

因此，对银行抵贷资产变现损失予以核销应是改革的方向，建议有关部门作进一步研究。

第三节　其他业务法律制度

案例 6.9：张先生诉济宁某银行不良信用记录案

一、案情简介

1995 年 11 月，张先生在济宁某银行办理准贷记卡一张。1996 年 1 月 17 日上午，张先生在济南遭歹徒抢劫，准贷记卡和身份证一起被抢。1 月 18 日上午 10 时，张先生在济南办理了紧急挂失手续。后根据该张准贷记卡签购单显示，1 月 17 日该卡发生消费 4 笔，金额 8300 元；1 月 18 日消费 3 笔，金额 5889 元；10 月 16 日又发生交易 1 笔，金额 2558.3 元，金额合计 1.6 万余元。上述款项一直未予归还，由于逾期被银行转为个人不良贷款。2009 年初，张先生在向银行申请贷款时被告知本人存在不良信用记录，1.6 万余元贷款已逾期 12 年未还，本息合计已达 3.7 万余元，属于较为严重的不良记录，由于此记录的存在使张先生无法办理新的贷款。张先生认为自己与银行之间并无上述借贷关系，与银行多次交涉未果。为解燃眉之急，张先生只好通过民间借贷方式筹措资金，并为此支付了高额利息。

2010 年 3 月，张先生将该银行诉至人民法院。原告认为，被告的行为使其名誉权受损，导致其在银行系统信誉大大降低，并造成经济损失和精神损害，依法应承担民事责任。原告请求法院判令被告停止侵害，消除原告不良信用记录，并向原告公开赔礼道歉；赔偿原告精神损害抚慰金 2 万元，经济损失 136188 元。[①]

二、观点分歧

第一种观点认为，被告应当消除不良信用记录，因为上述不良贷款项是在张先生信用卡被抢之后发生的，有的甚至是在张先生挂失之后发生的，张先生与银行并无借贷关系。

第二种观点认为，原告在信用卡丢失后，没有按照信用卡有关章程的规定及时办理挂失手续，而是在信用卡丢失后的第二天才办理了挂失手续。对于信用卡挂失前的透支损失，应当由原告自己承担相应的责任，而银行对此笔款项作呆账处理，该信息被中

① 杨家杰、时明生：《一起不良征信记录诉讼案件引发的思考》，载《征信》2011 年第 5 期。

国人民银行征信中心采集并记入原告个人信用报告，并无不当。原告要求被告消除不良信用记录，赔礼道歉，并赔偿精神抚慰金及经济损失的诉讼请求，没有法律依据。对于挂失后的透支损失，即10月16日被告信用卡的透支款2558.3元，原告不承担责任，应予纠正。

三、提示与参考

本案提出了以下几个重要问题：什么是征信？个人信用报告的采集与利用有何法律依据？中国人民银行征信中心是一个什么性质的社会组织呢？如何加强对个人信用信息的法律保护？

征信(Credit Investigation or Credit Reporting)是指对信用主体(市场参与者)的信用或资信状况进行调查、报告的中介服务活动，主要作用是消除或降低信用交易双方的信息不对称。征信制度最早起源于美国。美国的刘易斯·塔潘(Lewis Tappan)创造了第一个可行的信用报告服务机构，并创造了一个全新的概念——信用报告，并从此永远地改变了企业的行为，美国社会因此而构筑了信用评级体系，从而深刻地影响了后来的美国社会。

在刘易斯·塔潘创造了美国乃至全球第一个可行的信用报告服务机构之后，美国的征信机构及其征信业务便得到了快速的发展，并通过激烈的市场竞争，最终形成了以穆迪、标准普尔、邓百氏等三大征信评级机构为核心的第三者征信体系。《世界是平的》的作者弗里德曼曾这样形容穆迪，“我们生活在两个超级大国世界里，一个是美国，一个是穆迪。美国可以用炸弹摧毁一个国家，穆迪可以用债券降级毁灭一个国家”。

中国人民银行征信中心是中国人民银行的直属事业单位，统一负责企业和个人征信系统的建设、运行和管理。按照我国《征信业管理条例》《个人信用信息基础数据库管理暂行办法》的规定，个人信用数据库采集、整理、保存个人信用信息，为商业银行和个人提供信用报告查询服务，为货币政策制定、金融监管和法律、法规规定的其他用途提供有关信息服务。个人信用信息包括个人基本信息、个人信贷交易信息以及反映个人信用状况的其他信息。个人基本信息是指自然人身份识别信息、职业和居住地址等信息；个人信贷交易信息是指商业银行提供的自然人在个人贷款、贷记卡、准贷记卡、担保等信用活动中形成的交易记录；反映个人信用状况的其他信息是指除信贷交易信息之外的反映个人信用状况的相关信息。

各国立法对于个人信息的保护主要采取两种模式：一是制定单独的个人信息保护法，可称为综合立法模式；二是通过不同法律来保护个人信息，可称为分别立法模式。综合立法模式在欧洲大陆具有普遍性，已经有20多个国家和地区制定了个人信息保护法，德国最为典型。德国联邦议会自1970年起开始着手制定《联邦个人资料保护法草案》，最后于1976年通过并于1977年生效，该法的正式名称是《联邦数据保护法》，人们习惯将其称为

《个人资料保护法》,该法第一次系统地、集中地保护个人信息,并彰显出其民事权利的属性。分别立法模式以美国为代表,即在各个行业分别制定有关个人信息保护的法律规则、准则,而不制定统一的个人信息保护法律。迄今为止,美国尚未制定统一的个人信息保护法,在对人信息的保护上,主要是依靠市场和行业自律来实现的。不过,在对于个人信息和隐私的关系方面,美国法采取了以隐私统一保护个人信息的模式。美国在 1974 年制定了《隐私法》,该法是针对联邦行政机构的行为而制定的,并着力于各类信息的收集、持有、使用和传输,该法以隐私权保护为基础,通过隐私权对个人信息加以保护。在英国 1924 年"图尔尼尔"案中,原告图尔尼尔未能按时还款,银行将这一信息告知了原告雇主,原告雇主据此不再与其续签劳动合同,英国法院依据"默示条款"理论首次确认银行对客户的金融隐私负有保护义务。美国在 1961 年 Peterson 案中确立了金融消费者的隐私权和银行的保密义务。

我国现行法律体系中有关个人信息保护的规定主要包括:

(1)《民法通则》以来的人格权立法,通过一般人格权与具体人格权的保护体系可以对个人信息给予保护,例如通过隐私权或一般人格权来保护个人信息。《侵权责任法》明确将隐私权纳入了保护范畴。

(2)《征信业管理条例》(以下简称《条例》)的相关规定。《条例》第 3 条规定从事征信业务及相关活动不得侵犯个人隐私。《条例》第 14 条规定:"禁止征信机构采集个人的宗教信仰、基因、指纹、血型、疾病和病史信息以及法律、行政法规规定禁止采集的其他个人信息。征信机构不得采集个人的收入、存款、有价证券、商业保险、不动产的信息和纳税数额信息。但是,征信机构明确告知信息主体提供该信息可能产生的不利后果,并取得其书面同意的除外。"《条例》第 14 条将隐私信息分为绝对隐私信息和相对隐私信息,前者如宗教信仰、基因、指纹、血型、疾病和病史信息等信息,对于这类信息是禁止征信机构以任何理由、任何形式采集的;而对于相对隐私信息,如个人的收入、存款、有价证券、商业保险、不动产的信息和纳税数额信息等信息,在征得信息主体同意的前提下,可以按照一定的程序和方式纳入征信系统。

(3)2012 年全国人大常委会颁布的《加强网络信息保护的决定》规定:国家保护能够识别公民个人身份和涉及公民个人隐私的电子信息;网络服务提供者和其他企业事业单位在业务活动中收集、使用公民个人电子信息,应当遵循合法、正当、必要的原则,明示收集、使用信息的目的、方式和范围,并经被收集者同意,不得违反法律、法规的规定和双方的约定收集、使用信息。

(4)《消费者权益保护法》第 14 条规定:"消费者在购买、使用商品和接受服务时,享有人格尊严、民族风俗习惯得到尊重的权利,享有个人信息依法得到保护的权利。"

(5)2005 年中国人民银行颁布的《个人信用信息基础数据库管理暂行办法》。该办法主要规定了商业银行向中国人民银行报送个人信用信息的义务及程序。不过,该办法第16条赋予了个人异议权。个人认为本人信用报告中的信用信息存在错误(以下简称异议信息)时,可以通过所在地中国人民银行征信管理部门或直接向征信服务中心提出书面异议申请。

由上可见,我国有关个人信息保护的法律规定是比较分散的,尚未有专门的个人信息保护立法。在金融领域,金融消费者的个人信息保护问题随着近年来社会征信体系建设的推进备受社会关注。面对法律规定的缺失,金融法学界不少人寄希望于通过"金融隐私权"的方式加强金融领域的个人信息保护。但也有人认为,个人信息资料不完全属于隐私的范畴,个人信息与个人隐私尽管在内容上存在一定的重合,但是整体而言个人信息概念远远超出隐私信息的范围,故个人信息资料权不宜纳入隐私权的范畴,而应当是相对独立于隐私权的一种权利,未来应当明确规定个人信息权。①

(6)《民法典》第1034条规定,自然人的个人信息受法律保护。个人信息是以电子或者其他方式记录的能够单独或者与其他信息结合识别特定自然人的各种信息,包括自然人的姓名、出生日期、身份证件号码、生物识别信息、住址、电话号码、电子邮箱、健康信息、行踪信息等。个人信息中的私密信息,适用有关隐私权的规定;没有规定的,适用有关个人信息保护的规定。

案例6.10:克隆银行卡纠纷的民事责任分担

一、案情简介

2009年,黄小姐在某行广州庙前直街支行开设存款账户,取得银行卡1张和活期类存款对账簿1本。但在2011年7月2日至4日期间,茂名市的另一银行分行外经贸局柜员机处,黄小姐的存款账户先后被提款20次,共被取款49300元,产生异地取款费人民币493元和跨行交易费80元,被支取合计人民币49873元。但是,银行卡一直在黄小姐身边,黄小姐在此期间未去过茂名。黄小姐在7月15日向广州市公安局越秀区报案,随后起诉该行庙前直街支行,要求赔偿其存款账户的损失。

二、观点分歧

第一种观点认为,该行负有保证储户存款安全的义务。作为该行业务代理行的另一行茂名市分行设置的柜员机未能识别取款权利人,由此产生的交易风险,应当由该行承担。法院最后判处该行方面赔偿黄小姐全部存款损失及利息。

第二种观点认为,黄小姐的银行卡密码是取款的必备条件,应该由黄小姐举证证明自己已经尽到妥善保管密码的义务,但黄小姐未能就此举证。中院最后认定黄小姐和

① 王利明:《论个人信息权在人格权法中的地位》,载《苏州大学学报》2012年第6期。

该行庙前直街支行均具有过错，因此各承担一半责任，该行庙前直街支行应赔偿黄小姐24936.5元及利息。

三、提示与参考

本案与下一个案例均属于克隆银行卡、盗刷他人存款引起的法律纠纷，关于这一问题将在下一个案例中的"提示与参考"部分探讨。

案例6.11：王永胜诉中国银行股份有限公司南京河西支行储蓄存款合同纠纷案

一、案情简介

2007年10月9日，原告在被告中行河西支行处申领中行借记卡一张。2007年12月2日晚，原告到中国银行（以下简称中行）下关热河南路分理处自助银行柜员机（ATM）上取款5000元，并查询存款余额为463942.2元。2007年12月5日下午，原告在中行江宁分理处准备取款10000元时，被柜台营业员告知卡内余额为2800余元。当晚原告再次查询，发现卡内又少了2000元。原告当即向南京市公安局鼓楼分局（以下简称鼓楼公安分局）报案。经公安机关侦查，查明有3名男子在中行下关热河南路分理处自助银行的自动门上安装了存储式读卡装置，并在取款机上安装了探头，借此获取了原告借记卡的密码及信息资料，然后复制两张伪卡在北京、江西等地取款或消费463942.2元。后犯罪分子之一、案外人汤海仁被公安机关抓获，并被南京市鼓楼区人民法院以〔2008〕鼓刑初字第241号刑事判决书认定犯信用卡诈骗罪，判处有期徒刑10年6个月，并处罚金人民币100000元，该刑事判决已发生法律效力。上述事件发生后，原告多次与中行南京下关支行（以下简称中行下关支行）交涉。2008年1月24日原告与中行下关支行达成协议，由中行下关支行先行借给原告232000元用于发放部分民工工资，待问题查明后再进一步解决。原告与被告之间存在储蓄存款合同关系，被告有义务保护原告的资金安全。由于被告对自助柜员机的安全管理存在漏洞，给犯罪分子留下可乘之机，导致原告卡内存款463942.2元被犯罪分子用伪造的借记卡取走或消费，对此原告并无过失。请求判令被告按照双方签订的储蓄存款合同支付原告存款463942.2元，以及上述款项自2007年12月4日至实际支付之日止的利息。[①]

① 最高人民法院网：《王永胜诉中国银行股份有限公司南京河西支行储蓄存款合同纠纷案》，http://www.court.gov.cn/spyw/ywdy/alzd/201002/t20100221_1373.htm，下载日期：2014年11月9日。

二、观点分歧

第一种观点认为，被告不应当负全部赔偿责任。因为首先，南京市鼓楼区人民法院〔2008〕鼓刑初字第241号刑事判决书确认犯罪金额为428709.50元，对在北京从涉案借记卡账户中分14笔支取的35140元未予认定，该14笔款项不排除原告王永胜自行支取的可能，被告只认可刑事判决所认定的犯罪金额。其次，原告借记卡内的资金短少是由于犯罪行为所致，对于犯罪行为给原告造成的资金损失，被告不应承担民事责任。被告在为原告提供服务的过程中严格遵守监管部门的相关规定，所设自助银行网点均有符合规范的安全防范设施，被告亦通过多种形式提醒储户妥善保管借记卡密码。原告借记卡账户内的存款被盗，是因原告没有妥善保管密码，原告自身具有过错。

第二种观点认为，被告应当承担全部赔偿责任。因为涉案中行热河南路支行自助银行柜员机存在重大安全漏洞。由于具备专业知识的银行工作人员对自助银行柜员机疏于管理、维护，未能及时检查、清理，没有及时发现、拆除犯罪分子安装的读卡器及摄像装置，致使自助银行柜员机反而成了隐藏犯罪分子作案工具的处所，给储户造成安全隐患，为犯罪留下可乘之机。综上所述，原告借记卡密码被犯罪分子所窃取，是银行未能履行其为储户提供必要的安全、保密环境的义务所致。

三、提示与参考

对于克隆银行卡盗取他人存款的民事案件，如何在各方当事人之间进行责任分担？我国司法实践中存在不同的裁判结果。在2015年12月24日最高人民法院的民商事审判会议上，时任最高人民法院民二庭庭长杨临萍在讲话中从三个方面阐述如何进行责任认定：(1)举证责任方面，持卡人应当对因伪卡交易导致其银行卡账户内资金减少或者透支款数额增加的事实承担举证责任。发卡行、收单机构、特约商户应提交由其持有的案涉刷卡行为发生时的对账单、签购单、监控录像等证据材料。无正当理由拒不提供的，应承担不利法律后果。(2)关于各方当事人权利义务问题。应注意正确界定各主体之间的法律关系，明确各主体义务，正确确定法律责任。发卡行、收单机构、持卡人、特约商户等各方主体应依法依约履行相应义务：发卡行负有按约给付存款本息、保障持卡人用卡安全等义务；收单行负有保障持卡人用卡安全的义务；持卡人负有妥善保管银行卡及密码的义务；特约商户负有审核持卡人真实身份和银行卡真伪的义务。任何一方违反义务，均应承担相应的责任。(3)关于责任承担问题。持卡人基于银行卡合同法律关系起诉发卡行，发卡行因第三人制作伪卡构成违约的，应当向持卡人承担违约责任。发卡行承担责任后，有权向第三人主张权利。

此外，我国地方性法院对伪卡交易民事案件的审理也非常重视。例如，广东省法院召开了全省法院伪卡交易民事案件疑难法律问题座谈会，形成了《关于审理伪卡交易民事案件工作座谈会纪要》。

(一)伪卡交易民事案件的举证责任

在伪卡交易民事案件中，持卡人、发卡行违反银行卡合同约定，构成违约的，应当根据《合同法》第107条、第120条的规定，承担相应的违约责任。按照“谁主张、谁举证”的原则，持卡人、发卡行应当对其主张的违约方的违约行为承担举证责任。

持卡人应当提供银行卡、银行卡在涉案时间内使用记录、报警记录或挂失记录等证据材料。持卡人无正当理由拒不提供的，人民法院可以以证据不足为由驳回其诉讼请求。

发卡行、收单机构应当提供盗刷行为发生时的视频资料、交易单据、签购单等证据材料。发卡行、收单机构无正当理由拒不提供的，人民法院可以作出对其不利的认定。

鉴于密码私密性和唯一性的特点，如发卡行或收单机构有持卡人用卡过程中存在不规范使用银行卡和密码的证据，在持卡人没有充分证据予以反驳的情况下，人民法院可以认定持卡人没有尽到妥善保管密码的义务。

(二)伪卡交易民事案件中的责任认定

对于持卡人、发卡行因银行卡被伪造后交易损失产生的纠纷，人民法院应当根据举证责任的履行、违约情况的认定等情况，依据公平原则，合理确定持卡人和发卡行的责任分担比例。

(1)设密码的银行卡被伪造后交易的，银行未识别伪卡，一般应当对卡内资金损失承担不少于50%的责任。持卡人对银行卡被伪造存在过错的，可以减轻或免除发卡行或收单机构因不能识别伪卡而应承担的民事责任。

(2)设密码的银行卡被伪造后交易的，持卡人对密码的泄露没有过错的，对银行卡账户内资金损失一般不承担责任。持卡人用卡不规范足以导致密码泄露的，一般应当在卡内资金损失50%的范围内承担责任。发卡行或收单机构对密码泄露存在过错的，可以减轻或免除持卡人用卡不规范而应承担的民事责任。

(3)未设密码的银行卡被伪造后交易的，发卡行以在办卡过程中履行了不设定密码后果和风险的提示义务为由请求持卡人承担相应责任的，人民法院可以支持，但持卡人承担责任的范围不宜超过卡内资金损失的50%。

(4)在伪卡交易民事案件中，持卡人以发卡行或收单机构违反对交易机具、交易场所安全管理义务或未按照银行业监管部门要求采取银行卡风险管理措施导致银行卡卡片信息及密码等被盗取为由，要求发卡行承担全部责任的，人民法院可以根据发卡行落实银行卡风险管理措施的具体情况，确定发卡行承担责任的比例。

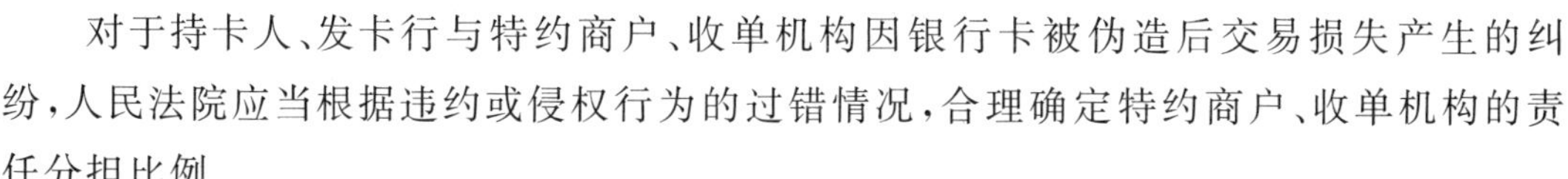

对于持卡人、发卡行与特约商户、收单机构因银行卡被伪造后交易损失产生的纠纷，人民法院应当根据违约或侵权行为的过错情况，合理确定特约商户、收单机构的责任分担比例。

(1)发卡行和特约商户、收单机构之间系委托代理关系，根据《中华人民共和国民法通则》第63条第2款的规定，其行为结果应当由发卡行承担。除特约商户或收单机构因故意或重大过失侵害持卡人财产权外，持卡人请求特约商户或收单机构承担赔偿责任的，人民法院不予支持。发卡行承担损失赔偿责任后，可以依法向特约商户、收单机构追偿。

(2)特约商户未尽到审慎审核义务，持卡人仅起诉发卡行的，法院可以结合特约商户的过错程度判决发卡行对伪卡交易造成的资金损失承担责任。持卡人同时起诉发卡行和特约商户的，人民法院可以在判决发卡行对伪卡交易造成的损失承担责任的同时，判决特约商户与银行承担连带责任。

(3)关于特约商户是否尽到审慎审核义务，人民法院应从是否按照操作规程的要求，结合卡片的有效性、是否存在止付的情形、签购单上签名与银行卡上签名形式上的一致性、签购单上签名与银行卡持卡人姓名的拼音一致性等情形，进行综合判断。

案例6.12：国际卡组织VISA和中国银联之争

一、案情简介

国际卡组织VISA和中国银联的渠道争夺战升级。记者昨天从商业银行获悉，VISA国际组织近日向全球会员银行发函要求，从2010年8月1日起，凡在中国大陆境外受理带VISA标志的双币种信用卡时，不论刷卡消费还是ATM取现，都不得走中国银联的清算通道，否则VISA将重罚收单银行。

2010年9月，美国贸易代表署向世界贸易组织(WTO)投诉中国银联垄断一案，历时五个月的磋商最终失败，美方在2011年2月11日宣布，就“中国电子支付服务措施案”正式向WTO提起设立专家组的请求。WTO将成立争端解决小组以对这一问题作出裁定，业内人士预计至少需要12至18个月的时间进行调查。

中国商务部世贸组织法律处副处长于方在接受媒体采访时回应称，我国有关银行卡电子支付的措施符合世贸承诺。一位接近银联的人士则表示，美国掀起该纷争的唯一目的就是帮助Visa等信用卡巨头企业撬开中国人民币支付市场。

二、观点分歧

第一种意见认为，2010年中国的电子支付交易金额达数千亿美元，但中国人民银行

从2001年开始颁布了一系列规定，都旨在使中国银联对支付卡人民币交易市场保持垄断地位。根据该署去年提交给WTO的文件，中国违背了其在《服务贸易总协定》中所作出的关于市场准入和国民待遇方面的承诺，因此美国按照《关于争端解决规则与程序的谅解》提起了这一投诉具有法律依据。[①]

第二种意见认为，从入世的条款来看，中方的做法并没有违背WTO承诺。人民币支付卡业务在中国入世议定书附件9《服务贸易具体承诺减让表第2条最惠国豁免清单》中是划入"银行及其他金融服务"项目下的。美方的投诉之所以这样说，是因为看到该清单没有列举银联垄断人民币支付卡业务的内容。

三、提示与参考

本案涉及的是银行业反垄断问题。从学科分类角度看，反垄断不属于商法问题，但是基于商事交易的复杂性，在此介绍一下银行业反垄断典型案例对于拓展学生的知识结构不无助益。本案虽然是国际服务贸易争端，但是其涉及的中国银联垄断问题也给我国国内银行业尤其各个大型银行提了个醒——在未来面临着现实的反垄断挑战。它山之石，可以攻玉。我们不妨了解一下作为国际银行卡巨头之一的Visa在美国国内是如何应对反垄断挑战的。

1998年10月，美国司法部起诉Visa和MasterCard两大信用卡公司，指控他们违反了美国反垄断法——《谢尔曼法》。诉由一是"双重控制"，即两大卡公司的董事会由同一批银行控制，共谋联合主宰市场；二是"排他性竞争"，两个公司分别对其成员行作出禁止发行American Express和DISCOVER信用卡的规定。VISA规章2.10(e)和MasterCard的"竞争计划政策"(CPP)规定各自的成员行不能发行除他们两个卡组织之外的其他卡组织的卡，否则将承担罚金或丧失两大卡组织成员机构资格。美国银行卡业界普遍认为此案影响重大，其意义可与微软案相提并论，该案的判决结果将对美国信用卡产业乃至全球银行卡产业产生重大影响。[②]

第一种观点认为，两大卡组织存在"双重控制"和"排他性竞争"。两大卡组织的董事会成员由在两大卡组织都有固定发卡份额的成员行的主要代表组成，这种股东和董事会的重合导致他们的经济利益重合，结果是减少了被告之间的竞争。两大卡组织的"竞争计划政策"限制了其他网络服务提供者如美国运通和发现卡的发卡量，限制了其他网络服务提供者的竞争力，阻碍了美国银行卡受理环境建设，剥夺了消费者获得任意四个网络品牌信用卡的机会，同时造成发卡银行之间没有充分竞争。

第二种观点认为，两大卡组织存在"排他性竞争"，但是不存在"双重控制"。被告董

---

① 此为美国贸易代表罗恩·柯克(Ron Kirk)的观点。

② 欧阳琛：《美国政府诉Visa、MasterCard违反反垄断法一案透析》，http://www.antimonopolylaw.org/article/default.asp? id=682，下载日期：2014年11月9日。

事会的组成是双联发卡和拥有权(即双联制)的合理发展结果,也是银行卡网络服务竞争本质特点所决定的,这不应该被认为是双重控制,同时也没有充足的证据证明两个卡组织之间、他们与他们的成员行之间共谋使相同的发卡行进入各自的董事会,也没有证据证明两大卡组织的董事会作出了有关共谋的决议。[①]

案例 6.13:内蒙古首例小额账户收费纠纷案开庭

一、案情简介

两位储户于 7 月 3 日因中国工商银行赤峰市支行向其收取 3 元的账户服务费而将其起诉。二原告称,2004 年 3 月,他们在中国工商银行赤峰市支行一家储蓄所开户,存入 14000 余元,此后不断在被告各营业网点办理存取款业务。2006 年 6 月 25 日,原告在办理存款业务时发现被告于 2006 年 6 月 21 日以日平均存款余额不足 300 元为由向其收费 3 元,并直接在存款账户上扣除。原告认为被告收费、扣款无法律和合同依据,应当返还,而且侵犯了整个社会公众的合法权益,故向红山区人民法院提起诉讼,要求被告返还原告人民币 3 元。[②]

二、观点分歧

第一种观点认为,银行对小额账户收取管理费没有法律依据,事先也没有告知客户,小额账户收费不构成客户与银行储蓄合同的内容。另外,即使事先以格式条款形式告知客户,也是对小额账户客户的价格歧视,应当无效。

第二种观点认为,被告某支行收费前已履行向相关部门报备及公示等法定程序,程序合法,手续完备;被告某支行收费公告已经张贴并在相关报刊刊登,原告理应清楚该收费事项,并有权选择终止存款合同。但原告没有终止存款合同关系或采取相应的措施,可视为原告已接受了被告某支行对小额人民币账户管理的服务。

三、提示与参考

商业银行的收费问题由一个私人商业决策问题逐渐演变成一个公共问题。商业银行能否收费、能否自主收费,主要有两种意见:一种意见认为,商业银行可以收费,商业银行可以自主决定收费项目和标准。另一种意见认为,商业银行不能随意收费,应该由

---

① [美]罗伯特 · S.平狄克:《管理层、发卡限制与支付卡网络竞争:美国政府诉维萨(Visa)和万事达卡(MasterCard)案》,载[美]J.E.克伍卡、[美]L.J.怀特:《反托拉斯革命:经济学、竞争与政策》,林平、臧旭恒等译,经济科学出版社 2014 年版,第 501 页以下。

② 《内蒙古首例小额账户收费纠纷案开庭》,http://china.findlaw.cn/info/case/jdal/138134.html,下载日期:2014 年 11 月 11 日。

有关公权力部门决定或听取公众意见后决定。这两种观点都有其隐含的逻辑前提。

第一种意见的逻辑前提是：商业银行具有商业性或营利性，是以利润最大化为目标的、意思自治的企业法人。正如国外学者所指出的，银行不是公益事业，而是理性的经济单位。我国《商业银行法》第 2 条规定："本法所称的商业银行是指依照本法和《中华人民共和国公司法》设立的吸收公众存款、发放贷款、办理结算等业务的企业法人。"商业银行作为以营利为目的的企业法人，对其向客户提供了的账户管理服务收取费用理所当然。

第二种意见的逻辑前提是：商业银行具有一定的公共属性，需要限制其意思自治。商业银行具有一定的公共性是来源于金融业和商业银行的行业特殊性。金融业是一个受管制的特殊行业：银行服务关系到人民群众的生产和生活，银行稳定关系到社会的稳定，银行业发展关系到经济的发展，银行安全关系到国家的安全。亚当·斯密也认为，英格兰银行（当时还不是中央银行而是商业银行）"不是作为一个普通银行在起作用，而是作为国家的一个大蒸汽机在起作用"。列宁曾经指出，银行是"现代经济生活的中心，是全部资本主义国民经济体系的神经中枢"。邓小平指出："金融很重要，是现代经济的核心。金融搞好了，一着棋活，全盘皆活。"马丁·迈耶认为，"保持银行稳定是一项非常重要的公共物品"。基于商业银行的公共性，自然要对商业银行的收费行为进行公共性审查。①

① 关于商业银行收费之争，参见刑会强：《商业银行的公共性理论——兼论商业收费法律问题》，载《现代法学》2012 年第 1 期。

第七章 保险法

第一节 保险与保险合同概述

案例 7.1:德菲诉西部汽车公司案

一、案情简介

德菲是美国俄亥俄州首席检察官,西部汽车公司在做汽车设备和补给品零售业务时,一直把提供“保证”作为其业务的一部分。公司提供两种所谓的“保证”,而且“保证”的格式已经由公司印好。其中一种保证很特殊,宣称在保证期间“对轮胎爆裂、割伤、擦损、轮胎边缘破损、充气不足、车轮出轨、刹车失灵或其他可能造成轮胎无法再用(除了火灾和偷窃)的路上危险负责”①。合同还规定:“万一前述情况导致轮胎无法使用,我们将(由我们选择)对其进行免费修理,或者用我们任一个商店里同样的新轮胎来替换,收费依照自轮胎出售日后我们每个月的平均价格计算。在调试期间,新轮胎将完全由我们的保证赔付,并且,我们对每个轮胎材料和做工缺陷的保证,没有时间、里程和服务上的限制。”②

原告对被告提起控告,认为被告从事保险业,违反了《总法典》第 665 条:“除非得到本州法律的明确认可,而且已经遵守了规范它的法律……任何公司或团体,无论其构建于本州还是其他地方,都不得直接或间接在本州开展保险业务,或订立实质上相当于保

① [美]哈威尔·E.杰克逊、小爱德华·L.西蒙斯:《金融监管》,吴志攀等译,中国政法大学出版社 2003 年版,第 435 页。

② [美]哈威尔·E.杰克逊、小爱德华·L.西蒙斯:《金融监管》,吴志攀等译,中国政法大学出版社 2003 年版,第 435 页。

险的合同,或以其他任何方式谋求此种目标,或从事对义务、灭失或损害的保证业务。”①

案件争议的焦点是:被告(汽车公司)在销售轮胎时所使用的书面协议,是否构成了保险。

二、观点分歧

第一种观点认为,被告的行为不构成销售保险,不违反该州有关保险监管的规定。因为被告依据该书面协议承担的是关于汽车轮胎的产品质量保证义务,而这是货物买卖合同的买方本应当承担的质量瑕疵担保义务。因此,被告的行为不构成销售保险。

第二种观点认为,尽管关于产品材料和做工缺陷的任何保证协议都不属于保险范围,但是,任何协议若超出了对材料和做工所做的保证,就是对本州保险法的违反。在本案中,被告的保证协议不仅是材料和做工质量保证书,因为其条款写明轮胎会遭受损害,并规定问题可以由割伤、磨损、爆胎或其他路上危险所致,而且保证没有时间限制。这就将遭受意外损害或灭失的风险从买方转移到了卖方,而这些风险与材料和工艺质量完全无关,两者是独立的。② 言下之意,被告作为卖方承担了货物交付买方之后本应由买方承担的货物毁损或灭失的风险,而且向买方收取了相应的款项,被告实质上不仅销售了汽车轮胎,而且承担了与汽车轮胎有关的风险,而后者属于保险业务,被告收取的上述款项本质上是保险费。

三、提示与参考

本案争议的焦点涉及保险的本质问题。在经济学意义上,保险是一种风险防范与损失分担方式。面临同类危险的众多的社会单位或个人,集中一定的资产建立保险基金,以此对因发生该类危险事故而造成特定社会单位或个人的经济损失予以补偿。保险学界有一句经典名言——“无危险无保险”。如“9·11事件”的保险赔付金额在250亿美元以上。承担这一巨额损失的不仅有美国本土的保险公司,还有来自日本、德国、瑞士等全球各地的保险业巨头。

“什么是保险?”对此存在“损失说”、“非损失说”及“二元说”等不同理论观点。“损失说”又有“损失赔偿说”与“损失分担说”之分。“损失赔偿说”以英国的马歇尔和德国的马修斯为代表,该说认为,保险的本质是赔偿保险事故造成的损失。该说产生于18世纪,比较符合当时保险局限于海上保险和火灾保险等财产保险的实际情况。不过,该说的缺陷在于不能解释人身保险。“损失分担说”认为,保险就是将保险事故受害者遭

① [美]哈威尔·E.杰克逊、小爱德华·L.西蒙斯:《金融监管》,吴志攀等译,中国政法大学出版社2003年版,第435页。

② [美]哈威尔·E.杰克逊、小爱德华·L.西蒙斯:《金融监管》,吴志攀等译,中国政法大学出版社2003年版,第435页。

受的损失由众多受到同类危险威胁却尚未受到损害的人共同分担。“非损失说”分为“保险技术说”、“经济需要满足说”及“相互保险机构说”。“保险技术说”强调的是保险的技术特性,甚至将保险的技术特性作为其本质。“经济需要满足说”为意大利学者戈比所提出,认为保险在于满足人们因意外事故造成经济损失或资金困难而产生的需要。“相互保险机构说”认为,保险是一种相互合作基础上的金融机构,具有融资作用,能够比较有力地解释合作社性质的保险经营机构。“二元说”认为财产保险与人身保险存在本质差别。财产保险的本质是损害赔偿。人身保险的本质是给付预定金额,具有投资理财的功能。在美国,人寿保险机构甚至被监管机构纳入了储蓄机构范围加以监管。

案例7.2:最大诚信原则与保险法上的告知义务

一、案情简介

1996年3月,某厂45岁的机关干部龚某因患胃癌(亲属因怕其情绪波动,未将真实病情告诉本人)住院治疗手术后出院,并正常参加工作。8月24日,龚某经吴某推荐,与之一同到保险公司投保了简易人身险,办妥有关手续。填写保单时并没有申报身患癌症的事实。1997年5月,龚某旧病复发,经医治无效死亡。龚某的妻子以指定受益人的身份,到保险公司请求给付保险金。保险公司在审查提交有关的证明时,发现龚某的死亡病史上,载明其曾患过癌症并动过手术,于是拒绝给付保险金。龚某以丈夫不知自己患何种疾病并未违反告知义务为由抗辩,双方因此发生纠纷。①

二、观点分歧

第一种观点认为,被保险人没有违反告知义务,保险公司应当给付保险金。因为违反告知义务的认定,须同时具备主客观要件。客观要件是指投保人未将其知道或应当知道的“足以影响保险人是否同意承保或者提高保险费率的重要事实”如实告知保险人;而主观要件是指义务人的不实说明或隐匿遗漏是出于故意或过失。就本案而言,被保险人投保时虽已身患严重疾病,但本人并不知晓,被保险人确实不知自己患有严重疾病而没有告知,主观上不存在过错。

第二种观点认为,被保险人违反告知义务,保险公司可以不给付保险金。告知义务要求告知内容是对事实的陈述,而非准确地阐明观点。它并不苛求投保人的告知完全准确无误,只要在投保人认知范围内尽可能地履行了这项义务即可。就本案而言,龚某对自己几个月前住过院、动过手术等对保险人来说很重要的事实没有加以说明。在被

① 《隐瞒病史,该不该赔偿?》,http://www.39.net/Treatment/ylbx/alfx/30838.html,下载日期:2014年10月12日。

保险人确不清楚自己到底患何种疾病的情况下,倘若他对病情作了感知性陈述,即使这种陈述不一定与事实相符(如患有胃癌,家属等善意地告诉他得的是胃病,他申明患过胃病),他也尽到了告知义务。反之,如果他隐瞒或虚假陈述了就医或治疗等方面的事实,则有未适当告知重要事实的过错,应当承担违反告知义务的不利后果。在此情况下,保险人获得抗辩权,拒绝给付保险金,并视故意和过失的动机不同,决定是否退还保费。

三、提示与参考

本案中被保险人的告知义务体现了保险法的一个基本原则——最大诚信原则。该原则确立于1906年英国的《海上保险法》。该法规定,海上保险合同是建立在最大诚意基础上的合同,如果合同一方没有这种诚意,另一方可以宣布合同无效。[①]

从经济学上看,最大诚信原则是为了克服保险合同双方当事人之间严重的信息不对称及因此而产生的道德风险。依据信息不对称理论,掌握信息比较充分的人员,往往处于比较有利的地位。如被保险人对于保险标的的风险状况较之于保险人处于信息优势地位,保险人对于保险合同条款的法律风险较之于被保险人处于信息优势地位。这些优势地位会使得享有优势地位的一方在经济活动中总是能够在最大限度地增进效应的同时作出不利于他人的行动。这种行为就是一种道德风险行为。

为了克服信息不对称及因此而产生的道德风险,保险法通过一系列规则贯彻最大诚信原则。

一是规定投保人的如实告知义务。它要求保险合同当事人必须履行告知和如实陈述的义务。告知义务在保险法上有"无限告知义务"和"询问告知义务"之分。前者指无论保险人询问与否,都存在着被保险人对重要事实的告知义务;后者则指,如无保险人的询问,则被保险人无告知义务。如我国《保险法》第16条第1款规定:"订立保险合同,保险人就保险标的或者被保险人的有关情况提出询问的,投保人应当如实告知。"该条规定的是一种"询问告知义务"。

二是保证规则。它一般适用于投保人,是指投保人向保险人作出的履行特定义务的承诺。如海上保险合同的投保人承诺投保的船舶不超越规定的"航区保证"。

三是保险人的说明义务。它包括保险人对保险合同格式条款的一般性说明义务;保险人对免责条款的提示和说明义务。

四是弃权与禁反言规则。该原则源于英美法,是指当事人有意识地放弃一项已知的权利。保险法中的弃权是指,当保险人已经意识到其有理由解除保险单,或者有理由抗辩被保险人保险单下的主张时,通过代理人的行为,明示或者默示地向被保险人表达

① 英国《海上保险法》第17条:"海上保险合同是建立在最大诚信基础上的合同,如果任何一方不遵守最大诚信,他方可以撤销该合同。"

其自愿放弃上述权利的意思。禁反言是指已经放弃权利的一方当事人不得再向对方主张此权利。如我国《保险法》第 16 条第 6 款规定:保险人在合同订立时已经知道投保人未如实告知的情况的,保险人不得解除合同;发生保险事故的,保险人应当承担赔偿或者给付保险金的责任。

五是不可抗辩条款。它是指保险合同生效达一定时间(通常为 2 年)后,保险人不得再对保险合同的效力提出质疑或者以投保人未履行如实告知义务为由主张解除合同或拒绝赔偿。如我国《保险法》第 16 条第 3 款规定:“自合同成立之日起超过二年的,保险人不得解除合同;发生保险事故的,保险人应当承担赔偿或者给付保险金的责任。”

案例 7.3:1782 年 Le Cras v. Hughes 案中的保险利益

一、案情简介

该案涉及当时英国人在英国与西班牙的战争中缴获的一艘船只和船上的货物。根据当时英国一个叫作《战利品奖励法》的法律,缴获战利品的人有权获得这些战利品。为了保护这些战利品能平安到达英国,缴获船舶的英国船长和船员为船货投保了到英国的航程保险。在返回英国的途中,船货因遭遇海上风险而灭失,保险人以缺乏可保利益为理由拒绝赔偿,被保险人提起诉讼,负责审理此案的是英国著名大法官曼斯菲尔德,他会作出怎样的裁判呢?

二、观点分歧

第一种观点以为,保险人可以拒绝赔偿,因为依据英国当时的法律,缴获的战利品在法律上属于英国女王,缴获战利品的人只有获得英国女王奖励的权利,即要等待女王将这些战利品中的一部分或者全部奖励给缴获者之后,他才享有货物的现实利益。在此之前,他并没有所有权,因而不具有法律上的可保利益。不具有保险利益的保险合同无效,保险公司可以拒绝赔偿。

第二种观点以为,船员与船长是否具有保险利益取决于两个方面:首先是《战利品奖励法》,该法所赋予的对船舶和货物的合法权利构成了符合法定可保利益要求的“法定关系”,这产生了支持诉讼的利益;其次,曼斯菲尔德发现本案中存在着对实际利益的期望,因为即使没有该法,根据当时的惯例船长和船员也会得到皇家的奖励。[①] 因此,投保人对于保险货物具有保险利益,保险公司应当给予赔偿。[②]

---

① 此为曼斯菲尔德法官所提出的实际期待利益理论。

② 关于本案案情及观点的介绍,可参见刘娟:《海上保险中的保险利益问题》,南京大学 2013 年法律硕士论文。

三、提示与参考

本案争议的焦点在于如何理解和界定“保险利益”。保险利益,又称可保利益,是指投保人或者被保险人对保险标的具有的法律上承认的利益。保险利益必须是合法的利益,必须是能够确定的利益,必须是经济上的利益。

保险利益原则作为保险法的一项基本原则确立于《1906 年英国海上保险法》第 5 条第 2 款。该款规定:“当一个人与某项海上冒险有利益关系,即因与在冒险中面临风险的可保财产有着某种合法的或合理的关系,并因可保财产完好无损如期到达而受益,或因这些财产的灭失、损坏或被扣押而利益上受到损失,或因之而负有责任,则此人对此项海上冒险具有保险利益。”

我国《保险法》也规定了保险利益原则。该法第 12 条规定:“保险利益是指投保人或者被保险人对保险标的具有的法律上承认的利益。”

保险利益原则具有如下功能:一是防止保险蜕变为赌博。在保险史上,并不是一开始就要求投保人或被保险人对保险标的具有保险利益。在当时的英国,将保险作为赌博的现象一直存在,如有一些人为一些著名的盗贼投保人寿保险,等到这个盗贼被抓获处死,就可以索取保险金。二是保护保险标的的安全,防止道德危险及违法行为。三是限定保险保障或赔付的额度,如在补偿性保险中,限制赔偿程度,保险利益是保险人履行赔偿责任的依据,是实施保险赔偿的最高限额。

案例 7.4:沃利斯诉优选互助保险公司案与损失补偿原则

一、案情简介

沃利斯是一个学生的家长,认为孩子的老师能力不足,误人子弟,因此向校方强烈投诉,其间还对媒体发表不当言论,校方迫于压力对老师进行了精神病检查,结论显示老师精神正常。老师复职后以诽谤为由将沃利斯及学校、教育主管部门等告上法庭,索要损害赔偿金。沃利斯与老师达成和解,支付了 750 美元和解金,但他声称自己为此案件支出了 14000 多美元。因为其购买了屋主责任保险,故要求保险公司支付本案的律师费及和解金。保险公司拒绝赔偿。

二、观点分歧

关于保险公司是否应当赔偿的问题,存在以下不同的观点:

第一种观点认为,保险公司不应当赔偿。理由有二:其一,诽谤造成的伤害不属于责任险里所说的“屋主对他人人身造成的伤害”;其二,诽谤是一项故意行为,而保险里有一份明确的“被保险人故意行为除外责任条款”。

第二种观点认为,保险公司应当赔偿。因为家长的行为事实上已经给老师造成了伤害,而家长对于其行为给老师造成的伤害并不具备主观上的故意。因此,该损害不属于“被保险人故意行为除外责任条款”的范围,保险公司不能免责,应当予以赔偿。

三、提示与参考

本案涉及保险法的又一项基本原则——损失补偿原则。所谓损失补偿原则,是指保险赔偿以被保险人遭受实际损失为前提;保险赔偿以保险责任为根据;保险赔偿以保险金额为限度。我国《保险法》第 55 条规定:“投保人和保险人约定保险标的的保险价值并在合同中载明的,保险标的发生损失时,以约定的保险价值为赔偿计算标准。投保人和保险人未约定保险标的的保险价值的,保险标的发生损失时,以保险事故发生时保险标的的实际价值为赔偿计算标准。”保险金额是指保险人承担赔偿或者给付保险金责任的最高限额。保险金额不得超过保险价值。超过保险价值的,超过部分无效,保险人应当退还相应的保险费。保险金额低于保险价值的,除合同另有约定外,保险人按照保险金额与保险价值的比例承担赔偿保险金的责任。此外,财产保险合同中的保险代位权与委付制度实质也是以损失补偿原则为基础。

案例 7.5:“艾卡里亚号”船舶保险案与近因原则

一、案情简介

第一次世界大战的 1915 年期间,雷兰德船运公司为其所属船只——“艾卡里亚号”的船投保了船舶保险合同。该船在驶往哈佛港的途中,被外国军舰的鱼雷击中,随后被拖进风平浪静的法国阿佛尔港。港口当局担心该伤船沉在码头泊位上,令其驶往外港,故该船被移至港口之外。由于海面没有防护设施,在海浪的冲击下,该船沉入海底。雷兰德船运公司提出索赔遭到拒赔。

二、观点分歧

对于雷兰德船运公司的索赔请求,有以下不同的看法:

第一种观点认为,保险公司不应当赔偿。因为被保险船舶沉没的近因是被敌方鱼雷击中,属于船舶保险合同约定的责任免除事项。

第二种观点认为,保险公司应当赔偿雷兰德公司的损失。尽管被保险船舶曾经被地方鱼雷击中过,但是船舶沉没的近因是海浪冲击,属于保险责任的范围,保险人应当承担保险责任。

三、提示与参考

本案提出了保险法上最具挑战性的一个基本原则——近因原则。所谓近因，是指直接导致结果发生的原因。近因原则是指，只有当保险事故的发生与损害结果之间存在近因关系时，保险人才对损失负有赔偿责任。《1906 年英国海上保险法》规定，保险人对以承保危险为近因的损失承担赔偿责任，对承保危险非近因造成的损失不承担赔偿责任。该规定在保险法上确立了近因原则。针对本案，大法官 Lord Shaw 对近因原则作了精辟的论述：应当将保险合同视为一个整体，并确定合同双方的真实意图，以确定是什么造成的损失、事件、灾害或意外事故；把近因看成是时间上最接近的原因是不正确的，把原因说成像一片接一片的面包片，互补链接，或像锁链一样一环扣一环，也不完全正确。因果关系链条只是一种便捷的表达方式，但是它的形象却不准确。因果关系不是链状而是网状的。在每一点上，各种影响力交织在一起，并从每一个交汇点成放射状无限延伸出去。在各种影响力的交汇处，就需要法官根据事实宣布汇集在这一点上的哪一个原因是近因。他进一步指出，近因不是时间上的接近，真正的近因是指效果上的接近，是导致承保损失的真正有效的原因，近因表示的是对结果产生作用最有效的因素。近因认定的方法有顺推法和倒推法。顺推法是从原因推出结果，倒推法则是结果逆推原因。

"玛多夫诉事故保险公司案"的判决比较典型地体现了因果关系链条理论。被保险人玛多夫向事故保险公司购买一份既承保意外也承保疾病的综合性寿险，约定"承保被保险人因意外事故或指明疾病而导致的死亡"。玛多夫的腿在一次意外事故中被擦伤，一段时间后该腿开始发炎，炎症进一步导致败血症并迅速蔓延至全身其他部位，引发肺炎，造成被保险人死亡。玛多夫的家属以受益人身份要求保险公司支付死亡保险金，保险公司以肺炎不在保险单所列的"指明疾病"之内拒绝赔偿。法院审理认为，从被保险人的腿被擦伤——腿发炎——败血症——肺炎——死亡是一个完整的链条，其间没有受过任何因素的影响而被切断，因此本案中导致被保险人死亡的近因是该链条的首环而非尾环(肺炎)。故保险公司应当按约定支付保险金。[①]

案例 7.6：300 万信诚人寿保险合同纠纷案引发保单漏洞之争

一、案情简介

2001 年 10 月 5 日，投保人谢某听取了信诚人寿代理人黄女士对"信诚〔运筹〕智选投资连结保险"及 5 个附加险的介绍，与黄女士共同签署了《诚信人寿(投资连结)保险

① 任自力、周学峰：《保险法总论原理 · 判例》，清华大学出版社 2010 年版，第 112～113 页。

投保书》。10月6日,信诚人寿向谢某提交了盖有其总经理李源祥印章的《信诚运筹建议书》,同日,谢某根据信诚的要求及该建议书的内容缴纳了首期保险费11944元(包括“附加长期意外伤害保险”首期保费2200元),并于10月17日下午完成了体检。10月18日,谢某投保10小时后被杀身故。2001年11月8日,谢某的母亲(受益人)向黄女士告知保险事故并提出索赔申请。2002年1月14日,信诚人寿发出理赔答复函,同意通融赔付主合同中的保险金100万元,拒赔“附加长期意外伤害保险”的保险金200万元。①

二、观点分歧

第一种观点认为,基于信诚已经收取谢某缴纳的首期保险费及谢某已经完成体检两个事实,谢某与信诚的保险合同、附加合同都已成立。而依法成立的合同,除当事人之间另有约定的之外,合同生效。因此,保险公司不能拒绝赔偿已经生效的“附加长期意外伤害保险”合同约定的保险金。

第二种观点认为,对谢某购买的这类保险金额300万的高额人寿保险,需要谢某通过体检、提供财务证明资料,并由信诚据此决定是不是承保。谢某死亡时,保险公司尚未见到他的全部体检报告,不能判定他是不是符合公司的承保要求,信诚与谢某的保险合同还没成立,附加合同的200万保险金,保险公司当然不必赔。对支付100万元赔偿金,不是基于保险合同关系已经成立,而是参考有关条款和国际惯例的“通融赔付”。

三、提示与参考

本案争议的焦点是保险合同是否已经成立?这又涉及保险合同是诺成合同还是实践合同的争议。我国《保险法》第13条规定:“投保人提出保险要求,经保险人同意承保,保险合同成立。保险人应当及时向投保人签发保险单或者其他保险凭证。保险单或者其他保险凭证应当载明当事人双方约定的合同内容。当事人也可以约定采用其他书面形式载明合同内容。依法成立的保险合同,自成立时生效。投保人和保险人可以对合同的效力约定附条件或者附期限。”对于该条如何理解?理论界的通说是,保险合同是诺成合同而非实践合同。就本案而言,保险公司收取谢某的首期保费是不是保险公司对投保人的承诺呢?如果是,那么保险合同成立并生效。第二种观点就此提出“通融赔付”的国际惯例。国际惯例中通常认为:“投保人在保险公司签发保单前先缴付第一期保费,且投保人及被保险人已签署投保书,履行如实告知义务并符合本公司承保要求时,若发生下列情形之一,保险公司将负保险责任:被保险人因意外伤害事故而发生保险事故,意外伤害事故指遭受外来的、不可预知的、突发的、非本意的、非由疾病引起

① 《300万信诚人寿保险合同纠纷案引发保单漏洞之争》,http://china.findlaw.cn/info/baoxian/bxjf/68956.html,下载日期:2014年10月13日。

的使身体受到伤害的客观事件。”

但是并不是所有国家都会依据国际惯例处理类似的问题。如在美国寿险业，为了防止因投保人在缴纳保费后合同成立前发生意外而引起纠纷，保险公司一般会在收到首期保费后为投保人提供空白期的免费意外保障，保险责任的额度基本是确定的。而在日本的人寿保险实务中，“承诺前”收取的首期保险费一般不直接作为“首期保险费”，而是以“充当首期保险费金额”收取。保险人收到款项后，向投保人开出“充当首期保险费金额的保管证”，等到保险合同成立时，以其充当正式的首期保险费。就本案而言，保险公司在收取首期保险费时并没有采取上述类似措施。因此，法院最后判决信诚人寿保险有限公司支付保险金 200 万元及利息给保单受益人谢某的母亲。

案例 7.7：未交保险费的保险合同是否成立？

一、案情简介

1999 年 6 月 4 日，四川省广元市居民钟万强为其驾驶的一台汽车向中保财产保险公司旺苍县支公司代办人姜义明要求投保。钟万强提出缓缴保险费，姜义明表示同意，钟万强给姜义明写下欠条，内容为：欠姜义明现金 1780 元。姜义明给钟万强开具了一份保险证，但没有填写保险单，也没有出具发票。1999 年 6 月 26 日 21 时，钟万强驾驶该车发生交通事故，造成 1 人死亡、4 人受伤的严重后果，交警认定其应负主要责任。钟万强立即向保险公司报了案。7 月 6 日，钟万强将 1780 元保险费交给了姜义明，姜义明出具了发票，发票载明的时间为 1999 年 6 月 24 日。保险公司拒赔。[①]

二、观点分歧

第一种观点认为，本案中的保险合同并未成立，保险公司可以拒绝赔偿。因为钟万强向保险公司出具的欠条以及保险公司向钟万强出具的保险证中均未涵盖《保险法》规定的保险合同“应当”具备的全部事项，欠条与保险证均不具备保险合同的形式要件，不能视为保险合同；钟万强在车辆已造成重大损失的情况下，隐瞒事实真相，采取补交保险费的方式，取得保险费收据，该保险费收据无效，不能作为索赔依据。

第二种观点认为，本案中的保险已经成立，保险公司应当赔偿被保险人的损失。因为保险合同的成立只要投保人与承保人之间达成意思表示的一致即可，不以缴纳保险费为前提。钟万强提出缓交保险费，并向保险公司代办人出具欠条的行为是投保要约，尽管该要约附加了“缓交保险费”的条件。这个附条件的要约已经得到了保险公司代办

① 《未交保险费　未填保险单　却持有保险证》，http://www.110.com/ziliao/article-34740.html，下载日期：2014 年 10 月 13 日。

人姜义明的完全同意。姜义明接受了钟万强的欠条，并在1999年6月24日向钟万强出具了保险证，这就意味着姜义明已代表保险公司对钟万强作出了承诺。

三、提示与参考

订立保险合同的过程分为投保和承保两个阶段。在投保阶段投保人向保险人提出保险请求的单方意思表示，属于发出订立保险合同的要约；在承保阶段保险人承诺投保人的保险要约的意思表示，属于发出订立保险合同的承诺。

虽然本案中保险合同是否成立属于具体的问题，缺乏针对性的法律规定，但是在进行分析以及法律的解释适用时还是应当参照类似法律规定，探究法律的立法目的，所保护的利益为何。具体来说，可以参照保险法中关于投保人(或其代理人)没有亲自签名或盖章的规定以及有关保险合同审查期间事故处理的规定。最高人民法院《关于适用〈中华人民共和国保险法〉若干问题的解释(二)》第3条第2款的规定："投保人或者投保人的代理人订立保险合同时没有亲自签字或者盖章，而由保险人或者保险人的代理人代为签字或者盖章的，对投保人不生效。但投保人已经交纳保险费的，视为其对代签字或者盖章行为的追认。"第4条第1款规定："保险人接受了投保人提交的投保单并收取了保险费，尚未作出是否承保的意思表示，发生保险事故，被保险人或者受益人请求保险人按照保险合同承担赔偿或者给付保险金责任，符合承保条件的，人民法院应予支持；不符合承保条件的，保险人不承担保险责任，但应当退还已经收取的保险费。"

案例7.8：保险合同中免责条款能否证明保险人履行了说明义务

一、案情简介

2006年4月28日，原告周广明以广明板材厂的名义向被告徐州大地财保公司投保财产保险基本险，约定：投保标的项目为固定资产和流动资产，以评估价投保，保险金额各100000元，保险费各500元，保险期限自2006年4月28日0时起至2007年4月27日24时止。特别约定：(1)如保额不足，出险按比例赔付。(2)出险免赔额为损失金额的30%。保险单签单日期为2006年4月28日。事故发生后，经鉴定标的损失22441元。原告以被保险人的身份向被告报案，并要求被告理赔，被告以出险事故不在合同约定的保险责任范围之内为由作拒赔处理。

二、观点分歧

第一种观点认为，出险事故不在合同约定的保险责任范围之内，因为保险条款第8条的内容为保险人对下列损失也不负责赔偿："……(二)保险标的本身缺陷……烘焙所

造成的损失”。而且原告在被告发给的投保单上签了字，被告已经尽了告知义务。因此，作为被告的保险公司可以不予赔付保险金。

第二种观点认为，“烘焙所造成的损失”按一般的理解可以有不同的解释。如：烘焙保险标的物造成该标的物本身的焦煳、变质损失及烘焙保险标的物造成火灾损失等。而火灾造成保险标的的损失，根据保险条款规定，保险人应负责赔偿，且烘焙是板材行业正常的工作流程。没有证据证明被告在履行告知义务时向原告明确说明了因烘焙引起的火灾损失不予赔偿。另外，对于板材行业来说，签订保险合同的目的应当是在发生火灾损失后能够从保险公司获得理赔，以弥补损失。本案所涉保险标的发生意外火灾损失后，被告却以“烘焙所造的损失”不予赔偿抗辩，致使原告签订合同目的落空，不符合情理。因此，保险公司应当赔偿原告的损失。①

三、提示与参考

本案争议涉及保险合同中的格式条款问题。我国《保险法》第 17 条规定：“订立保险合同，采用保险人提供的格式条款的，保险人向投保人提供的投保单应当附格式条款，保险人应当向投保人说明合同的内容。对保险合同中免除保险人责任的条款，保险人在订立合同时应当在投保单、保险单或者其他保险凭证上作出足以引起投保人注意的提示，并对该条款的内容以书面或者口头形式向投保人作出明确说明；未作提示或者明确说明的，该条款不产生效力。”该条规定赋予了保险人在订立合同时的格式条款说明义务。这也与我国《合同法》第 39 条的规定是一致的。②《合同法》第 40 条还规定：“格式条款具有本法第五十二条和第五十三条规定情形的，或者提供格式条款一方免除其责任、加重对方责任、排除对方主要权利的，该条款无效。”质言之，此种格式条款即使在订立合同时提供格式条款的一方向对方履行了说明义务的情形下，也会因为违反法律的强制性规定而无效。

最高人民法院《关于适用〈中华人民共和国合同法〉若干问题的解释（二）》第 6 条规定：“提供格式条款的一方对格式条款中免除或者限制其责任的内容，在合同订立时采用足以引起对方注意的文字、符号、字体等特别标识，并按照对方的要求对该格式条款予以说明的，人民法院应当认定符合合同法第三十九条所称‘采取合理的方式’。提供格式条款一方对已尽合理提示及说明义务承担举证责任。”该司法解释第 10 条规定：“提供格式条款的一方当事人违反合同法第三十九条第一款的规定，并具有合同法第四十条规定的情形之一的，人民法院应当认定该格式条款无效。”

① 《保险合同中免责条款不能证明保险人履行了说明义务一案分析》，http://china.findlaw.cn/info/jingjifa/jjjf/384709.html，下载日期：2014 年 10 月 14 日。

② 《合同法》第 39 条规定，采用格式条款订立合同的，提供格式条款的一方应当遵循公平原则确定当事人之间的权利和义务，并采取合理的方式提请对方注意免除或者限制其责任的条款，按照对方的要求，对该条款予以说明。

早在2000年最高人民法院关于甘高法研〔1999〕06号《关于金昌市旅游局诉中保财产保险公司金川区支公司保险赔偿一案的请示报告》的第5号批复中就指出:《保险法》第17条规定"保险合同中规定有保险责任免除条款的,保险人应当向投保人明确说明,未明确说明的,该条款不发生法律效力"中的"明确说明",是指保险人在与投保人签订保险合同之前或者签订保险合同之时,对于保险合同中所约定的免责条款,除了在保险单上提示投保人注意外,还应当对有关免责条款的概念、内容及其法律后果等,以书面或者口头形式向投保人或其代理人作出解释,以使投保人明了该条款的真实含义和法律后果。甘肃省高级人民法院请示的案情是:1998年2月,马某委托田某办理客车投保事宜,田某按马某的意思到保险公司办理了投保手续。同年4月,马某驾驶保险车辆行驶时,发现后置发动机三缸高压油管漏油,马某便"用胶带把接口处垫好"继续行驶。后该车发动机起火事故发生后,全车烧毁。事故发生后,经检验,起火原因为"三缸供油管口与喷油嘴密封不严,燃油渗漏,发动机周围升温,点燃油蒸汽,烧毁车辆"。当投保人向保险公司提出理赔时,保险公司以事故发生系因"本车电器、线路、供油系统及货物等问题产生自身引火",属于保险人除外责任中的"自燃",拒绝赔付。投保人则援引《保险法》第17条的规定,认为保险公司没有履行"明确说明"义务,保险合同中有关免除条款不发生法律效力。

案例7.9:吴某诉某保险公司财产保险合同纠纷案
——"免除保险人责任的条款"的范围

一、案情简介

2004年11月17日,吴某就其所有的汽车向某保险公司投保了车损险、主险不计免赔特约险、车上人员责任险等。保险合同载明:(1)家庭自用汽车损失保险条款。其中第12条第(8)项载明,保险车辆用于营运收费性商业行为期间的任何损失和费用,保险公司不负责赔偿。(2)机动车辆第三者责任保险条款。第32条载明,保险公司根据保险车辆驾驶人员在事故中所负责任比例承担相应的赔偿责任,并在保险单载明的责任限额内按约定的免赔率免赔。其中,保险车辆同一保险年度内发生多次赔款,其免赔率从第二次开始每次增加5%,非营运车辆从事营业运输活动时发生保险事故造成第三者损失,按本保险保费与相应的营业车辆保费的比例计算赔偿。(3)附加险条款及解释。车上人员责任险系第三者责任险的附加险。车上人员责任险条款第4条第(3)项载明,每次赔偿均实行20%绝对免赔率。2005年5月31日,吴某驾驶被保险车辆与案外人胡某驾驶的拖拉机相碰,致车辆受损及吴某和同乘人员于某、吕某受伤。交警大队作出交通事故认定书,认定吴某、胡某负事故同等责任。经法院判决,于某各项损失为28887

元，吕某各项损失为955.30元，并胡某与吴某连带赔偿上述损失。吴某向保险公司申请理赔。①

二、观点分歧

第一种观点认为，吴某将其车用于营业收费，根据保险条款约定保险公司无须赔偿；对于某、吕某的损失，根据保险条款约定的比例进行赔偿。

第二种观点认为，最高人民法院《关于适用〈中华人民共和国保险法〉若干问题的解释(二)》(下称《〈保险法〉司法解释二》)第9条规定："保险人提供的格式合同文本中的责任免除条款、免赔额、免赔率、比例赔付或者给付等免除或者减轻保险人责任的条款，可以认定为保险法第十七条第二款规定'免除保险人责任的条款'。"这些条款应当属于《保险法》规定的"免除保险人责任的条款"，保险人应就这些条款履行明确说明义务。然而，本案中的保险公司在签订保险合同时，未向吴某交付保险条款，亦未就保险条款中关于保险公司不予理赔和按比例理赔所依据的免责条款进行必要的解释和说明。因此，该免责条款无效，保险公司应当承担赔偿责任。

三、提示与参考

本案的关键在于对《保险合同》第12条第(8)项载明的"保险车辆用于营运收费性商业行为期间的任何损失和费用，保险公司不负责赔偿"，保险人是否作了说明义务，尽了何种说明义务，是否符合《保险法》的相关规定。具体来说，应当结合案件具体事实，分析该汽车保险公司的行为是否符合我国《〈保险法〉司法解释二》中的相关规定。该司法解释第11条规定："保险合同订立时，保险人在投保单或者保险单等其他保险凭证上，对保险合同中免除保险人责任的条款，以足以引起投保人注意的文字、字体、符号或者其他明显标志作出提示的，人民法院应当认定其履行了保险法第十七条第二款规定的提示义务。保险人对保险合同中有关免除保险人责任条款的概念、内容及其法律后果以书面或者口头形式向投保人作出常人能够理解的解释说明的，人民法院应当认定保险人履行了保险法第十七条第二款规定的明确说明义务。"第12条规定："通过网络、电话等方式订立的保险合同，保险人以网页、音频、视频等形式对免除保险人责任条款予以提示和明确说明的，人民法院可以认定其履行了提示和明确说明义务。"

此外，应当注意的是，《〈保险法〉司法解释二》第13条规定了保险人对其履行了明确说明义务负举证责任。因此，在实务中，保险公司应当考虑到因其举证不能而带来的风险。

---

① 《吴某诉某保险公司财产保险合同纠纷案——"免除保险人责任的条款"的范围》，http://www.chinacourt.org/article/detail/2013/06/id/1011457.shtml，下载日期：2014年10月18日。

案例 7.10:体检合格能否免除如实告知义务

一、案情简介

安女士 1996 年 5 月投保了某保险公司 1 万元人寿保险,附加住院医疗保险 1 万元。她在投保书健康告知“目前是否生病或有自觉不适症状”栏内填写了“无”。由于安女士年龄已经超过 50 岁,保险公司要求其在指定的医院做了普通体检,因体检无异常,保险公司以标准件予以承保。1997 年 2 月,安女士因头晕住院治疗,诊断为“颈椎病”。保险公司经调查,发现安女士的病历中多处有关于安女士反复头晕十余年,并且曾经晕倒的记载。鉴于安女士在投保时故意隐瞒上述病症,保险公司以不实告知为由,作出了拒赔的决定。

二、观点分歧

第一种观点认为,保险公司指定了医院为被保险人体检,则医院因检查所知或应知的事项,应认为是保险公司所知或应知的事项。如投保人未能将被保险人以前及现有的病情告知,但体检医生以通常的诊断就能发觉而未发觉的,应认为是医院应知的事项,从而也应是保险公司应知的事项,保险公司不能以投保人未告知为由解除保险合同。当然,如果投保人未告知的事项是体检医生以通常的诊断不能发觉的,那么投保人属于不实告知,保险公司可以解除保险合同。

第二种观点认为,根据《保险法》的规定,如实告知是投保人的法定义务,体检只是保险公司评估风险的 种手段,医院检查是否正确,有时也需依赖投保人的据实说明。由于保险合同是最大诚信合同,投保人对保险公司的书面询问应负有如实告知的义务,这种义务并不因保险公司已指定医院进行体检而免除。如投保人违背此项义务,就有可能影响保险公司对危险的估计,保险公司有权依法解除保险合同。①

三、提示与参考

2015 年 11 月 25 日发布,2015 年 12 月 1 日实施的最高人民法院《关于适用〈中华人民共和国保险法〉若干问题的解释(三)》第 5 条规定:“保险合同订立时,被保险人根据保险人的要求在指定医疗服务机构进行体检,当事人主张投保人如实告知义务免除的,人民法院不予支持。保险人知道被保险人的体检结果,仍以投保人未就相关情况履行如实告知义务为由要求解除合同的,人民法院不予支持。”

① 《体检合格能否免除如实告知义务》,http://china.findlaw.cn/info/baoxian/bxfal/183597.html,下载日期:2014 年 10 月 14 日。

由此可知，体检并不能替代如实告知义务。与此同时，该司法解释又规定，如果保险人知道被保险人的体检结果仍然以投保人未就相关情况履行如实告知义务为由要求解除合同，此时保险人的请求不能成立。这说明，体检结果既不是免除投保人如实告知义务的充分条件，也不是保险人解除合同的充分理由。

案例 7.11：生前投保巨额保险避税是否应当课征遗产税

一、案情简介

我国台湾地区一名被继承人甲于死亡前 2 年内陆续以其 5 名子女为指定受益人，按趸交方式向保险公司投保投资型人身寿险，合计缴纳保险费 2500 余万元。税务局查明，甲投保时年岁已高，且投保前已被医院诊断有中风后的言语障碍（失语症）和记忆障碍，之后多次住院，住院期间虽有意识，但自行处理事务能力差。税务局认定，该保险明显系蓄意规划投保人身寿险以规避遗产税，该局遂依据实质课税及公平正义原则，按继承日该投资型保险之现金价值 2400 余万元计遗产总额课税。

二、观点分歧

第一种观点认为，我国台湾地区“遗产及赠与税法”第 16 条第 9 款及“保险法”第 112 条明确规定，人寿保险的保险金不计入遗产总额征税，即使被继承人甲是在死亡前 2 年内购买该终身寿险，但其是依据相关法规预定的方式所为，属于减少税收负担的合法节税行为。

第二种观点认为，我国台湾地区“遗产及赠与税法”第 16 条第 9 款规定保险金给付不计入遗产总额征税的立法意旨，应当是指在一般正常社会情况下，被保险人死亡时给付受益人的人寿保险金额，不作为被保险人的遗产，是考虑到被继承人为保障并避免其家人因其死亡失去经济来源，从而在生活上陷入困境。如对受益人领取的保险金再课征遗产税，则有违保险的终极目的。

就本案而言，从被继承人甲投保时的年龄、健康状况、投保寿险的种类、金额及时间等判断其投资动机，明显是以投缴巨额保险费，达到死亡时转移财产的目的。继承人在被继承人死亡时可获得与其继承相当的财产，实质上因此受有经济利益。因此，该项脱法行为明显规避了遗产税的强制性规定，与“保险法”第 112 条的立法意旨明显不相符。税务机关基于实质课税及公平正义原则，按继承日该投资型保险之现金价值 2400 余万元计遗产总额课税，并无不妥。①

三、提示与参考

对于“利用保险避税”这一问题，实际上，我国法律并未有相关的明确规定。地方法院有关于“利用保险避债”的规定。如浙江省高级人民法院《关于加强和规范对被执行人拥有的人身保险产品财产利益执行的通知》(以下简称《通知》)第1条规定：“投保人购买传统型、分红型、投资连接型、万能型人身保险产品、依保单约定可获得的生存保险金，或以现金方式支付的保单红利，或退保后保单的现金价值，均属于投保人、被保险人或受益人的财产权。当投保人、被保险人或受益人作为被执行人时，该财产权属于责任财产，人民法院可以执行。”《通知》第5条规定：“人民法院要求保险机构协助扣划保险产品退保后可得财产利益时，一般应提供投保人签署的退保申请书，但被执行人下落不明，或者拒绝签署退保申请书的，执行法院可以向保险机构发出执行裁定书、协助执行通知书要求协助扣划保险产品退保后可得财产利益，保险机构负有协助义务。”又如，2015年7月22日实施的《最高人民法院关于限制被执行人高消费及有关消费的若干规定》第3条规定：“被执行人为自然人的，被采取限制消费措施后，不得有以下高消费及非生活和工作必需的消费行为：……(八)支付高额保费购买保险理财产品……”

诚然，我国法律中关于防止纳税人“利用保险避税”的规定亟待完善，不过，投保人为规避纳税义务而订立的保险合同未必全部都是有效的。保险合同亦属于合同的一种，我国《合同法》第52条规定“恶意串通，损害国家、集体、第三人利益”的合同无效；《民法总则》第154条规定了行为人与相对人恶意串通，损害他人合法权益的民事法律行为无效。因此，即便法律没有规定投保人为避税而订立的保险合同无效的具体情形，目前，仍然可以运用民法上的一般规定认定侵犯国家、集体及第三人利益的保险合同无效。

案例7.12:保险合同的变更与机动车转让过程中发生事故后的索赔

一、案情简介

宋先生的一辆汽车准备转让给刘先生，大家商量好，办完过户手续、保险变更手续后交车，刘先生付全款。宋先生在二手车市场上午办好过户手续，刘先生因为急着用

① 《生前投保巨额保险避税，是否会课征遗产税》，http://www.lawtw.com/article.php?article_category_id=2214&article_id=85084&job_id=156800&parent_path=,1,2169,510,2211,&template=article_content，下载日期：2014年10月14日。

车，就把钱交给了宋先生后开车离开。一小时后，驾驶该车的刘先生被一辆货车撞了。刘先生让宋先生先向保险公司索赔。保险公司称，该车已经转让却没有通知保险公司，因此依据保险条款的规定，保险公司拒绝赔偿。①

二、观点分歧

第一种观点认为，宋先生无权请求赔偿，刘先生有权请求赔偿。我国《保险法》第 49 条第 1 款规定："保险标的转让的，保险标的的受让人承继被保险人的权利和义务。"本案中的保险标的已经过户给刘先生，刘先生已经受让该保险标的，承继了被保险人的权利和义务，有权向保险公司请求赔偿。依据《保险法》第 49 条第 4 款的规定："被保险人、受让人未履行本条第二款规定的通知义务的，因转让导致保险标的危险程度显著增加而发生的保险事故，保险人不承担赔偿保险金的责任。"虽然发生保险事故前刘先生和宋先生均未通知保险公司该车已经转让，但是该转让并未导致保险标的危险程度的显著增加。保险公司应当予以赔偿。

第二种观点认为，宋先生无权请求赔偿，刘先生也无权请求赔偿，保险公司可以拒绝赔偿。因为保险合同的标的已经被刘先生受让，宋先生不再是保险合同的当事人，当然不能再依据先前的保险合同请求赔偿。由于刘先生与宋先生均未在保险事故发生之前通知保险公司该车已经转让，故保险公司可以拒绝赔偿该事故给刘先生造成的损失。

三、提示与参考

本案涉及保险合同变更中的保险标的转让时保险合同的效力问题。对此，存在两种不同的立法模式。一是以德国、日本为代表的大陆法国家。当被保险人转让保险标的时，被保险人在保险合同中的权利随之移转给受让人，并同时规定，保险人在保险标的转让导致风险显著增加时有权终止或者解除合同。二是英美法系国家，保险标的的转让并不能导致保险合同的自然变更，保险合同变更须经保险人同意后方生效。

我国《保险法》第 49 条规定："保险标的转让的，保险标的的受让人承继被保险人的权利和义务。保险标的转让的，被保险人或者受让人应当及时通知保险人，但货物运输保险合同和另有约定的合同除外。因保险标的的转让导致危险程度显著增加的，保险人自收到前款规定的通知之日起三十日内，可以按照合同约定增加保险费或者解除合同。保险人解除合同的，应当将已收取的保险费，按照合同约定扣除自保险责任开始之日起至合同解除之日止应收的部分后，退还投保人。被保险人、受让人未履行本条第二款规定的通知义务的，因转让导致保险标的危险程度显著增加而发生的保险事故，保险人不承担赔偿保险金的责任。"

① 郭玉涛律师：《机动车转让过程中出了事故如何索赔》，http://auto.sohu.com/20060816/n244819255.shtml，下载日期：2014 年 10 月 15 日。

为什么货物运输保险合同的标的转让不需要通知呢？因为货物运输，特别是海上运输，路程遥远，流动性大，货物在远地完成交易，一般很难先行征得保险人的同意，即使是要求通知保险人也会大大影响货物转让的效率。为了保证交易的效率与安全，有必要对此予以突破。

又如《侵权责任法》第50条规定："当事人之间已经以买卖等方式转让并交付机动车但未办理所有权转移登记，发生交通事故后属于该机动车一方责任的，由保险公司在机动车强制保险责任限额范围内予以赔偿。不足部分，由受让人承担赔偿责任。"据此，对于机动车强制保险的保险标的的转让，无论有否通知保险公司，保险公司都要在责任限额范围内予以赔偿。此种规定是为了最大限度地保护机动车受害人的合法权益，防止其权利因为被保险人没有赔偿能力而落空。

除了上述两种特殊情形之外，保险人对于机动车转让过程中发生的保险事故是否需要承担赔偿责任仍然存在疑难之处。保险公司之所以作出不赔偿的决定，主要是依据《保险法》第49条的规定，即保险标的的转让应当通知保险人。但车辆转让——通知保险公司——批改保险单这几个环节中，一定存在着时间差，不可能是同时发生的，那么在这个时间差中出现了保险事故，要不要赔呢？譬如被保险人通知保险公司后，保险公司需要一天时间进行批改，在此期间出现事故了，怎么办？或者就像本案那样，刚刚转让汽车，还没有来得及通知保险公司，就出事故了，又该如何？我国地方法院在审理此类案件时就持有不同的看法。

2004年12月20日，北京市高级人民法院审判委员会通过《关于审理保险纠纷案件若干问题的指导意见（试行）》，其中规定："保险车辆已经交付，但尚未完成过户手续，保险人已办理保险单批改手续的，新车主是实际被保险人；保险车辆尚未交付，但已经完成过户手续，保险人已办理保险单批改手续的，新车主是被保险人；保险车辆尚未交付，且未完成过户手续，保险人已办理保险单批改手续的，新车主是实际被保险人；保险车辆已经交付，过户手续已经完成，并已向保险人提出保险单变更申请的，新车主是被保险人。保险车辆已经交付，过户手续已经完成，但未向保险人提出保险单变更申请的，新、旧车主都不是被保险人。"从上述规定看，如果要保险合同持续有效，那么车辆买卖双方在车辆过户之前应该办理保险单批改手续，来不及的话也应该在过户完成后及时提出保险单的变更申请，以保证在车辆过户过程中保险合同不会中断。如果本案是2004年发生在北京，刘先生与宋先生能否请求保险公司赔偿呢？

《广东省高级人民法院关于审理保险纠纷案件若干问题的指导意见》（粤高发2008年10号文）第15条规定："保险合同有效期间，保险标的物转让的，自标的物所有权发生转移时，投保人或被保险人对保险标的物丧失保险利益。出让人和受让人应在保险标的物转让后及时办理保险合同变更手续，保险人在保险单或其他保险凭证上批注或附贴批单的，应认定保险人同意变更被保险人，由受让人承接自保险人受

理批改之日起保险合同项下出让人的权利义务。”该指导意见第16条规定:“投保人或被保险人转让保险标的物未通知保险人变更保险合同的,除机动车交通事故责任强制保险外,保险合同从投保人或被保险人丧失保险利益时起终止,保险人不再承担保险责任。但出让人和受让人在保险标的物转让后10个工作日内,有合理理由未及时办理保险合同变更手续,在此期间发生保险事故,保险人仍应承担保险责任。”如果本案是2009年发生在广东,刘先生与宋先生向保险公司索赔的请求能否得到法院支持呢?

目前,法律没有对保险标的转让后被保险人或受让人的通知义务作出更加细致的规定,在发生纠纷时只能根据具体问题进行具体分析。但是,法律明确规定了保险人不承担保险责任的条件,即没有履行通知义务,且因转让导致表现标的的危险程度显著增加。在本案中,如若在“通知义务条件”上不能找到突破,则双方在主张各自的利益时可以考虑在第二个条件上“做文章”。对此,2018年9月1日起施行的最高人民法院《关于适用〈中华人民共和国保险法〉若干问题的解释(四)》第4条规定:“人民法院认定保险标的是否构成保险法第四十九条、第五十二条规定的‘危险程度显著增加’时,应当综合考虑以下因素:(一)保险标的用途的改变;(二)保险标的使用范围的改变;(三)保险标的所处环境的变化;(四)保险标的因改装等原因引起的变化;(五)保险标的使用人或者管理人的改变;(六)危险程度增加持续的时间;(七)其他可能导致危险程度显著增加的因素。保险标的危险程度虽然增加,但增加的危险属于保险合同订立时保险人预见或者应当预见的保险合同承保范围的,不构成危险程度显著增加。”

案例7.13:从“怀孕”界定不明引起的保险纠纷看保险合同的解释

一、案情简介

赵某于1995年6月23日与某保险公司签订了“综合个人意外保险计划投保书”,其中包括“每日住院现金及手术费保障附加契约”。该保险计划书对保单生效、终止、诉讼时效、赔偿金额的给付、不承保范围及责任限制等作出了明确的规定。同时,附加契约条款明确规定,“因怀孕、流产、分娩等原因引起的疾病不属于承保范围”。同日,赵某缴纳保险费102元。1996年6月24日,赵某继续投保1年,并续交保险费102元。同年11月4日,赵某突然腹疼难忍,在同事的帮助下被送到医院。经过检查,诊断为“宫外孕导致大出血”,医院为她及时实施了手术治疗,随后其于21日平安出院。嗣后,赵某根据“每日住院现金及手术费保障附加契约”,要求保险公司给付上述费用1716元。

二、观点分歧

第一种观点认为，对于“怀孕”，人们一般的理解是一种生理性的妊娠过程，甚至可以理解为是人所能控制的行为，因此将其排除在保险责任之外是可以理解的。但是，宫外孕却不同，它是一种病理性的妊娠过程。这种结果往往是人们所不能意料和控制的，并且其发展后果对于人的生命健康都会带来较大的危害。在条款对“怀孕”的范围并未作出明确界定的情况下，对此应当作有利于被保险人的解释。

第二种观点认为，保险公司有权拒绝赔偿。因为住院系宫外孕引起，怀孕不属于承保范围。根据《妇产科学》的注释，怀孕为妊娠的同义词，系妊娠的俗称。妊娠包含了正常妊娠生理和异常妊娠病理，异常妊娠病理又包括了异位妊娠，即宫外孕。可见，怀孕属于正常生理现象，而宫外孕属于异常病理现象。所以宫外孕是因怀孕引起的一种疾病，属于除外责任，对“有利于被保险人解释”原则不能片面理解。

三、提示与参考

《中华人民共和国保险法》第 30 条规定：“采用保险人提供的格式条款订立的保险合同，保险人与投保人、被保险人或者受益人对合同条款有争议的，应当按照通常理解予以解释。对合同条款有两种以上解释的，人民法院或者仲裁机构应当作出有利于被保险人和受益人的解释。”最高人民法院《关于适用〈中华人民共和国保险法〉若干问题的解释（二）》第 17 条规定：“保险人在其提供的保险合同格式条款中对非保险术语所作的解释符合专业意义，或者虽不符合专业意义，但有利于投保人、被保险人或者受益人的，人民法院应予认可。”

宫外孕的医学术语为异位妊娠（Ectopic Pregnancy，EP），是指受精卵在子宫体腔以外的部位着床或发育，通常为输卵管，少部分患者可能出现卵巢、子宫颈、腹腔等部位的异位妊娠。宫外孕的前期症状有停经、腹痛、少量出血，若导致输卵管妊娠或破裂会出现剧烈腹痛且反复发作、阴道出血，以致休克。[①] 在本案中，解决“保险公司是否应当赔偿赵某”这一问题应当参考三个维度的内容：(1)上文所述我国《保险法》及其相关司法解释中有关保险合同条款解释的规定；(2)上文中所引用“宫外孕”的医学定义，明晰宫外孕概念的同时，有利于帮助解释一般人对于“宫外孕”作何理解；(3)本案中赵某与保险人签订的保险合同的具体约定。根据合同意思自治的原则，双方在法律允许的范围内有权利作出适当的约定。

① 张学军、郑捷：《妇产科学》，人民卫生出版社 2018 年第 9 版，第 74～77 页。

第二节　人身保险合同

案例 7.14：前妻受益人身份是否有变

一、案情简介

卢先生于 2002 年 3 月买了多份人寿保险，总保险金额达 50 万元，投保当时卢先生指定受益人为“妻子”，但并未写明姓名。2007 年 11 月卢先生与妻子感情破裂离婚，然而卢先生并未到保险公司变更受益人。2008 年 3 月卢先生遭遇车祸死亡。其父亲在整理遗物时发现了保险单，要求保险公司支付保险金。而此时卢先生的前妻也得悉了此事，且强调自己是指定的受益人，双方发生了争议。

二、观点分歧

对此案的解决有如下几种不同的看法：

第一种观点认为：前妻仍是受益人。我国《保险法》第 41 条规定：“被保险人或者投保人可以变更受益人并书面通知保险人。保险人收到变更受益人的书面通知后，应当在保险单或者其他保险凭证上批注或者附贴批单。投保人变更受益人时须经被保险人同意。”本保险合同在订立时卢先生作为投保人和被保险人，具有完全的民事行为能力并且出于自愿指定了“妻子”为受益人，该“妻子”系指卢先生当时的妻子也就是后来的前妻。尽管后来两人已经离婚，但是卢先生并未变更受益人。因此，前妻的受益权来源于保险合同。

第二种观点认为：前妻不能成为受益人。离婚后双方在法律上已不具有姻亲关系了，也就意味着他们之间已不具有可保利益了。虽然被保险人身前未变更受益人，但是前妻最多只能同被保险人家属协商处置保险金问题。

第三种观点认为：该保险金应当作为被保险人遗产进行分配。理由之一，是投保寿险的目的通常是为保障被保险人的善后资金，解决被保险人家庭的困难，抵偿被保险人的债务；理由之二，是根据实践经验判断，多数夫妻离婚后双方已互不来往，在被保险人未变更受益人真实意图难以查明的条件下，应当将保险金作为遗产处理。[①]

① 陆爱勤：《保险案例库》，http://www.doc88.com/p-908997159376.html，下载日期：2014 年 10 月 15 日。

三、提示与参考

我国最高人民法院《关于适用〈中华人民共和国保险法〉若干问题的解释(三)》第 9 条规定:“投保人指定受益人未经被保险人同意的,人民法院应认定指定行为无效。当事人对保险合同约定的受益人存在争议,除投保人、被保险人在保险合同之外另有约定外,按以下情形分别处理:(一)受益人约定为‘法定’或者‘法定继承人’的,以继承法规定的法定继承人为受益人;(二)受益人仅约定为身份关系,投保人与被保险人为同一主体的,根据保险事故发生时与被保险人的身份关系确定受益人;投保人与被保险人为不同主体的,根据保险合同成立时与被保险人的身份关系确定受益人;(三)受益人的约定包括姓名和身份关系,保险事故发生时身份关系发生变化的,认定为未指定受益人。”

由此可见,在当事人对保险合同约定的受益人存在争议的情况下,需要根据投保人与被保险人的关系界定具体的受益人。当投保人与被保险人为同一主体时,则根据保险事故发生时与被保险人的关系确定受益人;当投保人与被保险人为不同主体时则根据保险合同成立时与被保险人的身份关系确定受益人。但实质上,无论是投保人与被保险人系同一主体还是不同主体,法律规定的目的系在于保护投保人的利益。

案例 7.15:投保人误报年龄与保险欺诈该如何区分

一、案情简介

郝先生为其母亲投保了终身康宁人寿保险,该险种限制投保的最高年龄为 70 岁以下。郝先生母亲已经 77 岁了,在向营销员了解到该险种最高年龄限制后,郝先生将其母亲的户籍年龄改为 54 岁,使之符合投保条件。2 年以后,郝母死亡申领到 27 万元保险金。但不久,保险公司发现其故意误报年龄的事实,便向公安部门提出,郝先生故意虚报年龄构成保险欺诈,应当判处 10 年有期徒刑。

二、观点分歧

本案的争议焦点在于两个关键问题:其一,保险合同成立已经超过 2 年,受益人是否可以根据《保险法》第 16 条的规定主张保险公司不可抗辩,且要求保险公司不得解除合同并赔付保险金?其二,虚报年龄是否构成保险欺诈,是否应当定罪判刑?

第一种观点认为,受益人无权获得 27 万元保险金,保险公司可以向法院出示证据追回保险金。本案不仅不适用不可抗辩条款,而且还要追究骗保者的法律责任。

第二种观点认为,保险公司应当赔付保险金。因为保险合同成立已超过 2 年了,根据《保险法》第 16 条规定的不可抗辩条款,保险公司不得解除合同并要履行赔偿义务。

对于第二个问题，同样存在不同的看法。一种观点认为投保人的行为不构成保险诈骗罪。其理由在于根据我国《刑法》的规定，保险诈骗罪的客观表现之一是故意虚构保险标的骗取保险金。[①] 而根据我国《保险法》第 12 条的规定，寿险的标的是人的寿命和身体，不包括人的年龄。因此本案中郝先生虚报其母亲年龄的行为不属于故意虚构保险标的。且我国《保险法》第 54 条明确规定了申报年龄不真实超过两年后保险人不能解除保险合同，我国《保险法》第 32 条明确规定了“投保人申报的被保险人年龄不真实”情况下的处理方式。相较于《刑法》，《保险法》属于特别法，在对本案中郝先生的行为进行定性时应当优先适用《保险法》的规定。另一种观点认为投保人的行为构成保险诈骗罪。该种观点认为年龄与人的身体和寿命息息相关，故郝先生明知道其母亲的年龄不符合投保条件仍然虚构保险年龄，属于故意虚构保险标的。与之相应，郝先生的行为也不属于《保险法》第 54 条规定的“年龄误告”的范围，郝先生的行为构成刑事犯罪，应当由《刑法》来调整。

三、提示与参考

年龄是人身保险合同中的一个重要事项，它会直接影响到保险人是否愿意承保以及保险费的高低等。如何处理保险合同中的年龄不真实问题呢？我国保险法分三种情况进行了规定：

第一，被保险人的真实年龄超过合同约定的承保年龄限制的。《保险法》第 32 条第 1 款规定：“投保人申报的被保险人年龄不真实，并且其真实年龄不符合合同约定的年龄限制的，保险人可以解除合同，并按照合同约定退还保险单的现金价值。保险人行使合同解除权，适用本法第十六条第三款、第六款的规定。”《保险法》第 16 条第 3 款规定：“前款规定的合同解除权，自保险人知道有解除事由之日起，超过三十日不行使而消灭。自合同成立之日起超过二年的，保险人不得解除合同；发生保险事故的，保险人应当承担赔偿或者给付保险金的责任。”《保险法》第 16 条第 6 款规定：“保险人在合同订立时已经知道投保人未如实告知的情况的，保险人不得解除合同；发生保险事故的，保险人应当承担赔偿或者给付保险金的责任。”

第二，真实年龄大于误报年龄，致使欠交保险费的。《保险法》第 32 条第 2 款规定：“投保人申报的被保险人年龄不真实，致使投保人支付的保险费少于应付保险费的，保险人有权更正并要求投保人补交保险费，或者在给付保险金时按照实付保险费与应付保险费的比例支付。”

---

① 《中华人民共和国刑法》第 198 条：“有下列情形之一，进行保险诈骗活动，数额较大的，处五年以下有期徒刑或者拘役，并处一万元以上十万元以下罚金；数额巨大或者有其他严重情节的，处五年以上十年以下有期徒刑，并处二万元以上二十万元以下罚金；数额特别巨大或者有其他特别严重情节的，处十年以上有期徒刑，并处二万元以上二十万元以下罚金或者没收财产：（一）投保人故意虚构保险标的，骗取保险金的；……”

第三，真实年龄小于误报年龄，致使多交保险费的。《保险法》第 32 条第 3 款规定：投保人申报的被保险人年龄不真实，致使投保人支付的保险费多于应付保险费的，保险人应当将多收的保险费退还投保人。

案例 7.16：是意外事故致死还是被保险人自杀？

一、案情简介

游客李某与其妻子一起参加了旅行社组织的北京 5 日游。在到达北京的次日，其妻子很早起来发现丈夫李某不在床上，后被告知李某躺在酒店外的地上，已告不治。警方的调查结论为：李某系高坠致颅脑损伤死亡，该人死亡不属于刑事案件。家属料理完丧事后，向保险公司提出了支付保险金 25 万元的索赔申请，保险公司以出险原因是李某死于自杀，不属于保险责任范围为由拒绝赔偿保险金。[①]

二、观点分歧

第一种观点认为，出险原因是李某死于自杀，不属于保险责任范围，保险公司可以拒绝赔偿保险金。

第二种观点认为，根据保险条款，保险公司承担保险责任的范围是，被保险人因意外伤害而死亡的，保险公司承担给付旅游意外伤害保险金每人 24 万元，意外身故丧葬费每人 1 万元的保险责任。《保险法》第 22 条规定："保险事故发生后，按照保险合同请求保险人赔偿或者给付保险金时，投保人、被保险人或者受益人应当向保险人提供其所能提供的与确认保险事故的性质、原因、损失程度等有关的证明和资料。保险人按照合同的约定，认为有关的证明和资料不完整的，应当及时一次性通知投保人、被保险人或者受益人补充提供。"本案原告向法庭提供了事故性质（李某死亡）、原因（高坠致颅脑损伤）、损失程度（25 万元）的证明材料，已经尽到了证明责任。保险公司如果拒绝承担保险责任，认为李某系自杀而死，那么保险公司应当承担证明责任。尽管保险公司推测被保险人自杀有一定的合理性，但是未能提供有力的证据证明其合理性。[②] 在原告提供了证明材料而被告未能提供相应证据的情况下，不宜认定被保险人系自杀身亡，应当认定为意外事故致死。因此，保险公司应当支付保险赔偿金。

---

① 《保险理赔案例：意外伤害保险公司需承担证明之责》，http://money.163.com/12/0820/14/89C1FVLF0025335M.html，下载日期：2014 年 10 月 17 日。

② 《保险理赔案例：意外伤害保险公司需承担证明之责》，http://money.163.com/12/0820/14/89C1FVLF0025335M.html，下载日期：2014 年 10 月 17 日。

三、提示与参考

最高人民法院《关于适用〈中华人民共和国保险法〉若干问题的解释(三)》第21条规定:“保险人以被保险人自杀为由拒绝给付保险金的,由保险人承担举证责任。受益人或者被保险人的继承人以被保险人自杀时无民事行为能力为由抗辩的,由其承担举证责任。”本案中,保险人一方认为李某的死亡属于自杀,则其应当承担举证责任,若保险人举证不能,则其应当承担相应的后果。

案例7.17:郭某服用催眠药死亡是因意外事故死亡还是自杀死亡?

一、案情简介

郭某在2005年5月投保了三份以死亡为给付条件的终身寿险合同,合同约定,如果郭某在保险期限内意外身故,郭某的受益人——郭某的父母将得到总额达66万元的保险金;在投保两年内,郭某如果自杀,保险公司将不承担赔偿责任。2006年12月20日,郭某在居住的房子内服用了大量的镇静催眠药物,导致中毒死亡。根据北京市公安局通州分局刑事科学技术鉴定书中的鉴定结论,可以确定被保险人郭某因苯巴比妥和苯妥英中毒死亡。据此可以排除被保险人郭某属于正常死亡,即因病死亡或自然死亡的可能性。根据北京市公安局通州分局关于郭某死亡调查意见书的认定,也排除了郭某的死亡属于刑事案件。郭某服用苯巴比妥的行为属于意外还是自杀即成为本案的争议焦点。

二、观点分歧

第一种观点认为,郭某的行为属于自杀。在红十字会999急救中心的急救医疗记录中,抢救医生认为郭某病发原因系自杀。郭某男友对公安机关的陈述,郭某死亡当晚食用的药物是为治疗他癫痫的剩药,郭某在2003年时曾因和别人生气,乱吃药企图自杀而入院治疗。此外,郭某的妹妹称,郭某的男友是有妇之夫,因为他们之间一直有矛盾,从2002年开始,郭某就开始用割腕、服药等自杀的方式威胁她的男友,到现在有七八次了。三位分别从事法医学、毒物学、病理学的专家,对苯巴比妥和苯妥英的药理和毒理作用当庭进行了解答。三位专家称,苯巴比妥和苯妥英主要是医治癫痫病的药物,是一种中枢神经抑制剂,特征为镇静和嗜睡,属处方药。正常的服用量应在每日口服500毫克,最大剂量为每毫升血含量不超过2~4毫克,致死量为64ug/mg,根据尸检报告反映死者心血中苯巴比妥含量为76ug/mg,可以推定被保险人郭某生前至少服用了20~40片苯巴比妥。

我国《保险法》规定，以死亡为给付保险金条件的合同，被保险人自杀的，保险人不承担给付保险金的责任。《保险法》规定的自杀行为是一种完全受主观意志所支配的主动行为。就本案而言，被保险人郭某生前作为一个具备完全行为能力的人，其行为完全是受其意志所支配的。被保险人死因是苯巴比妥中毒，依据一般常理推断，郭某生前并未患有癫痫类疾病，没有服用苯巴比妥这类处方药的理由和必要，更没有理由和必要超剂量地服用，且根据被保险人郭某的认知程度，其对服药将产生的后果应当是明知的。在已排除被保险人郭某属于正常死亡、意外致死和因刑事案件致死的前提下，对被保险人郭某服药行为的本身，可认定郭某存在自杀的意图且实施了自杀的行为。综上所述，根据已有证据和常理判断，法院应当认定被保险人郭某在保险合同成立起两年内自杀，判决驳回原告的诉讼请求。

第二种观点认为，根据公安机关出具的鉴定书，郭某只是中毒死亡，并未认定自杀事实，尽管在医院的医疗记录中，医务人员认为郭某系自杀身亡，但是医院不具有认定死因的资格，自杀只能由公安部门来认定。[①]

三、提示与参考

自杀如何认定是人身保险合同纠纷中的一个重大疑难问题。自杀是否包括心态失常所导致的自杀？我国《保险法》第 44 条规定："以被保险人死亡为给付保险金条件的合同，自合同成立或者合同效力恢复之日起二年内，被保险人自杀的，保险人不承担给付保险金的责任，但被保险人自杀时为无民事行为能力人的除外。保险人依照前款规定不承担给付保险金责任的，应当按照合同约定退还保险单的现金价值。"但是，我国《保险法》没有明确界定"自杀"的含义，对自杀的主观状态也未作规定。有学者认为，自杀仅指被保险人有自杀意图而实施的自杀致其死亡，而不包括过失自杀。[②] 反对者认为，将"故意"与"自杀"并列，甚易误导"过失自杀"之观念；[③]"自杀系行为人在本质上出于自由且自主之意愿状态下所为的一种事实行为，因此'自杀'一词本身就内含有'故意'要素；以'故意'限定'自杀'，在逻辑上当为同义语反复，实属多余"[④]。有学者认为，"人寿保险之被保险人的'自杀行为'在性质上属于一种'事实行为'而非'法律行为'，故以行为能力之一般抽象标准而为判断，并不妥当"，"'自杀'在本质上是基于被保险人自主且自愿的意思自由状况下所为的一种事实行为，不包含缺乏自由意思决定能力者导致自己死亡之情况。由此可见，2009 年修订的《保险法》有关增补'但被保险人自杀时为

---

① 中国保险报：《法院首次判决认定被保险人自杀》，http://insurance.jrj.com.cn/2008/03/000000193878.shtml，下载日期：2014 年 10 月 18 日。

② 贾林青：《保险法》，中国人民大学出版社 2006 年版，第 313 页。

③ 林群弼：《保险法论》，三民书局 2003 年版，第 584 页。

④ 樊启荣：《人寿保险合同之自杀条款研究——以 2009 年修订的〈中华人民共和国保险法〉第 44 条为分析对象》，载《法商研究》2009 年第 5 期。

无民事行为能力人的除外’之规定，并不妥当。”[①]另有学者认为，“关于被保险人之自杀，如若任许保险人免除支付金额之责任，而自杀者是否出于故意，在所不问，则对被保险人失之过酷，而对于保险人又失之过宽。故自杀当限定以‘故意’为范围”[②]。

案例7.18：王某诉某人寿保险股份有限公司人身保险合同纠纷案

一、案情简介

保险公司的业务员张某与投保人王某是同学关系。在张某向王某推销保险产品时，王某在外地出差，于是王某让张某到自己家中找自己的妻子收取保险费。张某遂到王某家中找到王某的妻子取得了保险费，并代替王某在投保书上签字。投保书所记载的投保人与被保险人均为王某，投保的险种为重大疾病保险，保险期限为终生，交纳保险费期限为20年，每年应交纳保险费金额为2000元。王某出差回到北京以后，张某将保险合同及保险费发票交给了王某。此后，王某每年正常交纳保险费，累计交费12000元。直到2006年，王某、张某关系恶化，王某遂起诉保险公司，以投保书不是自己亲笔签字为由要求退还全部保险费。[③]

二、观点分歧

第一种观点认为，保险合同尚未成立与生效。因为投保人王某一直没有在保险合同上签字或盖章，该保险合同上的签章是保险公司的业务员张某代签的，而且没有得到投保人王某的授权，王某事后也没有明确予以追认。因此，该合同无效，对于无效合同双方尚未履行的，应当停止履行；已经履行的，应当返还财产，恢复原状。即王某可以要求保险公司退还全部保险费。

第二种观点认为，保险合同已经生效，王某无权要求退还保险费。最高人民法院《关于适用〈中华人民共和国保险法〉若干问题的解释(二)》第3条第2款规定：“投保人或者投保人的代理人订立保险合同时没有亲自签字或者盖章，而由保险人或者保险人的代理人代为签字或者盖章的，对投保人不生效。但投保人已经交纳保险费的，视为其对代签字或者盖章行为的追认。”王某在张某代其签署投保书后，取得了张某转交的保险合同文本及保险费发票，应视为其对张某所实施的代签约行为已经明知。在此后长达5年的时间里，王某按照保险合同的约定及时足额交纳各年度保险费的行为，即属于

---

① 樊启荣：《人寿保险合同之自杀条款研究——以2009年修订的〈中华人民共和国保险法〉第44条为分析对象》，载《法商研究》2009年第5期。

② 王孝通：《保险法论》，上海会文堂新记书局1933年版，第108页。

③ 《王某诉某人寿保险股份有限公司人身保险合同纠纷案——保险合同代签名的法律后果》，http://www.chinacourt.org/article/detail/2013/06/id/1011455.shtml，下载日期：2014年10月18日。

以积极参与合同履行的方式表达了其对于张某代其签约行为的追认。因此,法院应当认定王某追认了张某代其订立保险合同的行为,并判决驳回王某的诉讼请求。

三、提示与参考

如上所述,根据我国最高人民法院《关于适用〈中华人民共和国保险法〉若干问题的解释(二)》第3条第2款的规定,本案中保险合同已然成立且生效。在此前提下,王某想要保险公司退还保险费则应当适用保险合同解除的相关条款。就此,我国《保险法》第15条规定:"除本法另有规定或者保险合同另有约定外,保险合同成立后,投保人可以解除合同,保险人不得解除合同。"第47条规定:"投保人解除合同的,保险人应当自收到解除合同通知之日起30日内,按照合同约定退还保险单的现金价值。"作为投保人,王某可以向保险公司要求解除保险合同,保险公司应当自受到解除合同通知之日起30日内按照合同约定退还保险单的现金价值。

第三节　财产保险合同

案例7.19:Crisic诉安全保险公司案与责任保险中保险人的特殊义务

一、案情简介

Crisic是一个公寓的所有者和出租人,一位承租人因踩楼梯摔倒受伤并患上了精神病而起诉Crisic,称楼梯破损是由于Crisic疏于检查和维护所致,要求其赔偿包括身体损伤和精神损害在内的400000美元。Crisic拥有被告承保的10000美元的住宅责任保险。保险人为Crisic雇了一位有经验的律师,该律师和保险人的理赔部经理都相信,除非有证据显示该承租人在摔倒之前就患有精神病,否则,审理后的判决金额不会少于100000美元。在诉讼中,Crisic及其保险人并没有收集到承租人先前患有精神病的证据,而且大多数医生认为摔倒会导致精神病。承租人律师提议花10000美元和解,但是遭到了保险人的拒绝。后来,承租人提出花90000美元的和解,Crisic提出自愿分担其中2500美元,但仍然遭到保险人的拒绝。审理后的结果是陪审团判决Crisic赔偿承租人101000美元。对此,保险人只赔偿10000美元,其余由Crisic自行承担。Crisic因此陷入贫困,并试图自杀,于是向保险人提起索赔之诉。[①]

---

① Crisci v.Security Co.,66 Cal.2d 425,425 P.2d 173,1967.转引自任自力主编:《保险法学》,清华大学出版社2010年版,第128页。

二、观点分歧

第一种观点认为，保险公司不应赔偿。因为当时的法律并未规定责任保险的保险人在被保险人诉讼和解中的义务。尽管被保险人因为拒绝和解被法院判处巨额赔偿金，但是该赔偿金额超过了该责任保险合同的保险金额限制。保险公司可以拒绝赔偿。

第二种观点认为，虽然该合同没有明确规定保险人在被保险人诉讼和解中的义务，但是基于诚实信用和公平原则，保险人在决定是否和解时，必须要像考虑自身利益那样为被保险人的利益行事，而不能因为合同中有保险金额的限制置被保险人利益于不顾。就此而言，本案保险人拒绝和解的决定是不合理的，不仅要承担 Crisic 对承租人的全部赔偿责任，还要赔偿 Crisic 因为保险人违反了和解义务所遭受的精神损失。

三、提示与参考

在责任保险中，保险人除了承担保险金赔付、保密等义务之外，还要承担辩护义务、费用负担义务以及在诉讼和解中的义务等。所谓辩护义务与费用负担义务是指责任保险的保险人在被保险人被第三人起诉时，为被保险人提供辩护律师，承担律师费、诉讼费以及其他费用的义务。当然，保险人承担的费用是必要的、合理的费用，而不是无限的。一般而言，保险人会与被保险人在责任保险合同中约定一个费用负担的最高限额。为了防止被保险人的道德风险激励，防止被保险人私自和解，保险人一般在合同中明确规定"未经保险人同意，被保险人不得接受和解，否则，由被保险人自行承担责任"。但是，这样的规定又会使得保险人可能会利用被保险人的利益来"赌博"。为此，美国的法律要求保险人在对待和解时负有善意义务，即保险人应当对被保险人的利益尽到善良管理人的注意义务，不得恶意或者不适当地拒绝和解协议。否则，因为保险人的恶意拒绝和解而诉讼的结果认定被保险人所负赔偿责任的金额超过和解协议所提的金额，保险人应当对此承担全部赔偿责任，即使该赔偿金额超过了保险合同约定的保险金额。①

案例 7.20：交通事故和解中的保险代位求偿权问题

一、案情简介

A 驾驶一辆新车上路，途中撞及一辆闯红灯的汽车，闯红灯的车主 B 负全责。A 因此受有损害 30 万元。A 与 B 达成和解，B 赔偿 20 万元，当场支付，并在和解协议中特别约定：本和解成立后，受害人 A 愿意放弃一切民事请求权。随后 A 向其投保的保险公司请求给付保险金 30 万元。保险公司是否应当赔偿 A 的损失？赔偿多少？赔偿之后

① 任自力：《保险法学》，清华大学出版社 2010 年版，第 126～128 页。

能否向车主 B 进行追偿呢？

二、观点分歧

针对上述问题，存在以下几种不同的看法：

第一种观点认为，保险公司应当向 A 赔偿 30 万元且无权向 B 追偿。因为 A 与保险公司签订了保险合同，支付了保险费用，保险公司有义务在发生了保险事故的情况下向被保险人支付赔偿金。由于该保险公司与车主 B 之间不存在保险合同关系，故无权向 B 追偿。

第二种观点认为，保险公司应当向 A 赔偿 10 万元，并有权向车主 B 追偿 10 万元。A 与保险公司签订了保险合同，支付了保险费用，保险公司有义务在发生了保险事故的情况下向被保险人支付赔偿金。不过，车主 B 已经向 A 先行赔付了 20 万元，依据损失补偿原则，被保险人获得的赔偿不能超过其所遭受的损失，因此保险公司只应当赔付车主 A 尚未获得赔偿的损失 10 万元。同时，依据我国《保险法》第 60 条第 1 款之规定："因第三者对保险标的的损害而造成保险事故的，保险人自向被保险人赔偿保险金之日起，在赔偿金额范围内代位行使被保险人对第三者请求赔偿的权利。"该保险公司享有保险代位权，可以向造成了保险标的损失的车主 B 进行追偿。

三、提示与参考

保险代位权是财产保险中的一个特殊制度，是指保险人在向被保险人进行保险赔偿之后，取得了该被保险人所享有的依法对造成保险标的损害负有赔偿责任的第三方追偿的权利，并依据此权利予以追偿。我国现行《保险法》第 60 条规定了该制度。保险代位权具有以下三个基本特征：其一，保险代位权实质上是一种债权转移；其二，保险代位权的取得必须以保险人履行赔偿义务为前提；其三，保险代位权的范围不得超过保险人的赔付金额。

关于保险代位权的取得方式，世界各国有两种立法例：一种是当然代位主义，即代位求偿权的取得仅以理赔为条件，只要保险人向被保险人给付保险金后即可自动取得代位求偿权；另一种是请求代位主义，即保险人向被保险人赔付后并不能自动取得代位求偿权，还须被保险人明示地将享有的对第三人的损害赔偿请求权让渡给保险人，保险人方能取得代位求偿权。我国《保险法》第 60 条第 1 款规定："因第三者对保险标的的损害而造成保险事故的，保险人自向被保险人赔偿保险金之日起，在赔偿金额范围内代位行使被保险人对第三人请求赔偿的权利。"可见，我国保险立法采用的是当然代位主义，即只要保险人支付了保险赔偿金，就相应取得了向第三人请求赔偿的权利，而无须被保险人确认。

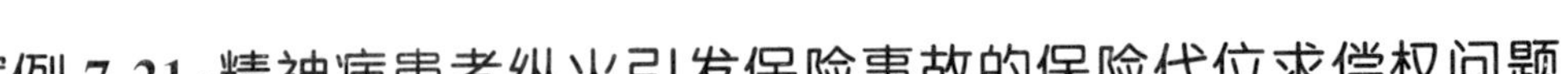

案例 7.21：精神病患者纵火引发保险事故的保险代位求偿权问题

一、案情简介

1993 年 12 月，蒋某投保了家庭财产险。蒋某之女蒋虹患精神分裂症久治不愈，一直病休在家。某日，蒋某外出，家中只留蒋虹一人在家。蒋虹精神分裂症发作不能自控纵火烧房，致蒋某新建房屋及屋内财产全部烧毁，经济损失 7000 余元。蒋某向保险公司提出索赔。保险公司是否应当赔偿？赔偿之后能否向蒋虹追偿呢？[①]

二、观点分歧

第一种观点认为，保险公司不应当赔偿。因为蒋某是纵火人蒋虹的法定监护人，负有监护职责，蒋虹患精神病久治不愈，监护人蒋某应对其行为有足够的预见，以防止不测。但保险期内蒋某外出，只留蒋虹一个在家，无人守护。蒋虹病情发作，纵火烧房造成损失，监护人蒋某显属未尽职责，蒋某应对其过失后果负责。因此，保险公司对于蒋某过失行为造成的损失可以拒绝赔偿。

第二种观点认为，保险公司应当赔偿，赔偿之后可以向蒋虹进行追偿。尽管蒋某对纵火行为的发生存有过失，但是我国的保险法规仅将故意和放纵列为保险除外责任，被保险人疏忽大意的过失不影响保险赔偿成立，过失致保险标的损害不能成为保险公司的免责事由，因此，保险公司应予以理赔。不过，依据保险代位求偿制度，保险公司赔偿之后可以向引起本次保险事故发生的蒋虹追偿。

第三种观点认为，保险公司应当赔偿，且赔偿之后不可以向蒋虹进行追偿。尽管蒋某对纵火行为的发生存有过失，但是我国的保险法规仅将故意和放纵列为保险除外责任，被保险人疏忽大意的过失不影响保险赔偿成立，过失致保险标的损害不能为保险公司免责事由，因此，保险公司应予以赔偿。不过，由于纵火人蒋虹是被保险人蒋某的家庭成员，作为精神病患者，对于其行为缺乏辨认和控制能力，对于该行为的发生不存在故意。我国《保险法》第 62 条规定："除被保险人的家庭成员或者其组成人员故意造成本法第六十条第一款规定的保险事故外，保险人不得对被保险人的家庭成员或者其组成人员行使代位请求赔偿的权利。"因此，保险公司在赔偿蒋某损失后无权向蒋虹追偿。

三、提示与参考

保险代位权的行使应当注意以下问题：

---

① 中顾法律网：《精神病人纵火保险公司是否赔付》，http://news.9ask.cn/baoxianlipei/al/201007/823854.shtml，下载日期：2014 年 10 月 18 日。

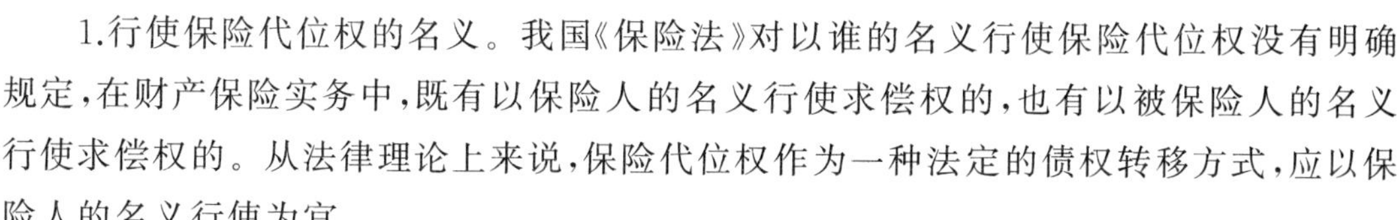

1.行使保险代位权的名义。我国《保险法》对以谁的名义行使保险代位权没有明确规定，在财产保险实务中，既有以保险人的名义行使求偿权的，也有以被保险人的名义行使求偿权的。从法律理论上来说，保险代位权作为一种法定的债权转移方式，应以保险人的名义行使为宜。

2.行使保险代位权的条件。保险人行使保险代位权须满足以下三个条件：(1)被保险人因保险事故对第三人有损害赔偿请求权，这是保险人行使保险代位权的前提条件；(2)保险人对被保险人已给付保险金，这是保险代位权行使的实质性条件；(3)保险代位权的金额以给付的保险金额为限，这是保险代位权行使的额度条件。

3.行使保险代位权的对象。保险人的保险代位权，应当向对于保险标的的损失负有民事赔偿责任的第三人(包括自然人、法人和其他社会组织)行使。对于保险标的的损失依法不负民事赔偿责任的第三人不能成为保险代位权的行使对象。对于保险代位权的行使对象，不少国家和地区的保险法都有限制性的规定。一般规定保险人对于被保险人一定范围内的亲属或雇员没有保险代位权。其目的在于防止被求偿的亲属或雇员与被保险人具有一致的利益，而使保险赔偿失去任何实际意义。如我国《保险法》第 62 条规定："除被保险人的家庭成员或者其组成人员故意造成本法第六十条第一款规定的保险事故外，保险人不得对被保险人的家庭成员或者其组成人员行使代位请求赔偿的权利。"该条规定中的"其组成人员"就包括了被保险人的雇员。

案例 7.22：交强险"车上人员"转化"第三者"的裁判依据

一、案情简介

2013 年 07 月 29 日，方某乘坐田某驾驶的车辆由甲地前往乙地，因田某违章操作，致使车辆发生倾覆，方某被甩出车外，并被所乘车辆轧断一臂。经交警部门认定，田某负事故全部责任。方某受伤后住院治疗。方某为索赔将所乘车辆的交强险保险公司和田某诉至法院，要求保险公司在交强险的责任限额范围内予以赔偿，不足部分由田某赔偿。田某对方某的请求无异议，但保险公司认为方某为田某所驾车辆的"车上人员"，不是交强险的赔付对象，坚决不同意赔偿。①

二、观点分歧

双方争议的焦点是：被本车车轮碾压受伤的受害人方某，是属于机动车交强险和商业第三者责任险的"第三者"还是"车上人员"？

---

① 张华仕：《交强险"车上人员"转化"第三者"的裁判依据》，http://www.chinacourt.org/article/detail/2013/10/id/1104352.shtml，下载日期：2014 年 10 月 18 日。

第一种观点认为，受害人方某属于“第三者”，保险公司应承担赔偿责任。车辆作为一种交通工具，“车上人员”和“第三者”并不是永久固定不变的身份，而是一种临时性的身份，在特定情形下可以相互转化。

依据保险行业惯例及保险理论通说，机动车第三者责任保险中“第三者”是指除保险人、被保险人和保险车辆上的人员以外，因保险车辆的意外事故遭受人身、财产损害的第三人。保险车辆本车上的乘客不属于本车投保的第三者责任保险中的“第三者”。从第三者责任险的立法本意来看，其主要是保护除车上人员、被保险人以外的受害人的利益。

中国保险行业协会《机动车商业保险行业基本条款（A 款）》《机动车车上人员责任保险条款》第 3 条规定：“本保险合同中的车上人员是指保险事故发生时被保险机动车上的自然人。”《机动车商业保险行业基本条款（B 款）》将“车上人员”解释为“是指发生意外事故的瞬间，在保险车辆车体内的人员，包括正在上下车的人员”。《机动车商业保险行业基本条款（C 款）》《机动车车上人员责任险条款》第 4 条规定：“本保险合同中的车上人员是指发生意外事故的瞬间，在符合国家有关法律法规允许搭乘人员的保险机动车车体内或车体上的人员，包括正在上下车的人员。”据此，可以得出判断因保险车辆发生意外事故而受害的人是否属于“车上人员”，必须以该人在事故发生当时这一特定的时间是否身处保险车辆之上为依据，在车上即为“车上人员”，在车下即为“车下人员”。

就本案而言，方某在事故发生前为“车上人员”，但在事故发生时被甩出车外，处于车下，已瞬间转化为“第三者”。

第二种观点认为，受害人方某保险事故发生时属于“车上人员”，保险公司不承担赔偿责任。判断受害人是“第三者”还是“车上人员”的依据为受害人在意外事故发生的这一特定时间是否身处保险车辆之上。对于一个连续发生且无明显逻辑间断的事故而言，区分车内、车外人员的时间节点应当是事故发生之始的瞬间而不是损害发生之后的时刻。与之相应，区分的空间标准也应依此时间标准界定，而不应依客观上的车内、车外来做人为的强行划分。在本案中，方某在事故发生之始的瞬间身处车上，自然为“车上人员”。①

三、提示与参考

《机动车交通事故强制保险条例》定义的“车上人员”是指本车人员、被保险人。而车上人员、被保险人在司法实践中存在一定的争议。一般情况下，车上人员是指驾驶人员、乘务人员、乘客。而被保险人一般是保险单上所记载的被保险人，实践中保险公司

---

① 张华仕：《交强险“车上人员”转化“第三者”的裁判依据》，http://www.chinacourt.org/article/detail/2013/10/id/1104352.shtml，下载日期：2014 年 10 月 18 日。

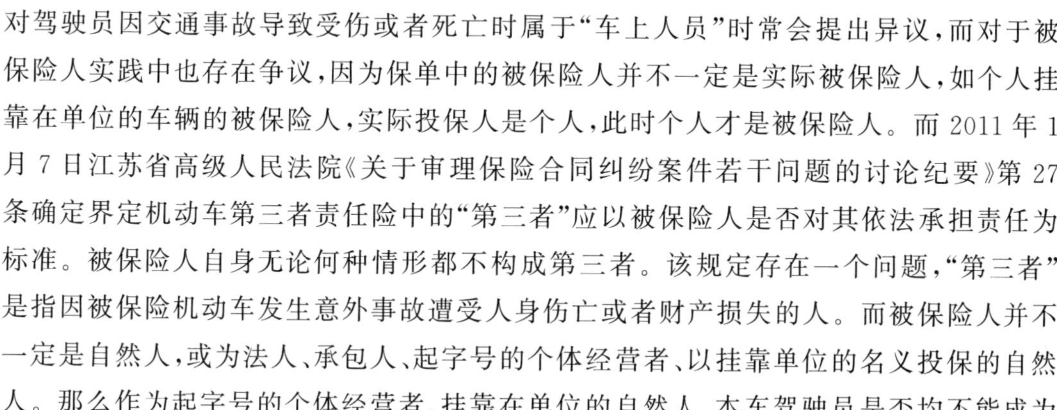

对驾驶员因交通事故导致受伤或者死亡时属于“车上人员”时常会提出异议，而对于被保险人实践中也存在争议，因为保单中的被保险人并不一定是实际被保险人，如个人挂靠在单位的车辆的被保险人，实际投保人是个人，此时个人才是被保险人。而2011年1月7日江苏省高级人民法院《关于审理保险合同纠纷案件若干问题的讨论纪要》第27条确定界定机动车第三者责任险中的“第三者”应以被保险人是否对其依法承担责任为标准。被保险人自身无论何种情形都不构成第三者。该规定存在一个问题，“第三者”是指因被保险机动车发生意外事故遭受人身伤亡或者财产损失的人。而被保险人并不一定是自然人，或为法人、承包人、起字号的个体经营者、以挂靠单位的名义投保的自然人。那么作为起字号的个体经营者、挂靠在单位的自然人、本车驾驶员是否均不能成为“第三者”呢？

1.上下车过程中乘客的伤亡，是“第三者”还是“车上人员”？有案例如下：在2008年1月11日11时左右，颜士英乘坐季胜驾驶的苏J×××××号公交车沿盐城市文港路由北向南行驶至榆河路交叉口北侧停车下客时，因车辆重新启动，致使颜士英在下车过程中摔倒受伤。该起事故经公安机关认定：季胜负事故全部责任。法院认为，判断受害人是“第三者”还是本车人员的依据为受害人在意外事故发生的这一特定时间是否在被保险车辆之上。本案中，受害人颜士英在下车过程中摔倒，事故发生瞬间并未完全离开车辆，且事故发生是一个完整连贯的过程，并未再受到车辆的二次碰撞，故可以认定颜士英在摔伤事故发生时属于本车车上人员，不属于交强险的赔偿对象。

2.本车驾驶员，不处于驾驶状态的轮休驾驶员、雇主(投保人、被保险人)能否成为“第三者”？《机动车交通事故责任强制保险条例》规定及保险合同一般约定：投保人允许的合法驾驶员、本车人员、投保人、被保险人不在受害人之列。但在特殊情况下，如长途客货车通常由两名司机在途中轮流驾驶、不处于驾驶状态的驾驶员、雇主于事故发生之时若在车下，由于本车驾驶员的过错发生交通事故导致受伤害，应当可视为车外“第三者”。因为此时的本车驾驶员已置身于机动车辆之下，在事故发生时未实际操作和控制车辆，其主观上无发生交通事故的故意，也无希望或放任其发生的心理状态，是过失导致自身死亡的后果，也不存在骗取保险赔偿金的故意，当然就不存在道德风险的问题。

未与本车相撞的车外人员是否构成本车的“第三者”？有案例如下：2007年9月15日10时15分许，驾驶员李月勇驾驶苏JTL×××号小型普通客车沿阜宁县羊蒲线由北向南行驶至11K+800M处时，与从停在道路上吴晔驾驶的苏J02×××号大型普通客车下车横过公路的马梦莹相撞，致马梦莹受伤，苏JTL×××号小型普通客车受损，马梦莹经阜宁县人民医院及盐城市第一人民医院抢救无效于同年10月2日死亡。同年12月3日，阜宁县公安局作出交通事故认定书认定：李月勇驾驶机动车辆时，思想麻痹，观察疏忽，在没有限速标志的路段，未能保持安全车速；马梦莹下车后横过公路时，

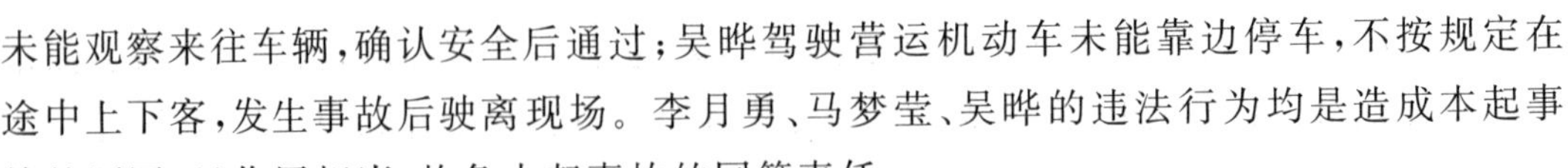

未能观察来往车辆，确认安全后通过；吴晔驾驶营运机动车未能靠边停车，不按规定在途中上下客，发生事故后驶离现场。李月勇、马梦莹、吴晔的违法行为均是造成本起事故的原因，且作用相当，均负本起事故的同等责任。

对于该案，受害人马梦莹系苏J02×××号大型普通客车的“车上人员”，其下车后违章过公路与其他车辆发生碰撞导致死亡的后果，其属于苏JTL×××号小型普通客车的“第三者”没有争议。那么是否属于苏J02×××号大型普通客车的“第三者”呢？侵权损害赔偿责任适用的是过错原则，苏J02×××号大型普通客车违反规定在公路上下客是导致本起交通事故的原因力之一，马梦莹原为苏J02×××号大型普通客车的“车上人员”；但其从该车下客后，其身份已转化为“第三者”。有人认为，虽然李月勇驾驶的车辆没有与马梦莹相碰撞，但交通事故的发生并不一定以与行人发生碰撞为前提，只要其在交通事故的发生中存在过错，即应当承担赔偿责任，也就是应当在交强险限额内承担赔偿责任。当然，从本起交通事故的发生原因力来看，即使李月勇驾驶的车辆在本案中无责，依据法律规定，其仍然要承担无责赔偿。①

① 汪洋：《机动车保险合同中“车上人员”与“第三者”的界定》，http://www.jsfy.gov.cn/llyj/gdjc/2011/08/04165538062.html，下载日期：2014年10月19日。

第八章
票据法

第一节　票据法总论

案例 8.1:票据基础关系终止后票据行为的法律效力

一、案情简介

张某向李某背书转让面额为 10 万元的汇票作为购买房屋的价金,李某接受汇票后背书转让给第三人吴某。后来,张某与李某之间的房屋买卖合同被合意解除。吴某持该汇票到银行办理付款业务,张某认为,其与李某之间的合同已经解除,故其先前签发的汇票无效,银行应拒付。吴某将该银行与张某等诉至法院。

二、观点分歧

一种观点认为,张某的请求具有法律依据,该汇票由于房屋买卖合同解除而无效,银行不应当付款给吴某。

另一种观点认为,张某的请求没有法律依据,张某先前签发的汇票不因为该房屋买卖合同的解除而失去效力,依据《票据法》的规定,持票人吴某享有票据权利,银行应当付款。

三、提示与参考

本案涉及票据行为的无因性。在现实经济生活中,出票人签发票据,而受票人因取得票据而得以行使票据上的权利,必有一定的理由,而这种理由就是票据原因。最常见的票据原因有买卖、借贷、赠予、设定担保或委托等。原因关系可以是有对价的,也可以是无对价的,如买卖、借贷是有对价的,赠予便是无对价的。票据关系的成立虽然是基

于一定的原因,但是票据一经成立,就与原因关系相脱离。换言之,原因关系的成立与否,都不影响票据权利的行使,票据权利人在行使权利时,也不必证明有票据原因。此即票据的无因性。票据债务人不得以自己与出票人或者与持票人的前手之间的抗辩事由,对抗持票人。但是,持票人明知存在抗辩事由而取得票据的除外。

就本案而言,存在着两种法律关系:房屋买卖关系和汇票背书转让关系。前者在票据法上称为票据原因关系,即当事人之间授受票据的理由。张某将汇票背书转让给李某,李某将其背书转让给第三人吴某,此时第三人吴某已经取得了票据权利,属于票据法上的继受取得。根据《票据法》第 13 条的规定:票据债务人不得以自己与出票人或者与持票人的前手之间的抗辩事由,对抗持票人。张某无权要求第三人返还汇票,也无权请求付款人停止支付票据上的款项。但是,由于张某与李某之间的房屋买卖合同被解除,张某有权根据合同法的规定要求李某返还 10 万元现金。

案例 8.2:票据权利与票据行为的无因性

一、案情简介

甲拾得某银行签发的金额为 5000 元的本票一张,并将该本票背书送给女友乙作生日礼物,乙不知本票是甲拾得,按期持票要求银行付款。银行查明,该本票系是甲拾得并送给乙,故拒绝付款。乙将银行诉至法院,要求银行付款。

二、观点分歧

对于本案,有以下几种不同的看法。

第一种观点认为,根据票据无因性原则,银行应当支付。第二种观点认为,乙无对价取得本票,银行得拒绝支付。第三种观点认为,尽管甲取得本票不合法,但因乙不知情,是善意取得票据,银行应当支付。第四种观点认为,甲取得本票不合法,且乙无对价取得本票,银行得拒绝支付。

三、提示与参考

票据权利的取得应当符合以下条件:

(1)支付对价。但有例外。《票据法》规定,票据的取得,必须给付对价,即应当给付票据双方当事人认可的相对应的代价。但是,因税收、继承、赠与可以依法无偿取得票据的,不受给付对价的限制,不过所享有的票据权利不得优于其前手的权利。

(2)主观上是善意的。票据的签发、取得和转让,应当遵循诚实信用的原则,具有真实的交易关系和债权债务关系。以欺诈、偷盗或者胁迫等手段取得票据的,或者明知有前列情形，出于恶意取得票据的，不得享有票据权利。

具体到本案中，甲拾得某银行签发的金额为5000元的本票，其行为既无对价，又没有真实的交易关系，因此不能取得票据权利。另根据票据善意取得的规定，票据受让人依票据法规定的转让方法，善意地从无权处分权人处取得票据，从而取得票据权利。而本案中，乙虽然不知本票是甲拾得，但由于其是无偿取得该票据，因此银行可以拒绝乙所提出的付款请求。

案例8.3：张义与濉溪县龙升运输有限责任公司票据纠纷申请案

一、案情简介

龙升公司一审诉称：2011年10月3日，张义提供给龙升公司银行承兑汇票一张，编号为3130005220387187，面额为100万元，龙升公司支付了对价。后龙升公司又背书转让给阜阳一汽鑫业汽车贸易有限公司（简称阜阳鑫业公司），阜阳鑫业公司又背书转让给他人，最后一手被背书人到期提示付款时，被票据付款人拒付，该票据被逐手退还给龙升公司，龙升公司才知道该票据被辽宁省沈阳市和平区人民法院〔2011〕沈和立催字第42号民事判决书宣告无效。龙升公司找张义退款，张义拒绝返还。龙升公司现请求判令张义返还龙升公司现金100万元，并承担本案诉讼费用。[①]

另查明，2011年10月13日，张义交付给龙升公司银行承兑汇票一张，编号为3130005220387187，出票金额为100万元，出票人为沈阳昱宽房地产开发有限公司，出票日期为2011年10月11日，到期日为2012年4月11日，收款人为沈阳中千瑞公司；龙升公司支付给张义对价款98万元。龙升公司取得该银行承兑汇票后于同年10月15日将该汇票背书转让给阜阳鑫业公司，阜阳鑫业公司又背书转让给他人，最后一手被背书人于2012年4月6日委托银行收款时，被票据付款人拒付，后该票据被逐手退还至龙升公司。龙升公司因无法实现票据权利，要求张义退还对价款项无果，提起诉讼。另查：应徐州华鹏公司的申请，辽宁省沈阳市和平区人民法院于2011年10月24日发出公示催告的公告，在公示催告期没有利害关系人申报权利，该法院遂于2012年4月11日作出〔2011〕沈和立催字第42号民事判决书，宣告该银行承兑汇票无效。

二、观点分歧

第一种观点认为，根据国务院《非法金融机构和非法金融业务活动取缔办法》的规定，未经中国人民银行批准，擅自从事票据贴现活动属于非法金融业务活动，必须取缔。龙升

① 安徽省淮北市中级人民法院民事裁定书〔2014〕淮民二监字第00001号，http://www.touzicaishui.com/post/732.html，下载日期：2016年8月17日。

公司与张义之间转让银行承兑汇票的行为，不具有真实的交易关系和债权债务关系，其实质系非法票据贴现行为，龙升公司与张义之间的银行承兑汇票转让行为因违反法律法规的强制性规定而无效。根据《民法通则》第 61 条的规定，“民事行为被确认为无效或者被撤销后，当事人因该行为取得的财产，应当返还给受损失的一方。有过错的一方应当赔偿对方因此所受的损失，双方都有过错的，应当各自承担相应的责任。双方恶意串通，实施民事行为损害国家的、集体的或者第三人的利益的，应当追缴双方取得的财产，收归国家、集体所有或者返还第三人”。因此，龙升公司要求张义返还 100 万元，其中 98 万元符合法律规定，法院应当予以支持，其余部分没有事实依据，应当不予支持。[①]

第二种观点认为，张义与龙升公司给付承兑汇票不是买卖关系，只是借用关系，双方之间没有对价关系；龙升公司承兑汇票到期不能承兑，其原因是没有依法查询、验票造成的，后果应自负；在本案票据纠纷中，张义既不是票据前手，也不是后手，龙升公司不能取得相应的权益，其应向承兑汇票公示除权的申请人徐州市华鹏金属建材有限公司主张权利。

三、提示与参考

本案涉及民间票据贴现的无效。民间票据贴现是指持票人尚未到期的商业汇票折价出售给没有贴现资质的企业或个人的行为，民间票据贴现行为是相对于银行票据贴现而提出的，二者的共通之处在于，票据背书转让均为以折价转让的方式将票据迅速变现，同时，贴现所涉背书转让不以真实的交易关系存在为前提。二者之间最大的不同则在于“贴现人”的主体身份不同，民间票据贴现人非法定的金融机构。民间票据贴现存在着诸多弊端，其可能会对金融安全和经济发展都带来不利影响。就金融安全方面，因为民间票据贴现发生在金融监管体系之外，金融监管机构无法对其进行有效的监控，这可能会为洗钱等犯罪活动创造条件。就经济发展而言，民间票据贴现游离于监管系统之外，使得国家无法准确掌握票据贴现的融资规模，不利于国家对经济的宏观调控。除此之外，民间票据贴现的贴现人非金融机构，无相应的资质证明，只能高度依靠个人信用，一旦个人信用出现问题很容易导致票据链条的断裂，产生法律、经济方面的纠纷，造成社会的不稳定。

我国总体对民间票据贴现持禁止的态度。首先，《票据法》第 10 条规定，票据的转让应当具有真实的交易背景；其次，《非法金融机构和非法金融业务活动取缔办法》第 4 条第 1 款第 3 项中规定，未经中国人民银行批准的票据贴现行为为非法金融业务活动。同时，2019 年 11 月 14 日发布的《全国法院民商事审判工作会议纪要》第 101 条第 1 款规定：“票据贴现属于国家特许经营业务，合法持票人向不具有法定贴现资质的当事人进行贴现的，该行为应当认定无效，贴现款和票据应当相互返还。当事人不能返还票据

① 此为安徽省淮北市相山区人民法院在一审时的裁判意见。

的，原合法持票人可以拒绝返还贴现款。”综上所述，龙升公司与张义之间不具有真实的交易关系，双方转让银行承兑汇票的行为系从事非法民间票据贴现行为，违反了国家法律、法规的强制性规定，应属无效行为。

案例8.4：票据利益返还请求权基础关系的举证责任分担

一、案情简介

广东省深圳市龙岗区龙东龙达家私厂（以下简称龙达厂）系香港龙达家私装饰公司（以下简称龙达公司）在深圳市龙岗区开办的三来一补企业。2009年12月30日，龙达厂开具金额为人民币103560元的支票1张，支票上注明的收款人为绿源木业行。该木业行为个体工商户，其负责人为何鹏立，该个体工商户一审时已注销。何鹏立主张该支票是其向龙达厂供应板材材料后龙达厂所开具的，但因为该支票账户余额不足无法承兑，其后龙达厂支付了43560元的现金，尚欠支票余款6万元未支付。龙达厂认可支票的真实性，但辩称其与绿源木业行不存在板材材料交易，该支票系因龙达厂管理不善流落到何鹏立手上。何鹏立遂于2011年12月26日诉至广东省深圳市龙岗区人民法院，请求法院判令龙达厂、龙达公司支付支票未付余款6万元及利息损失。[①]

二、观点分歧

第一种观点认为，被告应当向原告支付支票余款6万元，但是不应支付利息损失。因为何鹏立持有的转账支票记载事项符合法律规定，龙达厂也认可支票的真实性，可见，该支票系有效票据。何鹏立作为该支票的权利人，因支票超过提示付款期限而无法实现票据权利，但是依据《票据法》第18条之规定：“持票人因超过票据权利时效或者因票据记载事项欠缺而丧失票据权利的，仍享有民事权利，可以请求出票人或者承兑人返还其与未支付的票据金额相当的利益。”何鹏立有权要求龙达厂返还其与未交付的票据金额相当的利益。不过，未及时主张票据权利的责任在于何鹏立，故其利息主张于法无据。[②]

第二种观点认为，被告无须向原告支付支票余款6万元及其相应的损失，因为龙达厂与原告何鹏立及绿源木业行不存在票据基础关系，何鹏立也没有证据证明其与龙达厂之间存在票据基础关系。

三、提示与参考

本案是一起票据利益返还请求权纠纷。票据利益返还请求权，是指持票人因超过

---

① 林建益：《票据利益返还请求权基础关系举证责任辨析》，载《人民司法（案例）》2013年第18期。

② 此为广东省深圳市龙岗区人民法院在该案一审时的裁判意见。

票据权利时效或者因票据记载事项欠缺而丧失票据权利,仍然享有的一种民事权利。依据票据利益返还请求权,持票人可以请求出票人或者承兑人返还其与未支付的票据金额相当的利益。关于本案,争议的焦点在于两个:一个是谁应当对票据是否存在基础关系承担举证责任。一个是票据利益返还请求权的行使是否以双方当事人之间存在基础关系为必要条件。

关于第一个问题,在我国司法实践中存在两种不同的观点:一种观点认为,持票人应当对票据的基础关系负举证责任。因为依据证明责任的分配原则,主张积极事实的人负证明责任,主张消极事实的人不承担证明责任。另外,最高人民法院《关于审理票据纠纷案件若干问题的规定》第 10 条规定:票据债务人依照《票据法》第 13 条的规定,对与其有直接债权债务关系的持票人提出抗辩,人民法院合并审理票据关系和基础关系的,持票人应当提供相应的证据证明已经履行了约定义务。上述规定在基础关系存在的前提下尚且将证明已履行约定义务的举证责任赋予持票人,举重以明轻,可推导出持票人对基础关系存在的事实更负有举证证明责任。另一种观点认为,出票人对票据不存在基础关系负有举证责任,也就是说,出票人主张非因基础关系(如票据遗失等)导致持票人持有其票据,则出票人对其主张负有举证责任。

关于第二个问题,我国现行法律尚未作规定,票据法理论上也少有研究。不过,换一个视角看,该问题与行使票据利益返还请求权的构成要件实为硬币的两面。通说认为,持票人行使票据利益返还请求权应当具有以下三个条件:(1)票据上的权利曾经有效存在;(2)票据权利因时效超过或欠缺保全手续而丧失;(3)出票人或承兑人因此而获得额外利益。从以上三个构成要件看,法律未以双方当事人之间存在基础关系作为行使票据利益返还请求权的必要条件。①

第二节　汇　票

案例 8.5:银行承兑汇票拒付纠纷案件

一、案情简介

1997 年 10 月 8 日,A 公司为缓解资金短缺的困难,在无货可供的情况下,与外地的 B 公司签订了一份购销合同,由 A 公司向 B 公司供应价款为 200 万元的优质钢材,交货期限为 4 个月,B 公司交付银行承兑汇票,付款期为 6 个月。合同签订后,B 公司商请 C

① 林建益:《票据利益返还请求权基础关系举证责任辨析》,载《人民司法(案例)》2013 年第 18 期。

公司作保证人，向其开户行甲银行申请办理了银行承兑汇票，并签订了承兑协议。汇票上记载付款日期为1998年4月12日。A公司收到汇票后，马上向其开户行乙银行申请贴现。乙银行在审查凭证时发现无供货发票，便发电报向甲银行查询该承兑汇票是否真实，收到的复电是“承兑有效”。据此，乙银行向A公司办理了汇票贴现，并将160万元转入A公司账户。临近付款期，B公司派人去催货，才发现A公司根本无货可供，方知上当受骗，于是告知甲银行。1998年4月13日，乙银行提示付款，甲银行拒付，理由有二：(1)该汇票所依据的交易合同是虚构的；(2)乙银行明知A公司无供货发票，仍然为其办理了贴现，具有重大过失。于是，乙银行以甲银行、B公司、A公司为被告起诉至法院，请求三方支付汇票金额及利息。[①]

二、观点分歧

一种观点认为，乙银行具有重大过失，甲银行可以拒付，乙银行不能向B公司与A公司行使追索权。

另一种观点认为，该银行承兑汇票为有效票据，作为承兑行，甲银行应承担付款责任；B公司要按承兑协议约定向乙银行付款，不能因为没有收到钢材，就可以不再付款；A公司应按购销合同约定交货，否则，要退回汇票款并赔偿损失。因此，甲银行向乙银行支付汇票金额及利息；B公司向甲银行履行付款责任，C公司承担保证责任；A公司应继续履行合同，如无力交货，除全部退回票款外，还要赔偿B公司的全部损失。

三、提示与参考

本案值得关注的一个焦点是如何判断金融机构贴现时是否存在重大过失或者是否尽到了审查义务。本案中，A公司以欺诈手段取得票据属于恶意取得。如果A公司没有向乙银行贴现而直接向甲银行提示付款，那么甲银行有权拒付。如果贴现机构因故意或重大过失未曾发现A公司的欺诈行为，那么甲银行有权拒付。最高人民法院《关于审理票据纠纷案件若干问题的规定》第75条规定：“依照票据法第一百零五条的规定，由于金融机构工作人员在票据业务中玩忽职守，对违反票据法规定的票据予以承兑、付款、贴现或者保证，给当事人造成损失的，由该金融机构与直接责任人员依法承担连带责任。”贴现是一种票据行为，金融机构在贴现时如果存在重大过失则无法享有票据权利，判断金融机构重大过失的主要依据在于金融机构是否尽到了法定的审查义务。

关于何为贴现人在贴现中的重大过失，我国票据法及司法解释未作明文规定。一般认为，就票据贴现行为而言，重大过失是指按照一般的工作经验，工作人员稍加注意就可以发现票据转让人的存在的形式上、实质上的瑕疵，但因疏忽大意未加注意。此外

① 南方财富网，http://www.southmoney.com/yinhang/zjyw/263043.html，下载日期：2014年12月28日。

判断贴现人在贴现中是否有重大过失，可以依据金融机构是否履行了其应尽的审查义务。金融机构办理贴现在审查持票人提交的汇票时只负有形式审查义务。即只需审查持票人所持汇票是否真实，汇票背面是否有背书人和被背书人签章等，手续完备即应付款，这是由票据行为的无因性决定的，金融机构并不负有对汇票进行实质审查的义务，合同风险应由合同当事人承担，而不能转嫁给票据当事人。乙银行是A公司的开户行，没有条件参与对方的业务活动，A公司有没有钢材，乙银行不可能知晓，也没有权力审查。乙银行在审查时亦采取了审慎的态度，及时向甲银行进行了书面审查，对方答复“承兑有效”时才为A公司办理了贴现。故乙银行不存在重大过失，该银行承兑汇票为有效票据，作为承兑行，甲银行应承担付款责任。

案例8.6：背书不连续引发50万元汇票付款纠纷案件

一、案情简介

1999年1月2日，通州市金属材料总公司(以下称金属公司)向中国银行通州市支行(以下称通州中行)申请办理银行承兑汇票一份，该汇票正面记载出票人为金属公司、收款人为通州市金平建材厂(以下称金平建材厂)，票面金额为50万元、汇票到期日为1999年5月2日。此后，该汇票经几手背书转让，汇票背书记载情况为：第一背书人为金平建材厂，被背书人为张家港市丰驰物资有限公司；第二背书人为张家港市丰驰物资有限公司，被背书人为武汉金和工贸有限责任公司(以下简称金和公司)；华北电力物资供销储运公司(以下称华北电力物资公司)为第五被背书人，也是最后被背书人。该汇票的背书转让有背书人单位的签章，但被背书人一栏先前均未填写单位名称。

华北电力物资公司取得汇票后，于1999年4月27日在委托中国工商银行北京分行石门分理处办理托收业务时，该分理处要求其经办人出纳员邵某将空白的被背书人一栏填写被背书人的单位名称。邵某在填写被背书人名称时，将第一被背书人写成第一背书人，造成背书不连续。通州中行于同年5月5日出具拒付理由说明书载明：此银行承兑汇票背书不连续，第一被背书人与第二背书人不一致。5月11日，北京工行再次接受委托收款，通州中行于5月19日以同一理由拒付。华北电力物资公司遂诉至江苏省通州市人民法院，请求判令被告通州中行立即支付该银行承兑汇票票面金额50万元。[①]

二、观点分歧

一种观点认为，华北电力物资公司通过背书转让方式取得的汇票中，第一被背书人

---

① 金融一网：《背书不连续，引发50万元汇票付款纠纷》，http://www.138jr.com/knowledge/2008-10/20081010063213.html，下载日期：2018年12月29日。

与第二背书人名称不一致，致使票据记载事项欠缺，造成背书不连续，华北电力物资公司丧失票据权利。通州中行以背书不连续为由拒绝付款，符合《票据法》有关规定，并无不当。但华北电力物资公司在审理中提供了其与背书中断后的前手间具有真实交易的有关证据，结合其曾会同出票人金属公司、第一背书人金平建材厂请求通州中行付款的事实，确认金属公司、金平建材厂与其所有后手间具有债权债务关系，故华北电力物资公司仍享有民事权利，其要求承兑人即通州中行返还其与未支付票据金额相当的利益，予以支持。故通州中行返还华北电力物资公司50万元。①

另一种观点认为，因背书不连续华北电力物资公司丧失票据权利，通州中行无须承担票据责任。

三、提示与参考

背书连续，是指在票据转让中，转让汇票的背书人与受让汇票的被背书人在汇票上的签章依次前后衔接。《最高人民法院关于审理票据纠纷案件若干问题的规定》第50条规定："依照票据法第三十一条的规定，连续背书的第一背书人应当是在票据上记载的收款人，最后的票据持有人应当是最后一次背书的被背书人。"如果第一背书人不是收款人，那么构成最初背书不连续；如果最后一次背书的被背书人不是最后的票据持有人，那么构成最后背书不连续。

《最高人民法院关于审理票据纠纷案件若干问题的规定》第49条规定："依照票据法第二十七条和第三十条的规定，背书人未记载被背书人名称即将票据交付他人的，持票人在票据被背书人栏内记载自己的名称与背书人记载具有同等法律效力。"这种情况针对的是实践中空白背书的效力问题。我国《票据法》规定的背书只是记名背书，不承认空白背书。票据法解释的上述规定对《票据法》的规定有所突破，能够较好地解决实践中出现的问题。

案例8.7：甲证券公司与乙保理公司、丙公司、丁公司等票据追索权纠纷上诉案

一、案情简介

2016年1月，丙公司与丁公司签订《购货合同》，约定丙公司向丁公司购买铜精矿等。同年4月1日，丙公司作为出票人和承兑人开具电子商业承兑汇票一张，载明收款人为丁公司，票据金额为99995447.20元，到期日为2017年3月21日。2016年3月，丁

① 此为一审法院的裁判意见。

公司与乙保理公司签订《应收账款转让合同》,约定丁公司将其对丙公司享有的应收账款债权转让给乙保理公司。同年4月,丁公司将系争电子商业承兑汇票背书转让给乙保理公司。

之后,乙保理公司与甲证券公司签订《资产买卖协议》,约定乙保理公司将包括上述99995447.20元债权在内的若干项资产转让给甲证券公司。双方又签订《票据质押协议》,约定乙保理公司以系争汇票设定质押,作为丙公司履行货款支付义务的担保。甲证券公司、乙保理公司还与戊银行签订《票据服务协议》,约定乙保理公司将系争汇票出质给甲证券公司,戊银行作为票据服务银行和质权人的代理人,在电子商业汇票系统中持有票据,并提供质押票据的审验、保管和提示付款等服务。在电子商业汇票系统中,质权人登记为戊银行。2017年3月21日,戊银行就系争汇票进行提示付款,因承兑人账户余额不足被拒付。

2017年10月12日,甲证券公司起诉请求判令乙保理公司向其支付汇票金额99995447.20元及相应利息,并判令丙公司、丁公司对乙保理公司的上述义务承担连带清偿责任。①

二、观点分歧

第一种观点认为,甲证券公司对该电子商业汇票享有票据权利,因为依据三方所签订的《票据服务协议》,戊银行是甲证券公司的代理人。

第二种观点认为,甲证券公司对该电子商业汇票不享有票据权利。系争汇票背书显示出质人为乙保理公司,质权人为戊银行,并无甲证券公司的相关记载;系争汇票系由乙保理公司直接背书质押给戊银行,甲证券公司并没有取得并持有该票据。《票据法》第5条第1款规定:"票据当事人可以委托其代理人在票据上签章,并应当在票据上表明其代理关系。"虽然甲证券公司依据《票据服务协议》主张戊银行是其代理人,但是系争汇票并未载明戊银行为甲证券公司的代理人。

三、提示与参考

本案涉及的电子商业汇票是金融电子化的结果。2009年10月28日中国人民银行建设的电子商业汇票系统(Electronic Commercial Draft System,ECDS)投入运营。这标志着我国商业票据业务进入电子化时代。《票据法》第2条规定:"在中华人民共和国境内的票据活动,适用本法。本法所称票据,是指汇票、本票和支票。"虽然电子商业汇票是产生在《票据法》之后的一种新型汇票,但是也要与传统纸质票据一样遵守《票据法》的规定。票据是一种文义性证券,票据上的一切权利义务必须严格依照票据上记载

① 北大法宝,法宝引证码:CLI.CR.45933839。本案是2018年度上海法院金融商事审判十大案例之一。

的文义而定,文义之外的任何理由及事项均不能作为根据。就本案而言,尽管甲证券公司与乙保理公司还与戊银行签订《票据服务协议》约定其是该电子汇票的质权人,但是在电子商业汇票系统中记载的质权人是戊银行,而且没有在系统中记载戊银行是其代理人。由于当事人的约定不能对抗电子商业汇票系统中的记载,甲证券公司不是票据权利人,只能待戊银行行使票据追索权后,根据涉案《票据服务协议》向戊银行主张相应的权利。

此外,我国《民法典》在合同编新增了保理合同这一典型合同,并在第16章用9个条文专章规定了保理合同。《民法典》第761条规定:“保理合同是应收账款债权人将现有的或者将有的应收账款转让给保理人,保理人提供资金融通、应收账款管理或者催收、应收账款债务人付款担保等服务的合同。”

第三节　本票和支票

案例8.8:空白支票引发的票据追索权纠纷案件分析

一、案情简介

2002年6月12日,北京市商贸公司交给北京某投资公司一张收款人一项为空白的转账支票以抵偿钢材货款,该支票号为XII17349037,金额132万元,出票人为北京某工程公司,出票日期为2002年6月10日,付款银行为工商银行×××支行。北京某投资公司在支票收款人空白处自行补记,然后持该支票向银行提示付款,因超过期限,银行拒绝付款,支票被退回。

北京某投资公司向北京某工程公司作出说明,要求对方按照支票金额付款,被拒绝,故请求法院依据《票据法》第92条有关“支票超过提示付款期限的,出票人仍应当对持票人承担票据责任”的规定,判令北京某工程公司支付北京某投资公司人民币132万元。①

二、观点分歧

一种观点认为,北京某投资公司与北京市商贸公司有业务往来并支付了相应的对价,虽然北京某投资公司未经背书取得支票,但是北京市商贸公司证明该支票系合法交

① 中顾法律网:《空白支票引发的票据追索权纠纷案件》,http://news.9ask.cn/jrzq/rmzt/201308/1817796.shtml,下载日期:2015年1月2日。

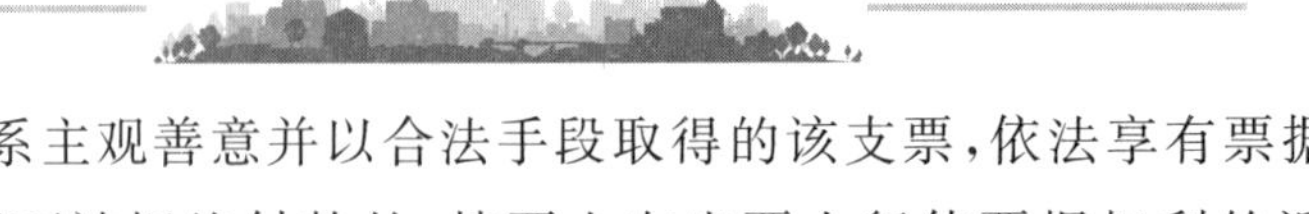

付，故北京某投资公司系主观善意并以合法手段取得的该支票，依法享有票据权利。持票人超过提示付款期限而被拒绝付款的，持票人向出票人行使票据权利的诉讼时效期间自出票日起 6 个月，北京某投资公司在诉讼时效期间内提起诉讼，故出票人北京某工程公司理应对被付款人拒绝付款的支票承担票据责任。被告北京某工程公司应给付原告北京某投资公司 132 万元。

另一种观点认为，根据我国《票据法》的规定，支票收款人名称为相对记载事项，欠缺此事项的支票有效，但是，除依法补记外，空白支票不得使用。《支付结算办法》第 119 条进一步明确，未经补记的空白支票不得背书转让和提示付款。故空白支票的补记在空白支票流通中是至关重要的环节。根据《票据法》的规定，有权对该事项进行补记的主体为出票人和经出票人授权的人。实践中，从出票人处直接取得空白支票的收款人被视为经出票人授权的人。是否任何持票人都被当然授权？根据“未经补记的空白支票不得背书转让”的规定，不是任何持票人均有补记权，只有直接从出票人处获取空白支票的收款人即第一持票人才有授权补记权。因为禁止空白支票转让的规定，将空白支票排除在票据流通之外，也就是说，第一持票人不能转让空白支票，除非第一持票人对空白支票进行合法补记。

综上所述，在本案中，北京市商贸公司为涉案空白支票的第一持票人，从其处受让该空白支票的北京某投资公司为第二持票人，因此，北京某投资公司无该空白支票补记权，其自行补记无效。北京市商贸公司与北京某投资公司之间以单纯交付方式转让空白支票的行为无效，北京某投资公司不是合法的票据权利人，没有票据追索权。

三、提示与参考

该案涉及两个票据法问题：空白支票的补记主体以及空白支票的转让。

空白支票是指欠缺金额或收款人的支票。本案中的空白支票属于欠缺收款人的空白支票，根据我国《票据法》的规定，支票收款人名称为相对记载事项，欠缺此事项的支票仍然是有效支票，但是若没有依法补记，则空白支票不得使用。《支付结算办法》第 119 条进一步明确，未经补记的空白支票不得背书转让和提示付款。但不是所有的主体都是合法的空白支票收款人的补记主体。根据《票据法》第 86 条第 1 款的规定，有权对该事项进行补记的主体为出票人和经出票人授权的人。一般情况下，出票人无特殊授权，则认为出票人直接给付支票的第一持票人是经出票人的授权人，第一持票人转让空白支票无效，只有在第一持票人对空白支票进行补记后才能继续转让。综上所述，本案中第一持票人转让空白支票无效，第二持票人进行的补记是无效的。

此外，为了规避空白支票禁止背书转让的规定，票据结算当事人往往以单纯交付方式转让空白支票，其实这种方式违反了《票据法》的规定，并不发生票据转让的效力。根据我国《票据法》第 27 条的规定，票据转让必须以背书交付的方式进行，否则不发生票据转让的效力。背书交付要求持票人以转让票据权利为目的，在票据上记载法定转让事项后将票据交与他人。综上所述，北京市商贸公司与北京某投资公司之间以单纯交付方式转让空白支票的行为非背书转让方式，转让无效，北京某投资公司不是合法的票据权利人，没有票据追索权。

第九章 破产法

第一节　破产法总论

案例 9.1：企业被吊销营业执照之后能否申请破产？

一、案情简介

某公司于 2005 年 3 月向某市某区人民法院申请破产。法院在立案审查过程中发现，该公司因 2004 年未予年检，已经被工商管理部门吊销营业执照。由此引发如下问题：企业被吊销营业执照之后能否申请破产？法院是否应当受理该破产呢？

二、观点分歧

第一种观点认为，企业被吊销营业执照之后，其法人资格终止，不再具备主体资格。法院应当裁定不予受理。

第二种观点认为，法院应当裁定受理该破产申请。企业被吊销营业执照并不意味着其法人资格立即消灭，《民法通则》第 40 条规定："法人终止，应当依法进行清算，停止清算范围外的活动。"可见，其停止的只是其清算行为之外的行为如经营行为，在该企业清算程序结束和注销登记前，企业仍然可以自己的名义或者清算组的名义进行清算范围内的活动。最高人民法院经〔2000〕23 号《关于人民法院不宜以一方当事人公司营业执照被吊销，已丧失民事诉讼主体资格为由裁定驳回起诉问题的复函》、最高人民法院法经〔2002〕424 号《关于企业法人营业执照被吊销后，其民事诉讼地位如何确定的复函》规定："吊销企业法人营业执照，是工商行政管理局对实施违法行为的企业法人给予的一种行政处罚……企业法人营业执照被吊销后，应当由其开办单位（包括股东）或者企业组织清算组依法进行清算，停止清算范围外的活动。清算期间，企业民事诉讼主体资格依然存在”;“企业法人被吊销营业执照后至被注销登记前,该企业法人仍应视为存续,可以自己的名义进行诉讼活动”。

三、提示与参考

与本案有关的另一个问题是:债权人是否可以申请被吊销了营业执照的企业破产?对此,最高人民法院在回复贵州省高级人民法院《关于企业法人被吊销营业执照后,依法负有清算责任的人未向法院申请破产,债权人是否可以申请被吊销营业执照的企业破产的请示》(〔2007〕黔高民二破请终字 1 号)批复如下:

债权人对人员下落不明或者财产状况不清的债务人申请破产清算,符合企业破产法规定的,人民法院应依法予以受理。债务人能否依据《企业破产法》第 11 条第 2 款的规定向人民法院提交财产状况说明、债权债务清册等相关材料,并不影响对债权人申请的受理。

人民法院受理上述破产案件后,应当依据企业破产法的有关规定指定管理人追收债务人财产;经依法清算,债务人确无财产可供分配的,应当宣告债务人破产并终结破产程序;破产程序终结后两年内发现有依法应当追回的财产或者有应当供分配的其他财产的,债权人可以请求人民法院追加分配。

债务人的有关人员不履行法定义务,人民法院可依据有关法律规定追究其相应法律责任;其行为导致无法清算或者造成损失,有关权利人起诉请求其承担相应民事责任的,人民法院应依法予以支持。

案例 9.2:是劳动争议纠纷还是破产债权确认纠纷?

一、案情简介

2009 年甲公司由 A 市中级人民法院宣告破产还债,破产管理人于 2010 年 10 月公示了职工债权清单。职工陈某提出异议,认为其中没有列示甲公司应发放的 1999 年 7 月至 2000 年 12 月的生活费。破产管理人复核后于 2011 年 2 月 18 日出具书面答复意见并送达陈某,对该异议不予认可。2012 年 12 月 13 日陈某向自治区劳动仲裁委申请仲裁,仲裁委以不属劳动人事争议处理范围为由,对其申请不予受理。2012 年 12 月 15 日陈某向甲公司所在的 B 区人民法院提起诉讼,B 区人民法院以劳动争议案由立案。破产管理人收到诉状后,对案件案由和管辖提出异议,认为本案应属职工破产债权确认纠纷,案件应由受理破产案件的 A 市中级人民法院管辖。B 区人民法院裁定驳回破产管理人异议,破产管理人上诉至 A 市中级人民法院。A 市中级人民法院经审查后认为,根据《某自治区高级人民法院关于调整全区法院部分民事案件受理管辖的决定》和相关

的指令“今后劳动争议案件，无论用人单位是否为破产企业，均由基层人民法院受理。”的规定，B区人民法院有管辖权。[①]

二、观点分歧

本案是在破产程序中发生的破产企业职工与破产管理人之间关于生活费的纠纷，究竟是劳动争议纠纷还是破产债权确认纠纷？有以下两种观点。

第一种观点认为，本案属于劳动争议纠纷。因为该高级人民法院明确规定，劳动争议案件，无论用人单位是否破产，均由基层人民法院管辖。这个规定表明，用人单位破产与否，并不影响或改变案件争议纠纷的本质，即使用人单位破产了，劳动争议纠纷的本质不变。

第二种观点认为，本案是破产债权纠纷而非劳动争议纠纷。《企业破产法》第48条第2款规定：“债务人所欠职工的工资和医疗、伤残补助、抚恤费用，所欠的应当划入职工个人账户的基本养老保险、基本医疗保险费用，以及法律、行政法规规定应当支付给职工的补偿金，不必申报，由管理人调查后列出清单并予以公示。职工对清单记载有异议的，可以要求管理人更正；管理人不予更正的，职工可以向人民法院提起诉讼。”本案中职工陈某正是对管理人公示的职工债权清单有异议，在管理人不予更正后而向法院提起的诉讼，完全符合职工破产债权确认纠纷案由的各项特征，应属职工破产债权确认纠纷。另外，如果将该案作为劳动争议纠纷由法院立案裁判，将会产生给付之诉，即原告请求法院判令被告向其履行某种特定给付义务的诉讼。[②] 这将会使得原告优先于其他普通债权人得到清偿，违反《破产法》第1条“规范企业破产程序，公平清理债权债务，保护债权人和债务人的合法权益”的立法宗旨。

三、提示与参考

关于破产案件的管辖权问题，《企业破产法》有三个法律条文。其一，该法第3条规定：“破产案件由债务人住所地人民法院管辖。”这规定了破产案件的地域管辖权配置。其二，该法第21条规定：“人民法院受理破产申请后，有关债务人的民事诉讼，只能向受理破产申请的人民法院提起。”这是一种专属管辖，即因为破产程序启动之后的派生诉讼，均由破产受理法院管辖。其三，该法第4条规定：“破产案件审理程序，本法没有规定的，适用民事诉讼法的有关规定。”一般认为，依据此条规定，破产案件的级别管辖问题与一般民事案件的级别管辖无异。在《企业破产法》之前的，最高人民法院曾经在2002年7月30日颁布《关于审理企业破产案件若干问题的规定》。该规定第2条就破

① 耿栋：《破产程序中的劳动纠纷案由和破产程序问题》，http://www.acla.org.cn/html/lvshiwushi/20140310/15489.html，下载日期：2016年6月28日。

② 耿栋：《破产程序中的劳动纠纷案由和破产程序问题》，http://www.acla.org.cn/html/lvshiwushi/20140310/15489.html，下载日期：2016年6月28日。

产案件的级别管辖规定如下:"基层人民法院一般管辖县、县级市或者区的工商行政管理机关核准登记企业的破产案件;中级人民法院一般管辖地区、地级市(含本级以上)工商行政管理机关核准登记企业的破产案件;纳入国家计划调整的企业破产案件,由中级人民法院管辖。"有人认为,该司法解释对破产案件级别管辖的规定极为不科学,因为它是出台在《企业破产法》之前的,"主要以登记机关的行政级别作为基本标准",而"大部分小额注册资本的公司(企业),为增加其'企业知名度',也基本选择在市级工商行政管理局办理注册登记,两级登记机关的企业,不能反映出破产企业的投资规模、资本数额、社会影响度等因素,也不能反映出破产案件的简易、复杂程度和社会影响程度"。[①] 2013年1月1日实施的新《民事诉讼法》并未就破产案件的管辖作出规定。不过,依据2015年2月4日起施行的新《〈民事诉讼法〉司法解释》第42条第1款规定,破产程序中有关债务人的诉讼案件的第一审民事案件,人民法院依照《民事诉讼法》第38条第1款规定,可以在开庭前交下级人民法院审理。该司法解释可以在一定程度上缓解当前破产案件级别管辖不明确或不科学的现状。因为通过上级法院向下级法院移交案件,事实上可以使得下级法院获得按其级别无权管辖的第一审民事案件的管辖权。2016年8月11日,最高人民法院发布《关于在中级人民法院设立清算与破产审判庭的工作方案》,提出直辖市应当至少明确一个中级人民法院设立清算与破产审判庭,省会城市、副省级城市所在地中级人民法院应当设立清算与破产审判庭;其他中级人民法院是否设立清算与破产审判庭,由各省(区、市)高级人民法院会同省级机构编制部门,综合考虑经济社会发展水平、清算与破产案件数量、审判专业力量、破产管理人数量等因素,统筹安排。中级人民法院设立的清算与破产审判庭一般管辖地(市)级以上(含本级)工商行政管理机关核准登记公司(企业)的强制清算与破产案件。省、自治区、直辖市范围内中级人民法院因特殊情况需对公司强制清算与企业破产案件的地域管辖作出调整的,须经当地高级人民法院批准。中级人民法院设立的清算与破产审判庭的职能范围主要包括:审理公司强制清算与企业破产案件;负责公司强制清算与企业破产案件审判工作的调研工作;对下级法院公司强制清算与企业破产案件审判工作进行业务指导;负责相关法院之间公司强制清算与企业破产案件的协调工作以及负责破产管理人的管理、培训等相关工作等。[②]

---

① 魏淑琴:《应对破产案件的级别管辖予以明确》,http://www.chinacourt.org/article/detail/2007/11/id/274900.shtml,下载日期:2016年6月29日。

② 罗沙:《最高法:在中级人民法院设立清算与破产审判庭》,http://www.1daba.com/n/2214roc620160811c6n463773249.html,下载日期:2016年8月12日。

第二节 破产申请与受理

案例 9.3:石化物资公司申请花园酒店破产案

一、案情简介

2005 年,因花园酒店欠石化物资公司柴油款 150 万元,石化物资公司在多次催要未果后将花园酒店诉至法院。经法院调解,花园酒店承诺于 2005 年 12 月 31 日前一次性付清欠款,但是随后并未按期履行调解协议。2006 年 1 月 4 日,石化物资公司申请法院强制执行。在执行期间,因为花园酒店始终未能履行还款义务,石化物资公司于 2006 年 5 月向法院申请宣告花园酒店破产,依照破产还债程序清偿其债务。①

二、观点分歧

第一种观点认为,法院应当受理该破产申请。《企业破产法》第 2 条第 1 款规定:"企业法人不能清偿到期债务,并且资产不足以清偿全部债务或者明显缺乏清偿能力的,依照本法规定清理债务。"《企业破产法》第 7 条第 2 款规定:"债务人不能清偿到期债务,债权人可以向人民法院提出对债务人进行重整或者破产清算的申请。"因为花园酒店未能清偿其对石化物资公司的到期债务并且呈连续状态,而且也没有证据证明花园酒店具有清偿能力,故应当依据破产程序偿还其对石化物资公司的债务。

第二种观点认为,花园酒店未能按照调解书偿还债务属实,但是目前酒店经营正常,只是流动资金存在暂时的困难,并且已经向法院出具还款计划,承诺于 2006 年年底偿还对石化物资公司的全部欠款。依据上述事实,不能认定花园酒店不能清偿到期债务呈现出连续状态而明显欠缺清偿能力,也不能认定其资产不足以清偿全部债务。因此,花园酒店对石化物资公司的债务不应当通过破产程序予以偿还,即石化物资公司申请花园酒店破产的申请不符合破产案件受理的条件,法院应当裁定不予受理石化物资公司对花园酒店破产的申请。

三、提示与参考

破产是指在债务人不能清偿债务时,由法院强制执行其全部财产,公平清偿全体债权人的法律制度。破产是债务人在出现破产原因时适用的司法程序,其目的是使债务

① 刑立新:《最新企业破产实例与解析》,法律出版社 2007 年版,第 5～6 页。

得到公平偿还。所谓破产原因，也叫破产界限，是据以认定债务人丧失债务清偿能力，当事人得以提出破产申请，法院据以启动破产程序，宣告债务人破产的法律事实。我国《企业破产法》第2条第1款规定："企业法人不能清偿到期债务，并且资产不足以清偿全部债务或者明显缺乏清偿能力的，依照本法规定清理债务。"可见，我国《企业破产法》规定的破产原因有两个：一是不能清偿到期债务并且资产不足以清偿全部债，即"支付不能且资不抵债"；二是不能清偿到期债务并且明显缺乏清偿能力。如何认定"不能清偿到期债务"是认定破产原因的一个难点。一般认为，债务人因为一时的资金周转困难而暂时未能清偿到期债务，尚不构成支付不能，应当还有其他事实证明债务人在未来可预见的相当长的时期内将持续不能清偿。

具备了破产原因的企业不会自动进入破产程序。破产程序的启动有职权主义与申请主义之分。在职权主义下，由法院依据法律的特别规定依职权启动破产程序。依据申请主义立法体例，法院必须有赖于债权人、债务人等当事人的申请方能启动破产程序。依据我国现行法律规定，债务人、债权人、依法负有清算责任的人及金融监督管理机构可以作为破产申请的主体。

《企业破产法》第7条第1款规定："债务人有本法第二条规定的情形，可以向人民法院提出重整、和解或者破产清算申请。"该种情形属于企业自愿破产。

《企业破产法》第7条第2款规定："债务人不能清偿到期债务，债权人可以向人民法院提出对债务人进行重整或者破产清算的申请。"该种情形属于企业非自愿破产。

《企业破产法》第7条第3款规定："企业法人已解散但未清算或者未清算完毕，资产不足以清偿债务的，依法负有清算责任的人应当向人民法院申请破产清算。"依据《公司法》的相关规定，负有清算责任的人包括有限责任公司的股东、股份有限公司的董事会或者股东大会确定的人员以及法院指定有关人员组成的清算组。

《企业破产法》第134条第1款规定："商业银行、证券公司、保险公司等金融机构有本法第二条规定情形的，国务院金融监督管理机构可以向人民法院提出对该金融机构进行重整或者破产清算的申请。国务院金融监督管理机构依法对出现重大经营风险的金融机构采取接管、托管等措施的，可以向人民法院申请中止以该金融机构为被告或者被执行人的民事诉讼程序或者执行程序。"可见，金融监督管理机构也可以在金融机构出现破产原因时向法院申请其破产。

案例9.4：上诉人吴志忠因与被上诉人河南省新乡县良种棉加工厂破产管理人侵权责任纠纷案件

一、案情简介

2009年10月11日，河南省新乡县肉鸡养殖总厂（以下简称养殖总厂）和吴志忠签

订一份租赁协议，约定吴志忠租赁养殖总厂职工宿舍东楼、楼前东南空地一块以及原来的职工饭厅。租期 8 年，每年租金 4000 元，每年的 10 月 11 日前交清下年度租金。2012 年 12 月 5 日，新乡县人民法院受理了河南省新乡县良种棉加工厂（以下简称良种棉加工厂）申请破产一案，并指定了破产管理人，破产管理人决定对该企业对外签订的场地、房屋租赁协议进行解除，包括 2009 年 10 月 11 日与吴志忠签订的租赁协议。良种棉加工厂破产管理人于 2013 年 4 月 25 日向吴志忠送达了解除租赁协议通知书，于 2013 年 9 月 2 日向吴志忠送达了搬迁通知书，要求吴志忠 30 日内搬迁完毕，现期限已过，但吴志忠认为其租赁合同尚未到期，拒绝搬迁。

二、观点分歧

第一种观点认为，良种棉加工厂破产管理人有权依据《破产法》的相关规定解除合同，吴志忠应当搬迁，由于搬迁给其造成的损失可以向破产管理人请求赔偿。吴志忠使用的租赁物系吴志忠与良种棉加工厂双方签订租赁协议获得，双方应按照合同约定履行各自的义务，但在履行合同过程中，良种棉加工厂依法申请破产，并且已经人民法院裁定进入破产清算程序，在此情况下，良种棉加工厂破产管理人有权依据破产法的相关规定行使解除未履行完毕的合同等相关权利，吴志忠主张的租赁协议不应解除及良种棉加工厂破产管理人滥用权利的理由不能成立。

第二种观点认为，吴志忠可以拒绝搬迁。因为吴志忠使用的租赁物系吴志忠与良种棉加工厂双方签订租赁协议获得，现在租赁合同尚未到期，良种棉加工厂破产管理人应当承受这一尚未到期合同的义务，不得解除合同。①

三、提示与参考

本案涉及破产案件受理后产生的法律后果。一般而言，法院受理破产申请，会对法院自身、破产企业的管理人员、破产企业的债务人、破产企业的债权人、尚未履行完毕的合同等产生一些强制性的法律约束力。

（一）对于法院自身的约束力

人民法院受理破产申请的，应当自裁定作出之日起 5 日内送达申请人。债权人提出申请的，人民法院应当自裁定作出之日起 5 日内送达债务人。人民法院受理破产申请后至破产宣告前，经审查发现债务人不符合破产条件的，可以裁定驳回申请。申请人对裁定不服的，可以自裁定送达之日起 10 日内向上一级人民法院提起上诉。人民法院裁定受理破产申请的，应当同时指定管理人。

---

① 《上诉人吴志忠因与被上诉人河南省新乡县良种棉加工厂破产管理人侵权责任纠纷一案二审民事判决书》，http://ws.hncourt.org/paperview.php? id=1233610，下载日期：2014 年 12 月 3 日。

人民法院应当自裁定受理破产申请之日起25日内通知已知债权人，并予以公告。通知和公告应当载明下列事项：(1)申请人、被申请人的名称或者姓名；(2)人民法院受理破产申请的时间；(3)申报债权的期限、地点和注意事项；(4)管理人的名称或者姓名及其处理事务的地址；(5)债务人的债务人或者财产持有人应当向管理人清偿债务或者交付财产的要求；(6)第一次债权人会议召开的时间和地点；(7)人民法院认为应当通知和公告的其他事项。

人民法院受理破产申请后，有关债务人财产的保全措施应当解除，执行程序应当中止；已经开始而尚未终结的有关债务人的民事诉讼或者仲裁应当中止；在管理人接管债务人的财产后，该诉讼或者仲裁继续进行。有关债务人的民事诉讼，只能向受理破产申请的人民法院提起。

(二)对破产企业的债务人的约束力

自人民法院受理破产申请的裁定送达债务人之日起至破产程序终结之日，破产企业的法定代表人以及经人民法院决定的企业的财务管理人员和其他经营管理人员承担下列义务：(1)妥善保管其占有和管理的财产、印章和账簿、文书等资料；(2)根据人民法院、管理人的要求进行工作，并如实回答询问；(3)列席债权人会议并如实回答债权人的询问；(4)未经人民法院许可，不得离开住所地；(5)不得担任其他企业的董事、监事、高级管理人员。

(三)对破产企业的债务人的约束力

人民法院受理破产申请后，破产企业的债务人或者财产持有人应当向破产管理人清偿债务或者交付财产。破产企业的债务人或者财产持有人故意违反规定向破产企业清偿债务或者交付财产，使债权人受到损失的，不免除其清偿债务或者交付财产的义务。

(四)对破产企业的债权人的约束力

法院受理破产申请，意味着自动冻结债权人的个别追索行为。破产案件受理后，债权人只能通过破产程序行使权利。债权人不得个别追索债务，也不能向法院提起新的民事诉讼。

有财产担保的债权人，在破产案件受理后至破产宣告前的期间，未经人民法院准许，不得行使优先权。债务人的开户银行，不得扣划债务人的存款和汇入款抵还贷款。违反此规定的，扣划无效，应当退回扣划的款项。未到期的债权视为已经到期。

(五)对尚未履行完毕的合同的约束力

人民法院受理破产申请后，管理人对破产申请受理前成立而债务人和对方当事人

均未履行完毕的合同有权决定解除或者继续履行,并通知对方当事人。管理人自破产申请受理之日起2个月内未通知对方当事人,或者自收到对方当事人催告之日起30日内未答复的,视为解除合同。管理人决定继续履行合同的,对方当事人应当履行;但是,对方当事人有权要求管理人提供担保。管理人不提供担保的,视为解除合同。

第三节　破产管理人制度

案例9.5:破产管理人能否成为劳动争议中的诉讼主体

一、案情简介

1996年11月郑某进入某集团公司物业分公司工作,双方没有签订劳动合同。2007年5月30日该集团公司被宣告破产,但部分下属分公司和分厂仍继续经营。2008年1月4日原告在工作过程中受伤。在申报工伤过程中,郑某与物业分公司因是否存在劳动关系发生争议,郑某于2008年9月7日以物业分公司为被申请人向当地劳动争议仲裁委员会申请仲裁,请求确认双方存在劳动关系。2008年9月16日郑某又追加集团公司破产管理人为被申请人,并要求确认与破产管理人存在劳动关系。2008年12月8日劳动仲裁委员会作出裁决,确认郑某与物业分公司之间存在事实劳动关系。郑某不服,起诉至人民法院,要求确认其与破产管理人存在劳动关系。破产管理人不服,以与申请人无劳动关系为由也起诉至法院。①

二、观点分歧

本案涉及的疑难问题如下:一是破产企业的劳动争议中破产管理人能否成为诉讼主体?二是企业的分支机构被吊销营业执照后是否仍具备诉讼主体资格?三是破产管理人能否成为劳动关系的主体?对于以上问题,存在以下几种不同的看法。

第一种观点认为,根据《民法通则》第45条和第47条的规定,企业被吊销营业执照或者依法宣告破产后,企业法人终止。根据最高人民法院《关于贯彻执行〈中华人民共和国民法通则〉若干问题的意见(试行)》第60条的规定,"对于涉及终止的企业法人债权、债务的民事诉讼,清算组织可以用自己的名义参加诉讼",在涉及企业破产的劳动争议案件中,应当将破产管理人列为当事人,被吊销执照的企业或者被宣告破产的企业,

① 王怀欣:《破产管理人能否成为劳动争议中的诉讼主体》,http://www.law-lib.com/lw/lw_view.asp? no=22054,下载日期:2014年12月3日。

不具备民事诉讼主体地位。因此，案例中的集团公司被宣告破产后，其法人资格终止，且物业分公司的营业执照被吊销，所以应当由破产管理人作为当事人参加仲裁和诉讼活动，并可以将破产管理人作为劳动关系的一方主体。①

第二种观点认为，营业执照作为企业注册登记的法定证书，只是企业取得营业资格的标志。吊销营业执照作为一种工商行政管理处罚措施，其目的在于停止公司营业，禁止其进行新的经营活动。从这个意义上讲，营业资格与企业的法律人格是相分离的，营业资格的丧失并不必然导致企业民事主体资格的丧失，而只是导致公司解散与清算程序的启动。企业法人被吊销营业执照后，未经清算前，其民事主体资格仍然存续，在诉讼中仍应以该企业的名义参加诉讼，企业主体资格的取消以企业清算完结并办理注销登记为条件。因此，在本案中，虽然某物业分公司的营业执照被吊销，但是其民事主体资格仍然存在，根据《劳动合同法实施条例》第 4 条的规定，本案中劳动关系的双方主体可以确定为郑某与物业分公司或者某集团公司。破产管理人作为破产程序中由人民法院临时指定的组织，根据《破产法》第 25 条的规定精神，破产管理人在仲裁或诉讼活动中的地位，只是破产企业的诉讼代表，与破产企业是一种代理关系，因此其并不具备诉讼主体资格。同时，由于破产管理人不属于《中华人民共和国劳动合同法》第 2 条所规定的用人单位范围，所以不能成为劳动关系的一方主体。②

三、提示与参考

(一)破产管理人的含义

破产管理人源于罗马法上的 magister 以及后来的 curaror，均为财产管理人的意思。各国破产法对于管理人的称谓存在差异。如美国法称之为受托人，英国称之为接管人，日本称之为破产管财人，德国称之为支付不能管理人。广义上的破产管理人是指在破产清算、和解和重整等程序中负责债务人财产管理和其他事项的人；狭义上的破产管理人专指在破产清算程序中全面接管破产企业并负责其财产清算分配的机构。③

(二)破产管理人的资格

管理人可以由有关部门、机构的人员组成的清算组或者依法设立的律师事务所、会计师事务所、破产清算事务所等社会中介机构担任。法院根据债务人的实际情况，可以在征询有关社会中介机构的意见后，指定该机构具备相关专业知识并取得执业资格的

① 王怀欣:《破产管理人能否成为劳动争议中的诉讼主体》，http://www.law-lib.com/lw/lw_view.asp? no=22054，下载日期:2014 年 12 月 3 日。

② 王怀欣:《破产管理人能否成为劳动争议中的诉讼主体》，http://www.law-lib.com/lw/lw_view.asp? no=22054，下载日期:2014 年 12 月 3 日。

③ 施天涛:《商法学》，法律出版社 2010 年版，第 706～707 页。

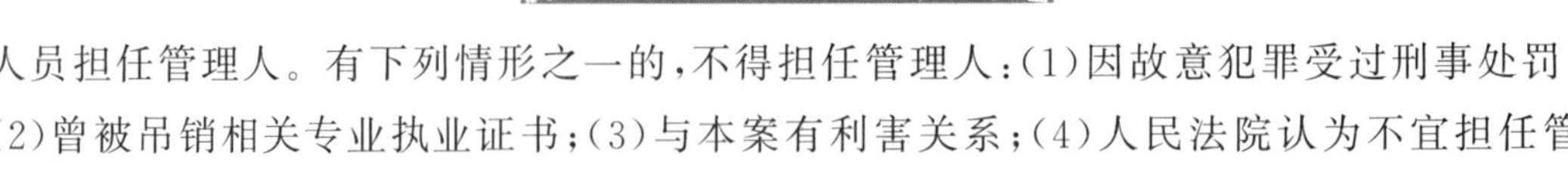

人员担任管理人。有下列情形之一的，不得担任管理人：(1)因故意犯罪受过刑事处罚；(2)曾被吊销相关专业执业证书；(3)与本案有利害关系；(4)人民法院认为不宜担任管理人的其他情形。

(三)破产管理人的选任

破产管理人的选任方式有如下三种：一是由法院选任；二是由债权人会议选任；三是由法院与债权人会议共同选任。依据我国《企业破产法》的规定，破产管理人由法院指定，但债权人会议认为管理人不能依法公正执行职务或有其他不能胜任职务情形的，可以申请法院予以更换。

(四)破产管理人的职责

破产管理人履行下列职责：(1)接管债务人的财产、印章和账簿、文书等资料；(2)调查债务人财产状况，制作财产状况报告；(3)决定债务人的内部管理事务；(4)决定债务人的日常开支和其他必要开支；(5)在第一次债权人会议召开之前，决定继续或者停止债务人的营业；(6)管理和处分债务人的财产；(7)代表债务人参加诉讼、仲裁或者其他法律程序；(8)提议召开债权人会议；(9)法院认为管理人应当履行的其他职责。

破产管理人应当勤勉尽责，忠实执行职务。破产管理人经法院许可，可以聘用必要的工作人员。破产管理人的报酬由法院确定。债权人会议对破产管理人的报酬有异议的，有权向法院提出。破产管理人没有正当理由不得辞去职务。破产管理人辞去职务应当经法院许可。

案例 9.6：戴马潮诉绍兴宏泰会计师事务所管理人赔偿责任纠纷案

一、案情简介

原告诉称，经绍兴市越城区人民法院〔2011〕绍越刑初字第 329 号刑事判决书认定，浙江艾尔派克包装材料有限公司向原告吸收存款合计人民币 1416 万元。2013 年浙江艾尔派克包装材料有限公司被绍兴市越城区人民法院宣告破产，法院指定被告为破产管理人。对此，原告均不知情，法院与破产管理人从未就破产一事通知原告，原告也未收到申报破产债权的通知。但是，法院及破产管理人对于该刑事判决书是知情的。此外，浙江艾尔派克包装材料有限公司还欠原告借款及利息 9570 万元。2014 年 6 月，原告从其他处得知浙江艾尔派克包装材料有限公司的债权可以分配了，原告才知道该公司已经被宣告破产，并立即委托律师向被告申报债权。被告对其余债权不予认可，对刑

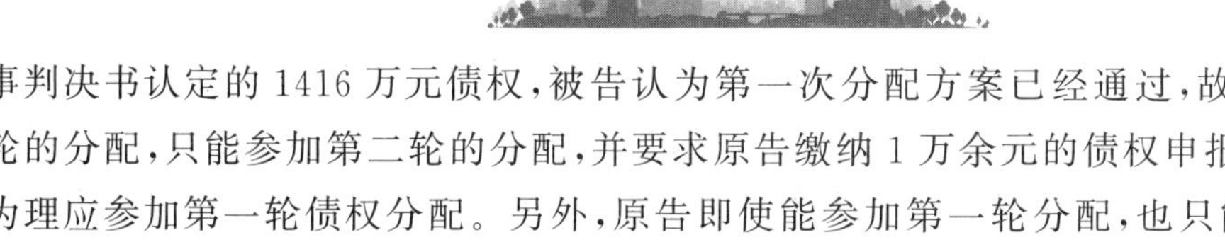

事判决书认定的1416万元债权，被告认为第一次分配方案已经通过，故不能参加第一轮的分配，只能参加第二轮的分配，并要求原告缴纳1万余元的债权申报费用。原告认为理应参加第一轮债权分配。另外，原告即使能参加第一轮分配，也只能分得1416万元债权的1.9%，在第二轮分配更小的情况，被告还要收取1万余的申报费，明显造成对原告利益的二次损害。故要求暂停财产分配，但遭到被告拒绝。原告认为，被告的行为违反了破产管理人的义务与责任，并向法院起诉，请求：被告向原告赔偿26.904万元（仅就其中已知的1416万按分配比率1.9%计算）；承担本案诉讼费用。[①]

二、观点分歧

第一种观点认为，破产管理人没有通知原告申报债权的法定义务，原告享有的债权是非经法院确认的债权，依法不能参加第一轮债权的分配，而且，管理人在第一轮分配中并无违反法律规定的行为，原告不能参与第一轮分配的原因与责任在其自身。因此，原告要求破产管理人赔偿损失的行为没有事实和法律依据，应当依法驳回其诉讼请求。

第二种观点认为，破产管理人对于法院生效判决确认的1416万债权在制定债权分配方案时应当知情，且明知无证据证明原告放弃了该债权，而其在制定债权分配方案时未考虑该债权，也没有按照分配比例予以预留并提交债权人会议就预留金额及时间等进行表决。破产管理人的行为使得原告丧失了按照第一轮分配方案确定的数额进行分配的可能，未尽到勤勉注意义务，对原告的损失存在一定的过错。另外，原告未能及时申报债权对其损失也具有过错。根据过错相抵规则，被告应当承担一定的赔偿责任。[②]

三、提示与参考

本案争议的焦点是破产管理人在履行职务过程中对于债权人损失之发生是否存在过错。这就涉及破产管理人职责这一破产法上的重大理论问题。

我国《企业破产法》专设“第三章管理人”取代了以前的清算组，从而在企业破产程序中引入了国际通行的管理人制度。我国的破产管理人由法院指定，向法院报告工作，并接受债权人会议和债权人委员会的监督。破产管理人具有专业性和独立性，一般由有关部门、机构的人员组成的清算组或者依法设立的律师事务所、会计师事务所、破产清算事务所等社会中介机构担任。关于管理人的职责，《企业破产法》主要有两个条文，一是第25条，采用列举式规定与概括性规定相结合的立法技术，规定了其应当履行的职责：(1)接管债务人的财产、印章和账簿、文书等资料；(2)调查债务人财产状况，制作财产状况报告；(3)决定债务人的内部管理事务；(4)决定债务人的日常开支和其他必要

---

① 浙江省绍兴市越城区人民法院民事判决书（〔2014〕绍越商初字第2382号），http://www.360doc.com/content/15/0927/13/21797707_501804566.shtml，下载日期：2016年7月4日。

② 该观点为本案一审法院的裁判意见。法院裁判，被告对于损失之发生负有次要责任，原告没有及时申报债权对于损失的发生负有主要责任，判决被告承担40%的赔偿责任。

开支;(5)在第一次债权人会议召开之前,决定继续或者停止债务人的营业;(6)管理和处分债务人的财产;(7)代表债务人参加诉讼、仲裁或者其他法律程序;(8)提议召开债权人会议;(9)人民法院认为管理人应当履行的其他职责。另外一个是第27条,规定“管理人应当勤勉尽责,忠实执行职务”。该条规定了管理人的勤勉义务和忠实义务。这实质上要求管理人承担相当于公司董事的勤勉义务和忠实义务。这与日本和我国台湾地区明确要求管理人在执行职务时,尽到善良管理人的注意义务并无二致。管理人违反该义务,给他人造成了损失的,应当承担赔偿责任。与判断公司董事是否违反了勤勉义务与忠实义务需要依据商事判断规则,结合具体个案中的实际情况予以判断一样,判断管理人是否违反了勤勉义务与忠实义务殊非易事。就本案而言,作为被告的管理人认为法律未明确规定管理人负有通知原告申报债权的义务,此点在《企业破产法》上并无疑义,因为《企业破产法》第25条确实没有明确具体列举该项职责,而且从《企业破产》第二章第二节“受理”部分的规定来看,法院应当自裁定受理破产申请之日起25日内通知已知债权人,并予以公告。即负责通知原告申报债权的义务主体是法院而非破产管理人。然而,这并不意味着管理人对于原告损失之发生就没有过错,管理人在执行职务过程中负有勤勉和忠实义务。这两个义务远比第25条所规定的具体职责要宽泛得多。本案的破产管理人置同一个法院的生效判决书确定的债权于不顾,制定债权分配方案。这种行为很难让人认同其尽到了勤勉义务。因此,管理人对于原告损失之发生具有过错,应当依据其过错程度赔偿原告相应的损失。

第四节　债务人财产

案例9.7:北京电力电容器厂破产管理人与华北铝业有限公司破产撤销权纠纷案

一、案情简介

原告北京电力电容器厂破产管理人(以下简称北容厂管理人)起诉被告华北铝业有限公司(以下简称华北铝业)。北容厂管理人诉称:北京电力电容器厂(以下简称北容厂)不能清偿到期债务,且资产不足以清偿全部债务,向北京市朝阳区人民法院申请破产,法院于2007年12月3日以〔2007〕朝民破字第32389号裁定书,依法受理了北容厂的破产申请,并指定北京市东卫律师事务所担任破产管理人。北容厂管理人通过对北容厂财务的审查,发现北容厂于2007年10月12日与华北铝业签订还款协议,由北京摩力圣汇健身服务有限公司(以下简称摩力圣汇公司)的消费卡及部分现金代为偿还120

万元的债务。北容厂于2007年10月13日与摩力圣汇公司签订协议，由摩力圣汇公司替北容厂偿还华北铝业120万元的债务，摩力圣汇公司代为偿还的部分从应向北容厂支付的房屋租金中扣除。摩力圣汇公司于2007年11月给付华北铝业100万元的消费卡和20万元现金，北容厂扣减了摩力圣汇公司的房租。北容厂在法院受理其破产申请前6个月内仍对债权人华北铝业进行清偿，北容厂管理人依法有权请求人民法院予以撤销。现北容厂管理人起诉要求撤销北容厂对华北铝业清偿120万元债务的行为，华北铝业退还北容厂管理人120万元，或者退还20万元及100万元摩力圣汇公司消费卡。[①]

二、观点分歧

第一种观点认为，北容厂在人民法院受理其破产申请前6个月内已不能清偿到期债务，并且资产不足以清偿全部债务，但仍对华北铝业进行清偿，北容厂管理人有权请求人民法院予以撤销该清偿行为。

第二种观点认为，北容厂与华北铝业的还款协议虽然发生在法院受理破产申请前6个月内，但没有证据证明被告主观上存在恶意，其依照合同约定是由第三方代偿，是善意的合法行为，应判决驳回原告的诉讼请求。

三、提示与参考

本案涉及两个关键问题：一是破产管理人行使破产撤销权的构成要件，此点将在下一个案例中阐述；二是债务人与债权人约定由第三人代偿债务，是否属于对个别债权人进行清偿。从合同法原理看，第三人代为履行合同债务不符合约定的，仍然由债务人承担违约责任；就本案实际案情而言，摩力圣汇公司作为代为偿还债务的第三人，实际上成了债务人北容厂向个别债权人清偿债务的通道。

(一)破产撤销权的构成要件

1.债务人实施了损害债权人利益的行为。包括以下行为：(1)无偿转让财产的；(2)以明显不合理的价格进行交易的；(3)对没有财产担保的债务提供财产担保的；(4)对未到期的债务提前清偿的；(5)放弃债权的；(6)对个别债权人进行清偿的，但个别清偿使得债务人财产受益的除外。

2.有害行为发生在法律规定的期限内。个别清偿行为的临界期间为破产申请受理前6个月；其他可撤销行为的临界期间为破产申请受理前1年。

3.不以当事人具有主观恶意为要件。

---

① 该案为北京市朝阳区人民法院〔2009〕朝民初字第04866号案件，http://www.law-lib.com/cpws/cpws_view.asp? id=200401322515，下载日期：2016年7月4日。

(二)破产撤销权的行使

破产撤销权只能由管理人以诉讼方式行使。不仅存在于整个破产期间,还可以延伸到破产程序终结之日起2年内。自破产程序依法终结之日起2年内,有下列情形之一的,债权人可以请求人民法院按照破产财产分配方案进行追加分配:(1)发现有依法应当追回的财产的;(2)发现破产人有应当供分配的其他财产的。

我国《企业破产法》对于破产撤销权的上述规定表明,我国立法在对待债务人财产的时间标准上采取的是膨胀主义而非固定主义。所谓固定主义,是指以破产程序开始时债务人所有的财产为债务人财产,债务人财产的范围在程序启动时就已经确定,不再发生变动。固定主义的优势是有利于破产程序的迅速终结,便于债务人东山再起,但是对于债权人的保护力度不够。所谓膨胀主义是指债务人财产不仅包括破产程序开始时债务人所有的财产,还包括破产程序终结前新取得的财产。也就是说,在破产程序开始之后,债务人财产的范围是可以膨胀扩大的。显然,膨胀主义更有利于保护债权人利益,防止债务人借破产隐匿财产逃避债务,但是也会延长破产程序的时间,增加破产机制的运行成本。如我国《企业破产法》第30条规定:"破产申请受理时属于债务人的全部财产,以及破产申请受理后至破产程序终结前债务人取得的财产,为债务人财产。"

此外,在债务人财产的范围问题上还存在属地主义与普及主义之争。依据属地主义,债务人财产的范围仅限于受理破产案件的法院所属国家的法域范围,债务人在该国境外的财产不属于债务人财产。依据普及主义,破产效力不仅及于受理破产案件的法院所属国家的法域,而且及于该法域之外,普及主义坚持的是"一人一破产"的原则。我国《企业破产法》第5条第1款规定,"依照本法开始的破产程序,对债务人在中华人民共和国领域外的财产发生效力"。可见,我国在债务人财产的空间范围问题上采取的是普及主义的原则。

案例9.8:被证券公司挪用的客户交易结算资金在证券公司破产时能否取回

一、案情简介

2004年3月15日起至10月14日,河北省劳动和社会保障厅下属机构农村社会养老保险事业管理处(以下简称河北社保)与亚洲证券有限责任公司(以下简称亚洲证券)签订了6份委托协议及补充协议,约定由河北社保投入资金委托亚洲证券购买国债,亚洲证券到期支付本金和固定收益。河北社保先后向亚洲证券下属石家庄自强路营业部投入6笔资金共计4000万元。2005年4月29日,亚洲证券因违规经营被行政托管。

托管之日，石家庄自强路营业部内货币资金仅为510余万元。截至2005年6月29日，6份协议中的两份协议已到期，涉及金额1300万元。据河北社保在亚洲证券开立的20004688资金账户明细表反映，账户内当日余额为13090146.84元。2007年5月31日，亚洲证券被上海二中院宣告破产，并指定了破产管理人。2007年6月，河北社保查询时却获知该账户余额为0。于是向亚洲证券的破产管理人主张取回国债和资金，但协商无果。于是，河北省劳动和社会保障厅将亚洲证券告上法庭，要求确认对20004688资金账户内资金13090146.84元享有所有权和取回权，并由亚洲证券的破产管理人返还上述资金。①

二、观点分歧

第一种观点认为，河北社保对该账户内资金享有所有权和取回权。我国《企业破产法》第38条规定："人民法院受理破产申请后，债务人占有的不属于债务人的财产，该财产的权利人可以通过管理人取回。"而《证券法》第131条规定："证券公司不得将客户的交易结算资金和证券归入其自有财产。禁止任何单位或者个人以任何形式挪用客户的交易结算资金和证券。证券公司破产或者清算时，客户的交易结算资金和证券不属于其破产财产或者清算财产。"这表明，我国现行法律实际上是确认了客户对客户交易结算资金的所有权，因此，在证券公司破产时，客户交易结算资金不属于破产财产。故河北社保对该账户内资金享有所有权和取回权。

第二种观点认为，系争20004688资金账户并非独立存放的结算账户，该账户内资金作为特殊种类物与证券公司其他客户资金无法明显区分，处于混同使用状态，故不具备确认所有权及行使取回权所需的被告对该账户内资金占有并能够独立识别和处理的前提。两笔委托协议虽已到期，但从营业部当日资金余额看，实际上所涉资金已被被告挪用而未按约兑付，资金账户明细表上的资金余额仅为账面虚增资金，没有真实资金转入。根据相关规定，不能认定为客户证券交易结算资金。② 故河北社保不能行使取回权。

三、提示与参考

破产取回权是指非属于破产人财产的权利人，不依据破产程序，直接行使财产权利，从破产管理人处取回其财产的权利。它是民法上的物的返还请求权在破产程序中的表现形式；取回权的标的物不属于债务人，但是被债务人实际占有；行使取回权不需依据破产程序，但必须以管理人为行使对象。破产取回权应当在破产程序开始后破产

① 《证券公司破产上演取回权大战》，http://china.findlaw.cn/gongsifalv/gongsiqingsuan/gsqs/64096.html，下载日期：2021年3月7日。

② 《证券公司破产上演取回权大战》，http://china.findlaw.cn/gongsifalv/gongsiqingsuan/gsqs/64096.html，下载日期：2021年3月7日。

财产分配前行使，在破产财产分配前未行使取回权的，视为放弃取回权。

另外，对于在运途中的标的物，我国《企业破产法》第 39 条规定："人民法院受理破产申请时，出卖人已将买卖标的物向作为买受人的债务人发运，债务人尚未收到且未付清全部价款的，出卖人可以取回在运途中的标的物。但是，管理人可以支付全部价款，请求出卖人交付标的物。"

对于证券公司破产案件中的破产取回权问题，最高人民法院民二庭庭长宋晓明在全国法院证券公司破产案件审理工作座谈会上的讲话指出，处理取回权的关键是要区分委托理财账户内资产权属。他在讲话中将人民法院审理此类案件区分为以下五种情况：

1.独立封闭运行账户内的资产权属。在独立封闭证券账户和资金账户内运作的委托资产，能与证券公司的自有资产及其他客户资产相区别的，委托理财账户内资产应归属于委托人所有，委托人可以行使取回权。

2.用于质押的配资账户内资产权属。在三方监管委托理财合同的场合，合同约定受托人或监管人提供用于质押的配资账户的，若配资账户内资产与委托理财账户内资产相互独立，配资账户内资产归受托人、受托人的其他委托人或监管人所有，委托理财账户内资产归委托人所有，双方各自取回。若委托理财账户内资产与配资账户内资产发生混同，双方按照权属比例分配账户内资产。

3.委托资产被挪用后的权属。受托人挪用委托资产的，若被挪用后的委托资产与其他客户资产发生混同，但独立于受托人自有资产的，委托资产与其他客户资产不属于受托人对其他债权人的责任财产范围，委托人与其他客户可以按照资产比例享有取回权。

4.委托资产产生盈利的，如果委托合同中约定有盈利分享比例，可参照该约定比例，分割盈利，归属于证券公司的部分作为破产财产分配给普通债权人。

5.如果证券公司违规挪用客户资金和证券，关系清楚、财产并未混同，管理人追回后，可由相关权利人行使代偿性取回权。此外，在确定客户取回权时，对于证券公司已经支付给客户的高息、固定回报、好处费等应当从取回财产中扣除。对于资金的取回权，虽然证券公司账面上有所记载，如果已经形成资金混同，债权人不能行使取回权，而应当通过申报债权的方式处理。

案例 9.9：上海证券报诉博览中心清算组破产抵销权纠纷案件

一、案情简介

1998 年 11 月 9 日，上海证券报（简称证券报）与中信实业银行上海分行（简称中信上海分行)签订借款合同,约定由证券报向中信上海分行借款人民币 3000 万元,借期至 1999 年 12 月 9 日。该借款合同签订后即办理了公证手续。为对此借款合同提供担保,同月,博览中心与中信上海分行签订抵押合同。博览中心以登记在其名下的华能大厦 36 楼(现价 1616 万元)、6 楼(现价 964 万元)为该借款合同提供抵押担保。抵押合同签订后办理了合同公证及房产抵押登记。之后,中信上海分行向证券报发放了 3000 万元贷款。2000 年 1 月 18 日,经博览中心申请,法院裁定宣告博览中心破产还债。

2000 年 8 月,中信上海分行因证券报未按期归还 3000 万元贷款,依据经公证的借款合同、抵押合同和抵押登记证明向上海市第一中级人民法院申请强制执行。通过执行程序,抵押物华能大厦 36 楼以 1600 万元价格被转让,转让款支付给中信上海分行以清偿其向证券报的贷款。博览中心破产清算组另向中信上海分行支付了 240 万元,作为交换,中信上海分行为此申请解除了华能大厦 6 楼的抵押登记。由此,博览中心享有对证券报 1840 万元的追索债权。

在博览中心破产案中,证券报向破产清算组申报债权 4100 万元,并向清算组和法院提出证券报由于博览中心对其可行使追索权而负担的 1840 万元债务应与博览中心在破产前原欠证券报的债务相抵销,证券报不用再向博览中心支付 1840 万元,实际可以 2260 万元计算其参加破产分配的债权。①

二、观点分歧

第一种意见认为,证券报可以行使抵销权。认为"成立"的意见:证券报对博览中心 1840 万元的债务应认定在借款到期日 1999 年 12 月 9 日。理由:因为担保合同是从合同,华能大厦 36 楼被设定为抵押物时,便受到借款主合同的约束。借期届满时,债务人未履行债务,抵押物即可折价抵偿,即博览中心已享有对证券报的追索权,而该时在破产宣告前,故抵销权成立。

第二种意见认为,证券报不能行使抵销权。证券报对博览中心 1840 万元的债务应认定在抵押物被执行时 2000 年 8 月。理由是:36 楼作为抵押物时,其债权人是中信上海分社,而不是博览中心。当 36 楼被执行时,博览中心由抵押人转变为债权人,此时博览中心与证券报才发生了债权债务关系,而该时在破产宣告后,故抵销权不成立。因为破产程序中的抵销权有时间上的严格限制,原则上仅允许破产宣告前成立的债权相互抵销;在行使主体上必须由债权人主动向清算组提出,清算组或破产人不得主动主张债务抵销;根据债权性质,在破产程序中被确认无效的债权也不得主张抵销。最高人民法院《关于审理企业破产案件若干问题的规定》第 60 条规定:"与债务人互负债权债务的债权人可以向清算组请求行使抵销权,抵销权的行使应当具备以下条件:债权人的债权

① 《破产抵销权的行使的定性案例分析》,http://www.ah-lawyer.com/shangshi_Show.asp? id=144&classid=17,下载日期:2014 年 12 月 4 日。

已经得到确认；主张抵销的债权债务均发生在破产宣告之前；经确认的破产债权可以转让。受让人以受让的债权抵销其所欠债务人债务的，人民法院不予支持。”在博览中心破产案中，一方面，证券报社主张的是对将来请求权的抵销，在证券报已经向破产的债务人申报债权的情况下，证券报作为保证人或连带债务人因不再享有代位求偿权，不得行使抵销权；另一方面，博览中心对证券报的1840万元债权形成于博览中心破产宣告后，不符合最高人民法院《关于审理企业破产案件若干问题的规定》有关破产抵销权适用条件的规定，故法院应当裁定对证券报所欠博览中心1840万元债务与博览中心破产前原欠证券报债务不予抵销。[①]

三、提示与参考

破产抵销权是指对于破产人负有债务的破产债权人在破产人被宣告破产时，不论给付种类是否相同，或者是否负有期限或解除条件，均可以不依据破产程序，将其对破产人的债权和债务予以抵销的权利。破产抵销权具有如下特征：(1)破产抵销权的主体仅限于破产债权人行使；(2)抵销的债务不受债务种类和履行期限的限制；(3)主动债权和被动债权均应在破产程序开始前已经成立，主动债权是抵销人的债权，被动债权是指被抵销的债权。

但是，有下列情形之一的，不得抵销：(1)债务人的债务人在破产申请受理后取得他人对债务人的债权的；(2)债权人已知债务人有不能清偿到期债务或者破产申请的事实，对债务人负担债务的，但是，债权人因为法律规定或者有破产申请一年前所发生的原因而负担债务的除外；(3)债务人的债务人已知债务人有不能清偿到期债务或者破产申请的事实，对债务人取得债权的，但是，债务人的债务人因为法律规定或者有破产申请一年前所发生的原因而取得债权的除外。

第五节　破产债权

案例9.10：债权人在申报破产债权时能否同时向担保人主张权利

一、案情简介

原告为东方国际集团上海荣恒国际贸易有限公司，被告为浙江班班纸业有限公司。

① 《破产抵销权的行使的定性案例分析》，http://www.ah-lawyer.com/shangshi_Show.asp? id=144&classid=17，下载日期：2014年12月4日。

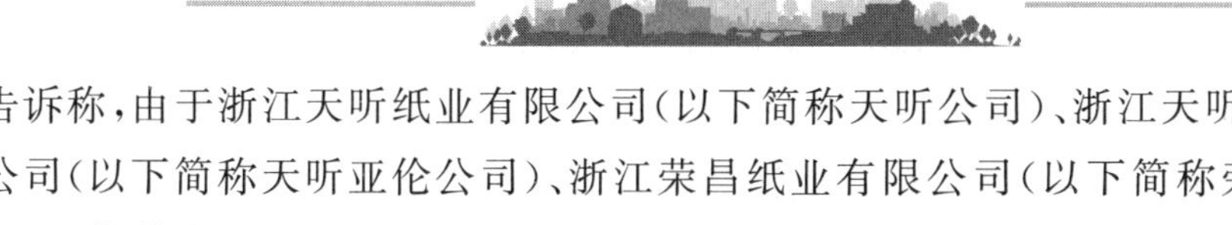

原告诉称，由于浙江天听纸业有限公司（以下简称天听公司）、浙江天听亚伦纸业集团有限公司（以下简称天听亚伦公司）、浙江荣昌纸业有限公司（以下简称荣昌公司）三位债务人（三位债务人均已进入破产程序，而且原告已经申报了债权）未能按还款协议的约定履行还款义务，至今拖欠本金 28477175.94 元及利息 428439.11 元，被告作为保证人亦未能依约承担连带保证责任。故请求法院判令：被告对人民币 28477175.94 元承担连带保证责任，并偿付以该款为本金自 2009 年 5 月 26 日起至实际支付之日止按银行同期贷款利率计算的利息损失。[①]

二、观点分歧

第一种观点认为，三位债务人均已进入了破产程序，原告也已经申报了债权，根据担保法的规定，原告现不能主张担保债权，而应在破产程序终结后 6 个月内才能要求被告承担保证责任。原告诉请的利息，应在主债务进入破产程序之日起停止计算。

第二种观点认为，本案系债权人在人民法院受理债务人破产案件并申报全部债权后，在破产程序尚未终结前，又同时向保证人主张权利的保证合同纠纷案件。对于这类案件，程序上是否必须中止等待破产程序终结后方可审理，法律没有明确的规定，实务界亦有不同的观点。我们认为目前我国担保法及其司法解释等的规定，主要针对的是债权人就破产程序中未受清偿部分向保证人追偿的期限问题，并非禁止债权人在申报债权的同时向保证人主张权利，故此类诉讼在程序上无须中止审理。但为避免因法院裁判导致同一债务双重受偿和新的纠纷产生的后果，法院的判决主文应附履行条件，即保证人在破产程序尚未终结前可暂时停止向债权人清偿，待破产程序终结后再根据破产受偿情况，向债权人作出相应的清偿，且债权人向保证人主张的权利应当以破产程序中未受清偿的部分为限。[②]

三、提示与参考

破产债权是指在法院受理破产案件时已经成立，依据破产程序申报确认，可以从破产程序中公平受偿，具有强制执行力的财产请求权。债权人应当在人民法院确定的债权申报期限内向管理人申报债权。在人民法院确定的债权申报期限内，债权人未申报债权的，可以在破产财产最后分配前补充申报；但是，此前已进行的分配，不再对其补充分配。为审查和确认补充申报债权的费用，由补充申报人承担。债权人未依法规定申报债权的，不得依照法律规定的程序行使权利。

---

① 壮春晖、傅伟芬：《债权人在申报债权的同时可向担保人主张权利》，http://fayuan.xinmin.cn/alyp/2011/11/23/12776530.html，下载日期：2014 年 12 月 4 日。

② 壮春晖、傅伟芬：《债权人在申报债权的同时可向担保人主张权利》，http://fayuan.xinmin.cn/alyp/2011/11/23/12776530.html，下载日期：2014 年 12 月 4 日。

（一）未到期的债权

破产债权包括未到期的债权，未到期的债权，在破产申请受理时视为到期，附利息的债权自破产申请受理时起停止计息。

（二）连带债权和连带债务

连带债权人可以由其中一人代表全体连带债权人申报债权，也可以共同申报债权。连带债务人数人被裁定适用破产法规定的程序的，其债权人有权就全部债权分别在各破产案件中申报债权。

（三）债务人的保证人或其他连带债务人对债务人的求偿权

债务人的保证人或者其他连带债务人已经代替债务人清偿债务的，以其对债务人的求偿权申报债权。债务人的保证人或者其他连带债务人尚未代替债务人清偿债务的，以其对债务人的将来求偿权申报债权。但是，债权人已经向管理人申报全部债权的除外。

（四）因为解除合同而产生的损害赔偿请求权

管理人或者债务人依照破产法规定解除合同的，对方当事人以因合同解除所产生的损害赔偿请求权申报债权。

（五）委托合同的受托人的请求权

债务人是委托合同的委托人，被裁定适用破产法规定的程序，受托人不知该事实，继续处理委托事务的，受托人以由此产生的请求权申报债权。

（六）票据付款人或承兑人的请求权

债务人是票据的出票人，被裁定适用破产法规定的程序，该票据的付款人继续付款或者承兑的，付款人以由此产生的请求权申报债权。

（七）因执行重整计划而未受清偿的部分债权

人民法院裁定终止重整计划执行的，债权人在重整计划中作出的债权调整的承诺失去效力。债权人因执行重整计划所受的清偿仍然有效，债权未受清偿的部分作为破产债权。

（八）未受偿的担保债权和放弃优先受偿的担保债权

这两种债权已经失去担保，实质上是普通债权，没有优先受偿权，应当申报债权，参加破产程序获得清偿。

（九）不必申报的债权

债务人所欠职工的工资和医疗、伤残补助、抚恤费用，所欠的应当划入职工个人账户的基本养老保险、基本医疗保险费用，以及法律、行政法规规定应当支付给职工的补偿金，不必申报，由管理人调查后列出清单并予以公示。职工对清单记载有异议的，可以要求管理人更正；管理人不予更正的，职工可以向人民法院提起诉讼。

第六节　破产清算

案例 9.11：原告株洲高科集团有限公司与被告株洲太子奶生物科技有限责任公司、湖南太子奶集团生物科技发展有限公司别除权纠纷一案

一、案情简介

2008 年 5 月 30 日，被告株洲太子奶生物公司与工行株洲开发区支行签订一份《流动资金借款合同》，株洲太子奶生物公司借款金额为人民币 30000000 元，借款期限自 2008 年 5 月 30 日至 2009 年 5 月 29 日。同日，工行株洲开发区支行与被告湖南太子奶集团生物公司订立《最高额抵押合同》，约定，以湖南太子奶集团生物公司的国有土地使用权（株国用〔2007〕第 A0630 号）和房屋（株房证株字第 100001847 号）为株洲太子奶生物公司在 60000000 元借款的最高额内提供抵押担保。上述土地和房屋均办理了抵押登记手续。2010 年 6 月 20 日，原告株洲高科集团与工行株洲开发区支行订立《债权转让协议书》，工行株洲开发区支行将其对被告株洲太子奶生物公司的债权 35683954.06 元（本金 30000000 元，利息 5683954.06 元）转让给株洲高科集团。工行株洲开发区支行和株洲高科集团于 2010 年 6 月 22 日已向株洲太子奶生物公司和湖南太子奶集团生物公司发出《债权转让通知书》。2010 年 7 月 23 日和 2010 年 9 月 19 日本院分别裁定二被告进入破产重整，同时指定北京市德恒律师事务所为管理人。株洲高科集团依据本院向其发出的《已知债权人申报债权通知书》，向管理人申报债权 35683954.06 元，并提供了相关债权凭证，经管理人复核，认为株洲高科集团申报的债权应为本金 30000000 元，利息算至 2010 年 7 月 23 日，为 5260905.69 元，合计债权金额为 35260905.69 元。该债权不享有优先受偿权，为一般债权。为此，株洲高科集团依照法律规定向法院起诉，请求确认其债权享有抵押物的优先受偿权，并由两被告承担本案的全部诉讼费用。[①]

二、观点分歧

第一种观点认为，原告在受让债权后，至今没有办理抵押变更登记。根据《物权法》第 9 条第 1 款的规定："不动产物权的设立、变更、转让和消灭，经依法登记，发生

① 段郴雯、吴晓斌、刘卫国、彭华：《原告株洲高科集团有限公司与被告株洲太子奶生物科技有限责任公司、湖南太子奶集团生物科技发展有限公司别除权纠纷一案》，http://www.110.com/panli/panli_28423838.html，下载日期：2014 年 12 月 8 日。

效力；未经登记，不发生效力，但法律另有规定的除外。”原告受让债权不享有抵押优先权。

第二种观点认为，本案系别除权纠纷。原告株洲高科集团与被告株洲太子奶生物公司和湖南太子奶集团生物公司对于由原告受让工行株洲开发区支行的债权无异议。双方争议的焦点是原告受让的债权是否取得原债权的抵押权。根据合同法的规定，在主债权发生转移时，抵押权作为从权利一并发生转移。本案抵押权的转让，是在抵押权已经有效成立的前提下发生的转移，转让的抵押权所担保的债权仍然是原先设立抵押时的债权，只是由于债权发生了转移而致使抵押权也随之发生转移而已，且该债权转移并没有增加债务人的负担，双方并没有就在债权发生转移时抵押权不得转让进行约定。抵押权随主债权转移后，受让人原告株洲高科集团即可依法取得主债权的抵押权，原抵押登记应当继续有效。故原告株洲高科集团对该土地和房产的抵押权享有优先受偿权。① 对原告的该项请求应予以支持。

三、提示与参考

别除权是指债权人不依据破产程序，而由债务人财产中的特定财产单独优先受偿的权利。别除权具有以下法律特征：别除权以担保权为基础权利；别除权以实现债权为目的；别除权以破产人的特定财产为标的物；别除权的行使不参加集体清偿程序；别除权标的物不计入破产财产。

债权人在破产程序中享有和行使别除权，需具备以下条件：(1)债权和担保权合法成立和生效；(2)债权和担保权符合破产法的规定，债权和担保权必须指向破产人及其财产，债权和担保权必须成立于破产宣告以前，债权和担保权的成立不得违反破产法的禁止性规定；(3)债权已依法申报并获得确认。

案例9.12：北京市西城区国家税务局诉中国华阳金融租赁有限责任公司破产债权确认纠纷案

一、案情简介

原告西城区国税局起诉称：2011年12月9日，西城区国税局收到华阳公司清算组函寄的《中国华阳金融租赁有限责任公司清算组破产财产预先分配方案》《中国华阳金

---

① 《民法典》合同编第547条规定：“债权人转让权利的，受让人取得与债权有关的从权利，但该从权利专属于债权人自身的除外。”《担保法》第50条规定：“抵押权不得与债权分离而单独转让或者作为其他债权的担保。”《担保法》第52条规定：“抵押权与其担保的债权同时存在，债权消灭的，抵押权也消灭。”《民法典》物权编第407条规定：“抵押权不得与债权分离而单独转让或者作为其他债权的担保。债权转让的，担保该债权的抵押权一并转让，但法律另有规定或者当事人另有约定的除外。”

融租赁有限责任公司最终确认债权表的公示》等文件，文件显示西城区国税局的债权确认金额只包含税款，未含滞纳金。经沟通，华阳公司清算组函寄的《关于中国华阳金融租赁有限责任公司所欠税款的说明》(华破清字〔2011〕20号)中确认，西城区国税局按照企业破产法规定的第二顺序全额受偿税款959506.77元，未将华阳公司欠缴的2756368.58元滞纳金作为企业破产法规定的清偿顺序的第二顺序债权。原告请求法院依法确认华阳公司欠缴的2756368.58元滞纳金作为企业破产法规定的清偿顺序的第二顺序债权。

二、观点分歧

第一种观点认为，应当将华阳公司欠缴的滞纳金确认为企业破产法规定的清偿顺序的第二顺序债权。理由如下：

1.税款滞纳金不等同于其他情形的滞纳金，更不是处罚，体现的是国家税收的强制性，是对公权力的保护。滞纳金是纳税人因占用税款而应对国家作出的补偿，属于税款被占用期间的法定孳息，与滞纳税款不可分割。税务机关清缴呆账税金、往年陈欠和本年新欠时，应同时加收其滞纳金，即应一并征收。税款滞纳金在征缴时视同税款管理。税款滞纳金也不等同于利息，《金融机构撤销条例》第17条“自撤销决定生效之日起，被撤销的金融机构债务停止计算利息”的规定不适用于本案情形，此规定针对的是利息而非欠缴税款所产生的滞纳金。

2.根据《最高人民法院关于审理企业破产案件若干问题的规定》第61条第2项的规定，人民法院受理破产案件后债务人未支付应付款项的滞纳金不属于破产债权，但是并不包括人民法院受理破产案件之前的滞纳金。因此华阳公司应当将2006年6月14日受理破产之前税款的滞纳金作为破产债权向西城区国税局支付。

3.税款滞纳金具有法定优先权。税收优先于无担保债权。由于滞纳金与滞纳税款不可分割，滞纳金随同税款同时缴纳，故税收优先权执行时包括税款及其滞纳金。因此受理破产之前税款的滞纳金共计2756368.58元，应优先清偿。

4.西城区国税局在华阳公司破产清算程序中均依法向清算组申报了华阳公司所欠税款和滞纳金。行政撤销清算程序不是破产清算程序必经的前置程序，两者是相互独立的清算程序。本案的行政撤销清算程序没有实际完成对华阳公司财产清算及债权债务的清理即告终结，因此该程序并未产生法律后果，且西城区国税局在行政撤销清算程序中也申报了滞纳金。

5.最高人民法院《关于审理企业破产案件若干问题的规定》与新破产法不一致的，

应当以新法为准或以对此的相关司法解释为准。①

第二种观点认为，不应当将华阳公司欠缴的滞纳金确认为企业破产法规定的清偿顺序的第二顺序债权，且该债权已经消灭，理由如下：

1.华阳公司被撤销后西城区国税局未将滞纳金作为债权提出申报。

2.西城区国税局将滞纳金纳入破产债权依据不足。西城区国税局列举的税收行政规定中，关于企业被撤销后、宣告破产后滞纳金是否应列入破产债权及滞纳金的起算点如何计算未有规定。《企业破产法》将税款纳入第二顺序的破产债权范围，未将带有惩罚、补偿性质的欠税滞纳金列入其中。税收行政部门的规定、解释或批复不能作为破产法条文的解释。

3.滞纳金是纳税人因占用税款而应对国家作出的补偿，属于税款被占用期间的法定孳息，是因纳税人未及时缴纳税款产生的迟延履行利息，本质上属于债务利息，根据《金融机构撤销条例》第 17 条的规定，自撤销决定生效之日起，被撤销的金融机构债务停止计算利息。华阳公司被撤销后，不应再支付欠缴税款滞纳金。

4.华阳公司破产清算案为金融机构政策性破产，行政撤销和清理清算是前置程序。华阳公司已于 2000 年 8 月 3 日被撤销，该日后的滞纳金不应清偿。

5.《企业破产法》规定的第二顺序债权是欠缴的税款，并未规定包含滞纳金。综上所述，华阳公司欠缴的税款滞纳金应计算至行政撤销日，为避免把对债务人的处罚转嫁到全体债权人的身上，税款滞纳金不应享有优先权，可以把税款滞纳金作为劣后债权。本案西城区国税局未在中国人民银行公告期内申报税款滞纳金，视为自动放弃债权，不应再做清偿。②

第三种观点认为，该滞纳金债权应当予以确认，但是应当于普通债权清偿顺序之后受偿。理由如下：

1.西城区国税局要求确认的债权为滞纳金债权，该滞纳金数额应按日计算，截止于依法停止计算之日。华阳公司是依法设立的金融租赁公司，属于金融机构法人。金融机构法人的破产清算与普通企业法人的破产清算不同。金融机构法人破产的一些前置问题，需要在行政清理清算程序中解决。从行政清理清算程序开始至人民法院受理破产申请之日止的期间是必要的司法保护期，在该期间内，清算组完成债权甄别和主要财产清收等清理清算工作。人民法院受理破产清算申请后，对于此前行政清理清算组按照相关行政程序规定而作出的行为，一般应予认可。基于以上原因，华阳公司因严重违

① 姚明、吕云成、李来军:《北京市西城区国家税务局诉中国华阳金融租赁有限责任公司破产债权确认纠纷案》，http://syclaw.sjtu.edu.cn/pochan/show.aspx? info_lb=775&flag=754&info_id=618，下载日期:2014 年 12 月 8 日。此为一审原告陈述的观点及理由。

② 姚明、吕云成、李来军:《北京市西城区国家税务局诉中国华阳金融租赁有限责任公司破产债权确认纠纷案》，http://syclaw.sjtu.edu.cn/pochan/show.aspx? info_lb=775&flag=754&info_id=618，下载日期:2014 年 12 月 8 日。此为一审被告陈述的观点及理由。

规经营、不能支付到期债务而被中国人民银行撤销的时点，是华阳公司清算组依法对华阳公司进行清算的期间起点，亦应是滞纳金作为破产债权计算的截止日。诉讼中，西城区国税局计算了截至该日的滞纳金数额，华阳公司对该计算结果无异议。因此，应对该部分的滞纳金予以确认。

2.在破产清算程序中，滞纳金的清偿顺序应当以《企业破产法》的相关规定为依据。《企业破产法》第 113 条第 1 款第(1)项规定的第二顺序清偿的债权为“破产人欠缴的除前项规定以外的社会保险费用和破产人所欠税款”，未包含滞纳金；《最高人民法院关于审理企业破产案件若干问题的规定》亦未明文规定滞纳金属于优先清偿的债权。滞纳金系因逾期不缴纳税款所形成，具有督促纳税人缴纳税款的作用。在企业正常存续的情况下，税款应与滞纳金一并征缴；但是对于已经进入破产清算程序的企业而言，民事债权难以全额受偿，法律规定将税款列为第二顺序、优于普通民事债权受偿，体现了税款债权具有一般优先权的属性，故对其优先保护，而将滞纳金列于普通债权清偿顺序之后，则更体现了法律对民事债权和交易安全的保护。综上所述，上述确认数额的滞纳金债权为劣后债权，于普通债权清偿顺序之后受偿。①

三、提示与参考

依据我国《企业破产法》第 113 条的规定，破产财产在优先清偿破产费用和共益债务后，依照下列顺序清偿：(1)破产人所欠职工的工资和医疗、伤残补助、抚恤费用，所欠的应当划入职工个人账户的基本养老保险、基本医疗保险费用，以及法律、行政法规规定应当支付给职工的补偿金；(2)破产人欠缴的除前项规定以外的社会保险费用和破产人所欠税款；(3)普通破产债权。破产财产不足以清偿同一顺序的清偿要求的，按照比例分配。破产企业的董事、监事和高级管理人员的工资按照该企业职工的平均工资计算。

法院受理破产申请后发生的下列费用，为破产费用：(1)破产案件的诉讼费用；(2)管理、变价和分配债务人财产的费用；(3)管理人执行职务的费用、报酬和聘用工作人员的费用。

法院受理破产申请后发生的下列债务，为共益债务：(1)因管理人或者债务人请求对方当事人履行双方均未履行完毕的合同所产生的债务；(2)债务人财产受无因管理所产生的债务；(3)因债务人不当得利所产生的债务；(4)为债务人继续营业而应支付的劳动报酬和社会保险费用以及由此产生的其他债务；(5)管理人或者相关人员执行职务致人损害所产生的债务；(6)债务人财产致人损害所产生的债务。

---

① 姚明、吕云成、李来军：《北京市西城区国家税务局诉中国华阳金融租赁有限责任公司破产债权确认纠纷案》，http://syclaw.sjtu.edu.cn/pochan/show.aspx? info_lb=775&flag=754&info_id=618，下载日期：2014 年 12 月 8 日。此为法院一审判决所持的观点及理由。

破产费用和共益债务由债务人财产随时清偿。债务人财产不足以清偿所有破产费用和共益债务的,先行清偿破产费用。债务人财产不足以清偿所有破产费用或者共益债务的,按照比例清偿。债务人财产不足以清偿破产费用的,管理人应当提请法院终结破产程序,法院应当自收到请求之日起 15 日内裁定终结破产程序,并予以公告。

破产人无财产可供分配的,管理人应当请求人民法院裁定终结破产程序。管理人在最后分配完结后,应当及时向法院提交破产财产分配报告,并提请法院裁定终结破产程序。法院应当自收到管理人终结破产程序的请求之日起 15 日内作出是否终结破产程序的裁定。裁定终结的,应当予以公告。管理人应当自破产程序终结之日起 10 日内,持法院终结破产程序的裁定,向破产人的原登记机关办理注销登记。管理人于办理注销登记完毕的次日终止执行职务,但是,存在诉讼或者仲裁未决情况的除外。

自破产程序依法终结之日起 2 年内,有下列情形之一的,债权人可以请求人民法院按照破产财产分配方案进行追加分配:(1)发现有依照《企业破产法》相关规定应当追回的财产的;(2)发现破产人有应当供分配的其他财产的。有前述情形,但财产数量不足以支付分配费用的,不再进行追加分配,由法院将其上交国库。

参考文献

[1]范健:《商法》,高等教育出版社、北京大学出版社2002年版。

[2]王妍:《企业名称权的性质及法律保护》,载《河北法学》2005年第5期。

[3]王占明:《企业名称权的法律再定位——兼论企业名称权与商标权的冲突解决》,载《法学》2003年第2期。

[4]李友根:《论企业名称的竞争法保护——最高人民法院第29号指导案例研究》,载《中国法学》2015年第4期。

[5]李明德:《试论反不正当竞争法的客体和法律属性》,载《知识产权研究》,中国方正出版社1999年版。

[6]吴汉东:《知识产权多维度学理解读》,中国人民大学出版社2015年版。

[7]张金星:《股东滥用公司法人独立地位应对公司债务承担连带责任——胡昌等与北京中海腾达贸易有限公司、郭小强经营合同纠纷案》,载朱江、刘兰芳:《新公司法疑难案例判解》,法律出版社2009年版。

[8]朱慈蕴:《公司法人格否认法理研究》,法律出版社1998年版。

[9][日]金泽良雄:《经济法概论》,满达人译,甘肃人民出版社1985年版。

[10]施雯:《一人有限责任公司惹争议:未能偿还债务,能否要求股东承担连带责任》,载《杭州日报》2011年8月28日。

[11]肖海军:《论公司设立登记撤销制度——以〈公司法〉第199条的适用展开》,载《中国法学》2011年第2期。

[12]华德波:《论〈公司法〉第16条的理解与适用:以公司担保债权人的审查义务为中心》,载《法律适用》2011年第3期。

[13]钱玉林:《公司法第16条的规范意义》,载《法学研究》2011年第6期。

[14]朱羿锟:《商法学——原理·图解·实例》,北京大学出版社2012年版。

[15][美]罗伯特·W.汉密尔顿:《公司法概要》,李存捧译,中国社会科学出版社1999年版。

[16]王保树:《最新日本公司法》,法律出版社2006年版。

[17]刘连煜:《公司法理论与判决研究》,法律出版社2002年版。

[18][美]罗伯特·C.克拉克:《公司法则》,胡平、林长远等译,工商出版社1999年版。

[19]朱江、刘兰芳:《新公司法疑难案例判解》,中国法律出版社2009年版。

[20]施天涛:《商法学》,法律出版社2010年版。

[21]徐孟州:《信托法》,法律出版社2006年版。

[22]张军建:《信托法基础理论研究》,中国财政经济出版社 2009 年版。

[23]张炜:《银行业法制年度报告 2006》,法律出版社 2007 年版。

[24]林建益:《票据利益返还请求权基础关系举证责任辨析》,载《人民司法(案例)》2013 年第 18 期。

[25]冯果:《“禁止篡夺公司机会”规则探究》,载《中国法学》2010 年第 1 期。

[26]冯果:《公司法要论》,武汉大学出版社 2003 年版。

[27]魏丽娜:《用户储蓄卡内 5 万消失:告支付宝被驳回银行称无责任》,载《广州日报》2014 年 11 月 20 日。

[28]杨家杰、时明生:《一起不良征信记录诉讼案件引发的思考》,载《征信》2011 年第 5 期。

[29]王利明:《论个人信息权在人格权法中的地位》,载《苏州大学学报》2012 年第 6 期。

[30]刑会强:《商业银行的公共性理论——兼论商业收费法律问题》,载《现代法学》2012 年第 1 期。

[31][美]哈威尔·E.杰克逊、小爱德华·L.西蒙斯:《金融监管》,吴志攀等译,中国政法大学出版社 2003 年版。

[32]任自力:《保险法学》,清华大学出版社 2010 年版。

[33]刑立新:《最新企业破产实例与解析》,法律出版社 2007 年版。

[34]王文宇:《公司法论》,中国政法大学出版社 2004 年版。

[35]柯芳枝:《公司法论》,中国政法大学出版社 2004 年版。

[36]赵旭东:《公司法学》,高等教育出版社 2015 年版。

[37]贾林青:《保险法》,中国人民大学出版社 2014 年版。

[38]陈欣:《保险法》,北京大学出版社 2000 年版。

[39]李玉泉:《法律出版社》,法律出版社 2004 年版。

[40]任自力、周学峰:《保险法总论原理·判例》,清华大学出版社 2010 年版。

[41]林群弼:《保险法论》,三民书局 2003 年版。

[42]樊启荣:《人寿保险合同之自杀条款研究——以 2009 年修订的〈中华人民共和国保险法〉第 44 条为分析对象》,载《法商研究》2009 年第 5 期。

后 记

多年来，我一直在高校从事法律教学与研究工作，任教课程以经济法与商法为主，研究方向以金融法为主。金融交易是商事交易的重要内容，我在金融法研究过程中时常深感自身商法学知识之欠缺，在商法教学中也深感案例教学对于培养法科学生之法律思维能力的重要性。自2014年以来，我就尝试将在教学中收集、整理和使用的案例编辑成册，以备教学之用。历经六年，这个尝试将要成为现实。在此，衷心感谢厦门大学法学院资助出版；衷心感谢我的研究生严贤德、李绍铭、史白雪、刘于飞、潘灵蕴、林靖等为本书所做的案例收集及校对工作。

本书最终成稿于本人援藏期间。在我援藏期间，厦门大学多位校领导和法学院的许和山书记、宋方青院长数次来咸阳慰问；西藏民族大学法学院的领导与同事对我在工作与生活上也是关怀备至；以中国传媒大学副校长张树庭教授为组长的第九批援助西藏民族大学的援友们与我患难与共，让我收获了弥足珍贵的战友般的援友情。此时此刻，感激之情难以言表，唯有认真工作、尽职尽责，方能不辱使命、不负韶华。

阳建勋

2020年11月20日于咸阳